U0563758

吉林外国语大学学术著作出版基金资助出版

中国书籍学术之光文库

韩汉外来词对比研究

王建军 | 著

图书在版编目（CIP）数据

韩汉外来词对比研究 / 王建军著 .-- 北京：中国书籍出版社，2019.12

ISBN 978-7-5068-7799-2

Ⅰ.①韩… Ⅱ.①王… Ⅲ.①朝鲜语—外来语—对比研究—汉语 Ⅳ.① H555.9 ② H136.5

中国版本图书馆 CIP 数据核字（2020）第 008191 号

韩汉外来词对比研究

王建军　著

责任编辑　张　幽　刘　娜
责任印制　孙马飞　马　芝
封面设计　中联华文
出版发行　中国书籍出版社
地　　址　北京市丰台区三路居路 97 号（邮编：100073）
电　　话　（010）52257143（总编室）　（010）52257140（发行部）
电子邮箱　eo@chinabp.com.cn
经　　销　全国新华书店
印　　刷　三河市华东印刷有限公司
开　　本　710 毫米 ×1000 毫米
字　　数　246 千字
印　　张　15.5
版　　次　2019 年 12 月第 1 版　2019 年 12 月第 1 次印刷
书　　号　ISBN 978-7-5068-7799-2
定　　价　89.00 元

前言

外来词的借用是语言中的普遍现象，语言接触是外来词产生的条件和基础。由于语言的类型、语言内部要素，以及语言所处的社会、文化、心理因素等的影响，语言接触的原因、过程和结果可能大相径庭，由此导致外来词面貌的差异。

到目前为止，还没有关于韩国语和汉语新世纪外来词对比研究方面的成果。本书作为在此方面研究的一个探索，目的在于通过对2001—2005年韩国语外来词和汉语外来词进行共时性的描写与对比，揭示韩汉两种语言在外来词借用上的共性与个性，并探讨影响和制约外来词借用的多种因素。

开展外来词的对比研究对于我们进一步认识词汇与语言系统，以及词汇与社会、文化、民族心理等的关系，对于完善和发展语言接触的理论都具有重要的理论价值。同时，也有助于我们搞好语言的规划、制定科学的语言政策，进行双语教学、翻译、词典编纂等语言应用工作。

本书内容分为五个部分：绪论、外来词的概念及语料搜集与整理、韩汉语外来词借用来源及方式对比、韩汉语外来词词汇形态及词汇语义对比、韩汉语外来词借用的多视角解释。

绪论部分提出了本文的研究对象，阐明了研究的目的和意义，回顾了韩国语和汉语在相关领域的研究现状，并介绍了研究所采用的方法。

第二章，首先对外来词的概念进行了界定。指出外来词概念上的争论和分歧主要来自对外来词判定标准的不同认知上，并从词语的理据性和文化上的后殖民主义角度重新审视了外来词的性质。从词语的理据性来看，外来词是理据性在外语的词语；从后殖民主义视角看，外来词的界定上的不同标准在于不同文化态度和价值观使然。在此基础上给出了本文中外来词的定义：词语的语音、语义或者词形理据性在外语词、经过一定程度同化的、在本语言中普遍使用的词语。外来词的外延包括：音译转写词、借形词、意译词、包含有外来语素的词语。

采用封闭域式的定量研究是本文研究的一个特色。本文以韩国语和汉语相关新词词典和外来词集为基础，在考证的基础上，分别建立了2001—2005年韩国语和汉语外来词词表，并进行词汇特征标注。同时，为了考察外来词的使用和演变情况，搜集并整理了韩国语和汉语的语料库。

第三章，我们主要对韩汉语外来词的借用情况进行对比。内容分成两部分：借用来源对比和借用方式对比。在借用来源对比部分，我们根据建立的2001—2005年度韩汉语外来词词表，统计了韩汉语外来词的来源并进行了对比，指出二者在借用来源上大同小异，均以英语来源外来词为主，但韩国语的来源更广泛，汉语中英语外来词对其他来源外来词的挤出效应更强；在韩汉语外来词借用方式的对比部分，分别从音译词、意译词、借形词等各个类别进行了较为详尽的描写，指出韩汉语外来词在借用方式上存在不同的倾向，汉语以意译为主，同时综合运用音译和借形等多种借用方式；韩国语则基本为音译词，意译词和借形词数量很少。

第四章是韩汉语外来词的本体对比，分别从外来词的词汇形态和词汇语义展开对比。在词汇形态对比部分，我们分别针对韩汉语外来词的音节、构词、词法等特征，采取逐项对比的方式，考察了韩汉外来词在词汇形态上的共同点和差异。在词汇语义对比部分，采用语义的扩大、缩小和转移的传统语义描写框架，大致勾勒出韩汉外来词在使用过程中的变化。

第五章韩汉外来词对比的多视角解释中，分别从语言类型、社会语言学、心理学以及经济性原则的视角，对韩汉语外来词对比中的共同点和差异进行理论解释。指出语言的根本属性是其社会性，语言作为符号系统具有自身规律的同时，其使用要受使用语言的人的影响与制约。也就是说，语言内部因素和外部因素对于外来词同时在起作用。语言内部因素主要指语音、语义、语法和文字等语言子系统，外部因素主要指社会、文化因素和个体的心理因素等。

外来词的借用是一个复杂的语言、社会、文化、心理现象，不能仅仅局限在语言内部进行研究，应该通过多学科、综合性的考察来解释其借用机制。在研究过程中，现代化定量研究手段的运用是一个可靠方法，它有助于我们客观地认识研究对象的本质和属性，避免传统的内省式的研究方法所带来的人为因素的不确定性。

目　录

CONTENTS

第一章　绪论

第一节　语言接触与外来词的产生

词汇系统是一个复杂动态的系统，数量极其庞大。据统计，英语的词汇总量达到了100万词左右，《汉语大词典》的收词总量达到了40多万，韩国的《标准国语大词典》收词量则达到了50万左右。同时，词汇一直处在不断的发展变化之中，随着社会的进步和时代的发展，词汇中的一部分会逐渐退出使用，成为历史词；同时不断有新词产生并进入人们的交际生活。

词汇变化产生的动因不仅仅来自语言内部，由于社会、历史等语言外部原因，不同语言的相互接触也导致了词汇的借贷和相互影响。

所谓语言接触是指持不同语言的言语社团成员交往、交流而引起的语言上的相互影响。可能与地理因素有关，如操不同语言的言语社团成员居住在同一地区或者比邻地区。也可能与历史因素有关，如外民族入侵、本民族成员的迁移、民族间的通商、文化交流等。常见的现象如下：（1）借词。这是各种语言都有的现象。（2）语言联盟，如巴尔干语言联盟。（3）语言的融合。即一种语言同化另一种语言的现象。（4）双语现象。语言的接触还会造成语言形式的混杂，形成皮钦语和克里奥尔语等混合语。（夏征农，2003）

在上述语言接触的现象中，最普遍发生的现象就是借词。萨丕尔（1985：174）指出："一种语言对另一种语言最简单的影响就是词的（借贷）。只要有文化借贷，就可能把有关的词也借过来。"

外来词在世界各民族语言中是普遍存在的，"由于交际的需要，使说一种语言的人们直接或间接和那些邻近的或文化优越的语言说者发生接触。……

要想找出一种完全孤立的语言或方言，那是很难的。”（萨丕尔，1985）

同时，外来词在各种语言中的分布并不均衡，有的语言中的外来词数量很大，很多词汇是借来的，甚至是很多基本词汇都来自其他语言。比如，英语是外来词最多的语言，5000个常用词中73%是借来的（张志毅、张庆云，2005）；而有些语言中的外来词数量却很少，比如，中国社科院编纂的权威的规范类中型语文词典《现代汉语词典》的第六版，在其收录的69000条词语中，标注词源的外来词只有700余条，这远远不能和英语中外来词的数量相提并论。

此外，不同语言借用外来词所采取的方式也可能不同。如英语借用外来词主要采取原形借用和语音转写的方式，而汉语则主要采取语义借用，也即“意译”的方式借入外来概念。

那么，不同语言中的外来词在数量、类型、借用方式等方面有哪些共性和个性？这些共同点和差异又是受哪些因素影响和制约呢？

如果我们单从一种语言来研究外来词的借用及其影响因素，就很难看清不同语言在语言接触中对外来词的不同借用倾向，而这只有通过语言间的对比，通过不同语言外来词借用机制的对比分析才能使我们更好地了解外来词借用的一般性规律。

一、外来词研究的对比与比较

要进行事物间的对比研究，首先我们要确认两种事物的可比性，即要寻找对比或者比较的基础。我国著名心理学家曹日昌（1964，283-284）指出，人类认识一切客观事物都是通过比较来实现的。人只有在将对象和现象彼此加以比较的时候，才有可能在周围世界中正确确定自己活动的方向。

“比较”或者“对比”是人类认知世界的重要机制。我们研究语言，除了进行单个语言的研究之外，进行跨语言的对比研究，是我们深化对语言现象的认识、加深对语言共性和个性了解的重要途径。

吕叔湘（1990）也指出：“一种事物的特点，要跟别的事物相比较才显出来。……要认识汉语的特点，就要跟非汉语比较；要认识现代汉语的特点，就要跟古代汉语比较；要认识普通话的特点，就要跟方言比较。无论语音、语汇、语法都可以通过对比来研究。”伍铁平（1990）指出：“在我们看来，世界的语言既然是人类的语言，就必有共性；又既然是民族的语言，就必有其个性。否定个性或者否定共性都是片面的。”

丹麦语言学家叶斯柏森（Otto Jespersen）针对历史比较语言学主要进行亲属语言间的共性比较，目的在于建立语言演化的谱系树的传统，提出语言间的比较，不仅仅局限于有共同谱系关系的亲属语言，甚至起源截然不同、差别很大的语言之间也可以进行比较，这就大大拓宽了语言间比较的内容和范围。他指出：“……这种比较不必局限于属于同一语系、同一起源而通过不同道路发展起来的语言，对差异最大、起源迥然不同的语言也可以加以比较。”（转引自：潘文国 谭慧敏，2006：2）

著名的人类学家沃尔夫（Whorf，1941：240）针对语言的对比有过这样的论述：“把地球上的语言分成来自单一祖先的一个个语系，描写其在历史进程中的一步步足迹，其结果称之为‘比较语言学’，在这方面已经取得很大成果。而更重要的是将要产生的新的思想方法，我们可以称之为“对比语言学”，它旨在研究不同语言在语法、逻辑和对经验的一般分析上的重大区别。”

这里，沃尔夫将对比语言学和比较语言学进行了区分。对比更多地用于语言间微观的、共时的、具体的分析，常采用描写的方法进行，目的在于揭示语言间的差异；而比较则主要用于语言间宏观的、历时的、规律性的探讨，常采用解释的方法，目的在于揭示语言间的共性。

刘宓庆（1991）指出：对比语言学的任务就是在语言共性的总体观照下，探索研究和阐明对比中的双语特征或特点，以此作为参照性依据，提高语言接触的深度、广度以及语际转换的效率和质量。

语言对比的理论基础在于语言的共性。所有的语言都由语音、词汇和语法等要素构成。语音是语言的外在形式，而词汇是语言构成的基本材料，是音、义结合的统一体，词汇按照语法规则进行排列形成语言片段，从而满足人类交际的需要。

观察外来词现象，我们至少可以发现以下事实。

（1）因语言接触而导致的外来词借用现象在各种语言中是普遍存在的。

（2）大部分语言借用外来词采取转写和翻译的方式。

（3）外来词在自身被同化的同时，对借入语言也产生着影响。

（4）外来词的借用不仅受语言内部因素的影响，同时也受社会、文化、心理等外部因素的影响。

这些都构成我们就不同语言外来词进行对比研究的基础。

二、外来词研究对比的框架

詹姆斯（Carl James，2005）在其《对比分析》（*Contrastive Analysis*）一书中，把对比分析[1]定义为语言学的一个分支，其研究采用的是语言学的理论框架和方法。首先，对比分析要借助语言学对层次的划分；其次，它使用语言学对语言描述的分类；最后，它与语言学一样使用从语言模型发展出来的相同的描述方法。

他认为语言对比分析涉及两个步骤：描述和比较。两种语言的描述不同于单一语言的描述，从对比的角度讲，最起码的要求是使用同一个描述模型，因为不同的模型会突出不同的特征，使对比失去共同基础（Carl James，2005：7）。

潘文国（1997：15—16）认为：进行语言对比分别可以从体系、规则、范畴、意义、问题、中立项等出发进行对比。要进行汉英两种语言之间的对比，可以采用三种方式来进行，即从英语到汉语，从汉语到英语和汉英双向展开。

在词汇对比的描写框架的选择上，既可以对两种语言分别描述，进行集中对比，也可以以一种语言和语言体系为主进行。第二种方法更有利于我们发现两种语言在具体语言项目上的细微差别。

第二节　研究综述

在确定研究对象之前，我们首先回顾一下韩汉两种语言在此领域的相关研究。

---

① 在詹姆斯《对比分析》一书中，没有采用对比语言学这一术语，而使用了对比分析这一名称，其内涵与对比语言学相同。

一、韩国语外来词研究

（一）外来词研究的主要成果

韩国语的外来词研究主要以韩国国立国语院（即原韩国国立国语研究院）为中心进行，围绕外来词的规范、外来词的收集整理和外来词使用状况调查等展开，成果如下：

（1）外来词词典的编纂。韩国《国语大辞典》和《标准国语大辞典》的编纂发行虽然也包含部分外来词，但相对于生活中实际使用的外来词，其涵盖范围远远不够。目前出版的外来词词典，其收词范围限于日常生活中的外来词，如：《외국인을 위한 한국어 외래어》《상용외래어》《韩中外来语学习手册》《韩中常用外来语词典》等。

（2）外来词用例集的发布。韩国国立国语院就外来词的规范做了如下工作：

1988年发布“外来语标记用例集（一般外来语）”；

1993年发布“基本外来语调查资料集”，“外来语标记用例集（东欧人名地名）”；

1995年发布“基本外来语用例集”；

1996年发布“政府媒体外来词审议共同委员会（第1—第14次）决定外来词标记用例集”；

1997年发布“政府媒体外来词审议共同委员会（第1—第19次）决定外来词标记用例集”；

2002年发布“外来语标记用例集（人名）”；

2005年发布“外来语标记用例集（葡萄牙语、荷兰语、俄语）”。

（3）年度新词（包括外来词）的收集整理。国立国语院从1994年开始，以韩国的主要新闻媒体为调查对象，收集新词并集结成册。主要收词年度有，1994、1995、2000—2005。这为记录新词，特别是外来词做了有益的工作。

（4）外来词的纯化。所谓外来词的纯化就是规范外来词的使用，用规范的语言和文字记录外来词，主要措施就是把日式汉字词、难懂的汉字词，以及泛滥的外来词，用合适的固有词和简单明了的汉字词代替，使韩国语保持纯净，提高交际的经济性。

国语院的纯化资料集中，外来词占了很大的比重，这些资料如下：

1991—2003年《国语纯化资料集》;

2000—2003年《媒体外来词纯化资料集》;

2005年《日式用语纯化资料集》。

（5）语言使用状况调查。国立国语院开展了1910—1970、20世纪80年代，以及1991年度的汉字词和外来词使用状况调查，2005、2010年度的“韩国人的语言意识”调查，外来词认知、理解和使用调查，以及青少年语言生活现状的调查等。

韩国的一些学者也对外来词进行了研究，如：姜信沆（강신항）在《现代国语词汇使用现状》(《현대 국어어휘의 사용 현황》)（太学社，1991）中对外来词分领域进行了考察，并研究了外来词的本土化过程;《新国语生活》2008年第18卷刊登外来词研究专刊，收录的研究本书包括:《外来词概念及范围问题》《外来词标记硬音化问题》《外来词标记法的问题及解决方案》《汉语标记问题》等。

（二）研究的局限性

因为韩国语外来词在语言生活中大量且频繁使用的现状，也由于语言本身的特点，韩国语外来词研究主要集中在外来词的规范等问题上。因而对外来词词典的编撰、外来词本体方面的研究，特别是不同语言外来词之间的对比重视不够，研究的力度不强。

二、汉语外来词研究

外来词的研究一直是汉语词汇研究的热点之一，汉语中的外来词现象很早就引起了中国学者的注意，并取得了丰硕的研究成果。主要包括对外来词本体的研究和对外来词外围的研究。

（一）汉语外来词本体研究

外来词本体研究的内容主要包括：外来词的概念、类型、结构、语义以及外来词的同化、影响、规范等。

从语言角度研究外来词，包括“外来词”概念内涵和外延的确定、外来词引进方式的分类、外来词的“汉化”、外来词的修辞功能、外来词的缩略、外来词对汉语的影响、外来词的规范等。大多数现代汉语词汇学专著都会谈及外来词，学术期刊中也不乏这方面的文章。而特别值得注意的主要包括以下一些著作和刊物:(1)高名凯等的《现代汉语外来词研究》(文字改革出版社,1958),它是第一部系统全面地分析现代汉语外来词的著作,就现代汉语外来词的定义、来源和创制方式及规范等方面进行了非常详细的考察分析;(2)梁晓虹的《佛教词语与汉语词汇的发展》(北京语言学院出版社,1994)分析了来自佛经的各种类型的词语(包括外来词),总结了佛教词语对汉语固有词汇的影响;(3)史有为的《汉语外来词》(商务印书馆),从形式、功能、语义、使用等角度对外来词进行了深入细致的研究,促进了外来词的精细化研究,很有意义;(4)以香港中国语文学会创办的期刊《词表建设通信》为阵地,广大学者对汉语外来词包含的范围等问题展开了广泛的讨论,外来词研究进一步深化。

与此同时,也有若干篇从不同角度研究外来词的博士本书,如:钟吉娅的《汉语外源词——基于语料库的研究》,周红红的《从功能的视角考察外来词的生存规律》,方欣欣的《语言接触问题的三段两合论》,李彦洁的《现代汉语外来词发展研究》,以及顾江萍的《汉语中日语借词研究》等。

(二)汉语外来词外围研究

外来词的外围研究主要包括社会、文化、心理等语言外部因素与外来词关系的研究,以及外来词词典的编纂等。

研究外来词与文化的关系,首推罗常培先生的《语言与文化》(北京大学出版社,1950年),罗先生在汉语外来词与文化的研究中做出了开创性的贡献;此外,陈原先生的《社会语言学》《语言和人》从社会学的角度深入探讨了外来词;周振鹤、游汝杰的《方言与中国文化》专章讨论了语言接触过程中形成的外来词。值得一提的是,史有为先生在《外来词——异文化的使者》中对古今汉语外来词做了较为全面的介绍。

在汉语外来词词典的编纂方面,1984年,高名凯、刘正琰、麦永乾、史有为四人合编的《汉语外来词词典》的问世,在汉语外来词研究史中具有里程碑式的意义。此后,岑麟祥独立完成并于1990年出版的《汉语外来语词典》收词4000余个,在收词及考证方面独具特色。香港中国语文学会于1993年开始通过《词库建设通信》建立"外来概念词词表",收集了大量词条,并进行了词源考证和词形发展沿革的考察,于2001年出版了《近现代汉语新词词源词典》,其中收入了大量的近现代外来词。

此外，各种学术期刊以及大量学术讨论会中也从各个层面和角度对汉语、英语、俄语等语言中的外来词进行了大量的研究。

（三）有待解决的问题

虽然汉语外来词进行了大量的研究，在外来词的概念与类型、汉化与影响、文化与心理机制，以及词源考察与资料搜集等方面取得了丰硕的研究成果，但还存在如下不足：

（1）对于外来词的概念仍有分歧，比如“日源汉字词”的归属、围绕“字母词”的争论、意译词是否应纳入外来词，以及“外源词”“外来概念词”和“外来影响词”概念的提出，表明对于外来词的概念仍然需要厘清。

（2）外来词语料的搜集与整理仍然滞后。随着世界进入网络时代和全球化时代，语言的接触导致外来词大量产生，而专门的外来词词典屈指可数，而且收词范围较窄。如刘正琰等编的《汉语外来词词典》收词截止于20世纪70年代末；岑麟祥的《汉语外来语词典》也大体相当，大量改革开放后出现的外来词只能被分散收录于后来出版的部分《新词新语词典》等。这部分外来词的整理和研究还不够系统和全面。

（3）多静态、内部的研究，少动态的比较研究，特别是跨语言的对比研究。正如世界上的语言具有共性和个性一样，不同语言中外来词的产生和发展也有共性和自身的个性。对比不同语言外来词，找出其在产生、演变过程中相似和不同之处，有利于我们认识外来词和词汇发展的一般规律。

三、韩汉语外来词对比研究

关于韩汉语外来词对比方面的研究成果较少，目前还没有有分量的本书和专著，主要有以下若干硕士本书：黄丙刚的《韩中外来语对比研究》、金多荣的《韩汉外来词对比研究》等。

以上本书以全体外来词为研究对象，主要对韩汉外来词的借用类型、构词特点、历史发展，以及对借入语的影响等方面进行研究，在对韩中外来词的对比研究方面迈出了可喜的一步，为后来研究者提供了可资借鉴的研究成果。

第三节　研究对象与角度

为了避免研究对象和研究范围的模糊不清，我们首先要从空间、时间和范围上对本书的研究对象进行限定。从空间上来讲，我们把眼光分别放在中国和朝鲜半岛的南部，并排除方言因素，研究中国的汉语普通话和朝鲜半岛南部——也就是韩国国家共同语中的外来词。而从时间上，我们则选取21世纪初2001—2005这五年的韩国语和汉语中的外来词进行研究。这主要基于以下考虑：

（1）世界各国文化接触和交流进入新的阶段。

这时期正是人类面临全球化、信息化的新浪潮，国际交流和文化接触空前频繁的时期，特别是以互联网、通信等为代表的新技术革命蓬勃发展的时期，世界变得越来越小，人与人之间的交流与接触越来越广泛与深入。国家民族间在规模和程度上史无前例的交流与接触不仅局限在物质层面，也深入到文化和精神层面。而这些自然对于各个民族的语言，特别是外来词的产生和使用带来了诸多影响。

因而对于这个时期外来词的研究，特别是通过韩国语和汉语外来词的对比研究，将更能揭示在语言接触中外来词产生与演变的机制，理解语言和社会与文化之间的相互影响。

（2）研究材料和手段的丰富。

该时期由于个人计算机的普及、互联网的发展，客观上为词汇的搜集和整理、语料库的建立和完善等提供了方便，因而该时期外来词相关的词集和语料库等研究资料相对丰富，为开展相关研究提供了难得的条件。

当前为外来词的共时研究提供的便利条件有：外来词词集的搜集与整理；专门语料库的大量建立；语言生活的电子化和网络化，以及搜索引擎的发达。这些为我们提供了语言使用的最好的观察窗口。我们可以比以往更为精确地了解语言使用的真实情况，甚至可以做到按年度来统计词语，并建立海量的语料库。

（3）研究还不充分。

最后，该时期虽然产生了较为丰富的外来词相关词集和多种语料库，但由于时间相对较晚，这方面的研究还不够充分，特别是关于不同语言间外来词的对比方面，客观上存在着较大的研究空间。

本书通过对2001—2005年度韩国语和汉语外来词之间的对比研究，揭示韩汉两种语言在外来词借用上的不同策略，以及造成这种策略选择上的语言内部和外部的影响和制约因素，来探讨外来词借用的一般性规律。

韩汉语外来词来源于韩国和中国出版的的新词词典和新词集。我们将收集到的外来词输入计算机，并进行来源、构词特征等标注，从而建立两种语言的外来词数据库。

本书着重从统计和语言的角度对韩汉语外来词进行对比分析，主要考察韩国语和汉语外来词在借用情况和词汇上的的相同点与不同之处，并借用相关理论进行解释。具体来说，研究从以下几个方面进行：一是进行词源和借用方式的的分析对比，通过量化的统计分析，发现韩汉语外来词在借用来源、规模、类型的差别。二是对外来词的外部形态和内部语义进行对比，分析其语音、构词和语义特征，找出两种语言外来词在语言层面上的差异。三是考察对韩汉语外来词的影响和制约因素，通过对比发现语言内部因素和语言外部因素对外来词面貌的影响。

本书主要从共时的、静态的角度对外来词的数量和语言特征进行描写与对比。考虑到韩国语和汉语外来词的特点，我们在对两种语言外来词进行词汇形态、语义的描写和对比时，统一采用汉语中比较成熟的构词法和语义描写的框架，分别对两种语言的外来词进行描写和对比。

第四节　研究目的和意义

本书的研究目的在于通过韩汉语特定时期外来词的的对比分析，揭示韩汉两种语言在外来词借用上的共性与个性，并探讨影响和制约外来词借用的多种因素。

选定一个时期的外来词进行研究，主要是着眼于词汇发生学的角度进行考察的，在该时期产生或活跃的外来词，首先是反映了该时期语言接触的状况，其次，该外来词的使用和流行则反映了该时期特定的社会、文化和民族心理现实。

到目前为止，韩国语和汉语对于外来词性质、借用类型、借入途径、同化与影响等方面进行了很多研究，取得了很大成果，对于我们认识一种语言如何经由语言接触产生外来词，外来词如何演化等有了较明确的认识。但不同的语言在外来词的借用上有哪些共性和个性，语言内部因素和外部因素如何影响不同语言在外来词借用上的共性与个性，对这些问题的研究和解释在完善和发展语言接触的理论、进一步认识词汇与语言系统以及词汇与社会、文化、民族心理等的关系方面，具有重要的理论价值。同时，对比不同语言的外来词借用现象，了解外来词借用现象背后的规律，对于我们搞好语言的规划，制定科学的语言政策具有重要的参考意义，也有助于双语教学、翻译、词典编纂等语言应用工作。

第五节 研究方法

（1）定量和定性结合。

本书将立足于定性分析与定量分析相结合，运用分类、归纳和比较的方法展开研究。在描写的同时，也试图运用相关理论进行解释，使研究能够有一定的深度，避免流于浅层的对比。

从工具手段来讲，借助词表、大型语料库进行量化的统计分析。首先是建立韩国语和汉语外来词的词表，并进行标记，以利于统计分析；其次，借助已经较为成熟的韩国语和汉语的大型语料库，进行外来词的词频统计和使用情况调查。

（2）描写与解释结合。

本书试图运用词汇学、语义学和社会语言学的理论和方法开展研究，并借用心理学相关理论对外来词借用现象进行合理的推断。

本书主要运用词汇学和语义学的相关理论和方法对外来词进行形态描写和语义分析，在对韩汉语外来词在词源、类型、形态、语义等方面进行详细描写的基础上，通过对比发现二者在所考察的各个方面的异同。

社会语言学认为语言并非是一个纯净、均匀的系统，而是一个异质有序的系统，其与社会存在共变关系。本书在上述对比分析的基础上，将尝试采用该理论对外来词产生和演变的机制进行探讨；同时，由于语言交际是在人与人之间进行的，人的认知和心理状态也对外来词的产生和使用产生影响，并通过语言交际决定外来词的命运，因而在文中也将运用认知心理学和社会心理学的相关理论从微观上对韩汉语外来词的异同进行分析和阐释。

（3）归纳和演绎相结合。

对于语言现象的描写多采用经验主义的归纳法，但要探究现象背后的本质有时就需要理性主义的演绎了。因为语言现象千头万绪、错综复杂，而人的认识能力和手段是有局限性的，归纳很难做到绝对的完全、客观，这个时候，我们只能求助于人的理性思维，通过演绎的推衍来把握和认识语言的规律性。

在本书中，我们通过词汇描写框架对韩汉语外来词进行描写并对比，以归纳出韩汉语外来词在来源、类型、形态及语义上的异同点；同时，借用相关理论对韩汉语外来词的共性和个性做出解释，这就需要运用演绎推理了。

（4）着重从共时角度进行研究。

对于词汇的对比，既可以从共时的角度，对词汇的结构、类型特征展开对比，也可以从历时的角度，从词汇的发展变化的脉络和轨迹展开对比。前者是静态、微观层面的，后者是动态、宏观层面的。语言学应该研究正在发生着的变化。对于语言中最活跃的部分——新词中的外来词可以在短时间内观察到这种变化。这种变化可以通过短短几十年，甚至十几年就可以有较为显著的变化，这就使我们从共时的角度来研究语言的变化成为可能。通过对词汇系统调整和演化的描述和观察，我们可以从中总结出大致的规律来。

尽管我们以21世纪初外来词为研究对象，外来词产生时间短，其发展变化的趋势还不明朗，形态和结构特征的变化还不显著，但我们仍然可以通过一段时间的观察和分析，预测其大致的走向。

第二章　外来词的概念及语料搜集与整理

本章的主要内容包括三个部分：外来词概念的厘清、外来词词表的建立、本书使用的语料库。这些内容是我们进行韩汉语外来词对比的基础。

之所以把外来词的概念单列出来进行讨论，是因为外来词的界定决定了外来词词表的收词类型和范围。从统计的意义上看，则决定了我们在进行韩汉语外来词对比分析时，相关数据的准确度和可靠性。

外来词概念的厘清部分，我们会整理外来词的概念，以及在外来词借用类型上的争论和分歧，并从语言的理据性和后殖民主义的视角重新审视外来词，认为从语言的理据性角度看，外来词是理据性在外语词的词汇，不管是音译词、意译词和借形词，其意义的获得都来自外语词。因此，一个词不管是采用何种方式借入的，只要其理据植根于其他语言，我们都把它看作是外来词。这是本书的外来词理据观。

同时，我们还从思想文化上的后殖民主义的视角来审视外来词。外来词的界定之所以众说纷纭，莫衷一是，其根源在于外来词的界定标准很大程度上不是客观的和非此即彼的，而是一种主观的价值判断。特别是除了能明显看出外来词来源痕迹的音译词之外，对于意译词和借形词，不同的学者有不同的看法和价值取向。

对于意译词，很多人认为是用固有民族语言材料创造的词汇，不应该算作外来词。但这样的词汇分明不是本民族本来就有的，也不是凭空产生的，而是受到了外语词的影响。从文化借贷的角度来看，这样的词汇也算作外来词。

借形词在韩汉两种语言中体现为汉字借形词和字母词。汉字借形词因为和本国的语言文字体系相容，争议较小。而对于字母词的借入，两国都有不小的反对声音。其理由在于字母词的使用增加了语言文字的异质因素，增大了语言的复杂性。进而有人甚至指责字母词的借入破坏了民族语言的纯洁性，是国际强势语言的入侵。

我们认为语言的功能是交际，外来词的借入是为了更好地完成其交际功能。离开了这一条，强调语言的纯洁性和民族语言保卫战，只能使语言越来越僵化和失去活力，走入死胡同。对待外来词的态度实际上反映了一个民族的文化心态。“海纳百川，有容乃大”，对待外来词也应如此。

在外来词词表的建立部分，我们全面梳理了韩汉语新词词典的收集和编纂情况，考察了韩国语和汉语2001—2005年度新词词典和新词集的收词情况，并建立了2001—2005年韩国语外来词词表和汉语外来词词表。

对外来词词表中所收录的词汇进行产生和使用情况的研究，需要有语料库的支撑。在本章的第三部分，我们确定了本书所使用的韩国语和汉语语料库。

第一节　外来词概念的厘清

在展开外来词的具体对比研究之前，我们首先要界定“外来词”的概念，消除其内涵和外延存在的模糊和不确定性，这是我们研究的基础。

一、概念的名称

汉语中外来词的相关术语最初是从日语借入的，被称为“外来语”。20世纪50年代，随着汉语中“词”概念的确立，高名凯、刘正琰等于1958年正式使用“外来词”一名。除此之外，还出现过“借词（意译自英语loanword）”“借字（罗常培《语言语文化》）”“借语（赵元任《借语举例》）”“外源词（钟吉娅《汉语外源词》”“外来概念词（香港中文语文学会《词库建设通信》）”，“外来影响词（黄河清《汉语外来影响词》）”等术语。而在汉字文化圈的大多数国家和地区，如日本、韩国等国家和地区，在表示从其他语言借来的词语的概念时，大多数仍然使用“外来语”这一名称。

《现代汉语词典》第6版中收录了“外来语”和“借词”这两个词条，两个词条互相参照，却未收录“外来词”[①]。《现代汉语词典》对“外来语”和“借词”的解释如下：

外来语：从别的语言中吸收来的词语。

借词：从另一种语言中吸收过来的词。

从以上的定义来看，二者的所指基本相同，区别在于“外来语”指的是“词语”，“借词”指的是“词”，“词语”的概念就包含了“像词一样使用的短语”。

当然，由于《现代汉语词典》是面向大众的语文性词典，其收词要考虑通用性、稳定性等因素，对于出现时间较晚的“外来词”未予收录是正常的。

国内学术界对于外来词名称，还没有形成最终的决定性意见。我们在知网的两个重要数据库——中国重要报纸全文数据库（以下简称报纸库）和学术期刊数据库（以下简称期刊库）对这几个术语进行了搜索（搜索时间为2013年3月18日），搜索结果如下：

类型 来源	外来词	外来语	借词	借字	外源词	外来概念词	外来影响词
报纸库	327	444	140	85	0	0	0
期刊库	15132	16394	11925	6169	32	129	30

“报纸库”里面的报纸主要面向一般读者，因此，一个“术语”出现在报纸库中的频率表示该词语被社会大众接受的程度。“期刊库”主要面向的是专业研究人员，因此，术语在期刊库中的出现频率则表示该术语被学术界接受的程度。

从上表我们可以看出，表示外来词语概念的术语主要有“外来词”“外来语”和“借词”。“外来词”这一术语在报纸库中和“外来语”存在着较大的差距，而在期刊库中差距显著缩小。显然，“外来词”这一名称更多地被学术界所推崇和使用。鉴于“外来语”这一术语使用的时间相对较长，可以肯定，“外来词”作为后来者正被越来越多的人所采用。

本书选择外来词这一名称来指称从其他语言借入的词语这一概念，主要

① 见《现代汉语词典》第6版第669、1336页.

基于以下两个方面的考虑:(1)如上述讨论内容，外来词使用范围广泛，在学术界和大众中的接受度比较高;(2)“外来词”这一术语与汉语中的其他词汇类聚如“基本词”“方言词”等具有学理上的一致性。同时，在本书的讨论中，我们不严格区分“外来词”“外来语”和“借词”，在使用中认为三者是同义词。

二、外来词概念的重新审视

(一)外来词概念的争论与分歧

《辞海》对外来词下的定义为:外来词，也叫“借词”或“外来语”，一种语言从别种语言里吸收来的词语。[①]

在这个定义中，“词”和“语”是不加区分的，这是符合汉语实际的，因为汉语中的“词”和短语是很难截然分清的，一般的新词词典的收词往往也包含着部分短语。而韩国语中的情况也与汉语类似，在韩国国立国语院收集的年度新词集中，短语的数量也占据相当的比例。在后面涉及到外来词的讨论中，所谓的外来词指的就是外来词语，既包括严格意义上的“词”，也包括“像词一样使用”的“语”。

以上的外来词的定义，是一个简化的、通俗的定义，并非是一个严格意义上的定义。因为涉及外来词的借用，具体情况要复杂得多。我们知道，语言中的词汇，作为语言的基本建筑材料，是一个语音、语义、词形集于一身的单位，它是语言的语音系统、语义系统、文字系统和语法系统的交叉和汇合点。一个词语的借用就意味着一个词内部所凝聚的语音、语义、词形的各种要素的借用和转换，因而词语的借用就包括了语音借用、语义借用、词形借用等多种方式。通常，我们把语音借用称为音译，语义借用称为意译，词形的借用称为借形或者形译;把通过这三种方式借入的词分别称作音译词、意译词和借形词。

学者们对于外来词是“从其他语言借入的词语”这一表述基本没有异议，而产生分歧的则是因为不同的借用方式所产生的外来词类型的界定。史有为(2000:4)认为，在汉语中，一般来说，外来词是指在词义源自外族语中某词的前提下，语音形式上全部或部分借自该外族语词，并在不同程度上汉语

① 《辞海》缩印本，上海:上海辞书出版社，1989.

化了的汉语词；严格地说，还应具备在汉语中使用较长时期的条件，才能作为真正意义上的外来词，如："袈裟""冰淇凌""卡车"等。按照史有为的观点，严格意义上的外来词只包括长期使用的音译词（包括音译兼意译词、音译加意译词和音译加注词），而排除了意译词、借形词、字母词和产生时间较短的借用词。

黄河清（1995）为外来词下的定义是："外来词是在本族语言的的语音、语义、文字等系统的制约下，从外族语言中吸收过来的词。"[①]这个定义强调了汉语对于外来词在"语音、语义、文字"等语言子系统的同化和制约，区别了汉语词和外语词，但同时也把近年来风头正劲的字母词排除在外，并不符合汉语使用的现状。

金敏洙（김민수，1984）将韩国语中使用的外来词汇分为几种类型：保持外语发音和意义的词汇为外语词；发音和形态在一定程度上国语化的词汇为借用词；失去外语特征，在本民族语言社会中和固有词毫无区别的词汇，这些主要指汉字词。金敏洙（1973）认为外来语应该满足如下条件：①来自国外；②被引进国内；③进入本国语言；④被使用；⑤是单词。我们所说的外来词相当于金敏洙所说的"借用词"；而对于汉字词，由于在词汇中的主导地位，使用时间长而且数量庞大，已成为韩国语不可或缺的组成部分，被称为汉字词，以区别于非汉字的其他外来词语。

姜信沆（강신항，1991）则区别了词汇借用的不同情形，他指出，词汇的借用不仅发生在不同语言之间，在同一语言内部，不同的地域方言和社会方言也可以互相借用，前者被称为文化借用，后者被称为方言借用。外来词是不同语言接触过程中，一种语言借用另一种语言的单位，在本语言体系内使用而产生的。[②]

相对来说，韩国学者更强调外来词在本国语言体系内的使用，他们对于外来词内涵与外延的理解比较一致，而中国学者之间的分歧比较明显，这和两国学者所面对的研究对象的不同特点有关。韩国语中的外来词绝大部分是音译词，其身份较易识别，在外来词的判定上标准较为单一；而汉语中的外来词则由于不同的借用方式，而产生了多种借用类型。对于这些类型的认定，

① 黄河清．汉语外来词研究中的若干问题［J］．词表建设通信（香港）．1995，第7期．

② 강신항．현대국어 어휘사용의 양상 [M]. 서울: 태학사 .1991.

则成为不同学者间的主要分歧。

总体来说，对于汉语外来词的分歧主要是对下面几类词汇是否属于外来词的争论：① 借义的意译词（包括完全意译的词和仿译的词）；② 借形的外来汉字词和字母词；③ 本民族使用外来语素自造的词语。

外来词界定上所出现的争论和分歧，主要围绕意译词和借形词的身份展开。所谓意译词，就是借用其他语言中的概念，使用本民族的语言材料构造的词语。从语言形式来看，似乎在意译词上看不到外来的痕迹，使得人们倾向于认为这样的词汇不是外来的，而是本民族固有的词汇。但意译词的内容，即概念本身却是外来的，这样的词是否应归为外来词，决定于人们对外来文化和民族文化之间关系的态度。

而借形词，即民族语言文字中出现的包含异质字符的词汇，其身份的认定则与人们对于民族语言文字的主体地位的认识有关。由于字母词与固有词汇形式迥然不同，人们倾向于不把这样的词汇看作是本语言词汇，而看作是外语词。

而对于利用外来语素构造的词语，从形式上看含有外来成分，但概念却非外来的，对于这部分词语的性质如何判断，是属于固有词、外来词，还是混合词？目前尚无定论。

对于外来词的争论和分歧来自外来词判定标准的不同尺度。为了从理论上阐明外来词的性质，下面我们分别从词语的理据性和文化上的后殖民主义的视角对外来词进行重新审视。

（二）从词语的理据看外来词的性质

所谓词语的理据（motivation）指的是事物和现象获得名称的依据，说明词义与事物或现象的命名之间的关系。

许多学者对词语理据的概念都有所定义。许余龙（2001：137）指出："词的表达性与意义之间有时具有某种内在联系，我们可以从这些表达形式中推断出词的含义，这就是所谓的词的理据性。"曹炜（2001：54）认为："所谓词义的理据，是指词义形成的缘由，它是从发生学角度来探求词义的来源的。"

词语的理据包括：语音理据、形态理据、语义理据等。我们可以进一步把词语的理据分为内容理据和形式理据，内容理据即词语的语义理据，形式理据包括语音理据和形态理据。比如：世界各语言中都有部分拟音词，这是对自然界声音的模拟；汉语中存在大量的形声字，这是汉字发音的根据，这些是词语的语音理据；英语中大部分构词以派生为主，语法范畴也通过词语中的语法形态来表达，而汉语中有部分会意字，通过字形我们可以了解一个字的含义，这些是词语的形态理据；而对于多词素的合成词来说，其部分各语素的结构关系则是形成词语意义的基础，这是语义理据。

从理据性的视角来看外来词，我们认为外来词理据获得在于其词语的内容或者形式来自外语，或者内容和形式兼而有之。具体来讲，就是外来词的语义、语音、形态植根于它所对应的外语词。判断一个词是否属于外来词，主要是看这个词的形式，即语音、构词或者文字是否以另一种语言的词汇为参照，也即其理据性来自其他语言，而不是本语言内部。如韩国语中汉字词，汉字已成为韩国语的基本构词手段，用汉字构成的新词，其形式理据在于韩国语内部，而不依赖于外语词的语音、词语结构和文字，因而通常并不把汉字词视为外来词。

从语言的理据性的角度来看，音译词和借形词的理据是形式理据，而意译词的理据是内容理据。所谓的音译词，就是语音理据性在于对应的外语源词的外来词，音译词与外语源词间是一种语音“像似”的关系；而借形词的理据性在于外来词词形与外语源词的像似关系。

对于意译词来说，其理据性显得有点复杂。意译词中的仿译词——这些词主要是合成词——是按照语素对应的规则来分别翻译语素而来的外来词，这些词的词语结构与外语源词构成一种像似关系，因而其理据性在外语词；而对于纯意译的外来词来说，由于很难找到形式上的标记，判断外来词的身份就比较困难。但我们仍然可以在语义上找到理据，如：一个词出现了新的义项，出现了新的词语组合，而这些如果可以在外语源词上找到根据，那么就成为意译词的理据。

当然，外来词的的理据性并非是一成不变的，如果一个外来词在借用后经过长期使用获得了新的内部形式，其理据性植根于新的内部形式，而不是它的外语源词，那么我们可以认为该外来词已经和外语脱离关系，融入借入语言中了。

根据外来词和外语间理据联系程度的差异，我们还可以把外来词分为完全理据外来词和不完全理据外来词。完全理据外来词指的是词语理据完全在外语词的词语，不完全理据外来词则是词语的理据部分在外语词的词语。完全理据外来词包括音译词、意译词和首字母缩略词；不完全理据外来词则主要指利用外来语素构造的混合词。

当然，从词语的理据性对外来词的界定也存在自身的局限性，不是所有的外来词与所对应外语词之间的的理据联系都是清晰和易于分辨的。如有些外来词我们可以不依赖外语词，通过内部形式我们也可以推导出词语的语义；而有些外来词与外语词的联系并不紧密，如有些音译词和语音和外语词的差别较大，很难通过外来词本身唤起外来词和外语词的理据联系。但这些只是理据性如何实现的问题，而不影响对外来词理据性来源的判断。

（三）后殖民视角下的外来词观

20世纪后半期出现的后殖民主义理论是随着“二战”后西方殖民势力的瓦解，前殖民地国家纷纷走上独立道路而产生的一种思潮。这种思潮批判欧洲和西方中心主义，认为世界上的任何“知识”，归根结底都是一种话语和权力的较量。在后殖民主义者看来，维护民族的尊严和独立就要保持民族文化的主体地位，对西方的文化霸权说不。

以后殖民主义的视角来看待文化和语言，就是要拒绝强势文化对民族语言和文化的侵略和同化，保持民族文化和语言的独特个性和纯洁性。作为民族文化的载体和内容，语言怎样面对和接纳外来要素是判断民族文化主体性的标准之一。

我们认为，对于语言中外来文化的产物——外来词的界定，很大程度上是主观的，而非客观的。外来词并不仅仅是一个语言问题，其背后是文化和价值观。围绕外来词概念的争论，与对外来词所代表文化的的态度有关。不同的外来词观，折射着不同的外来文化价值取向。文化态度和价值观对外来词判断标准影响突出体现在汉语中发生的关于“字母词”的争论上[①]。

《现代汉语词典》1996年修订本首次在附录中出现了“西文字母开头的词语”，当时共收录了39条。这是在权威性、具有普遍影响的汉语中型语文词

① 参考：http：//china.cnr.cn/xwwgf/201208/t20120829_510699115shtml，《现代汉语词典》收录NBA被指违法 回应：无稽之谈，2012-08-29 16：55，来源：中国广播网 http：//epaper.dfdaily.com/dfzb/html/2012-08/29/content_667698.htm，专家谈现代汉语：做出阻挡的姿态 将导致汉语封闭化，2012年08月29日 06：35，来源：东方早报。

典中第一次专项收录字母开头的词，这类词被称为“字母词”。其实，汉语中出现含字母的词的先例早已有之，“五四”时期随着鲁迅先生的“阿Q正传”的广泛传播，“阿Q”一词已然成为汉语词汇中的一员了。这说明，汉语对于字母在语言中的使用并不是完全排斥的。

但对于收录字母开头的词入词典，学术界则出现了支持和反对两种声音。支持一派认为，字母词有利于促进语言的交流，收录无妨；而反对的一派认为，收录字母词引进了异质的文字符号，玷污了汉语的纯洁性，应予杜绝，彼此针锋相对，互不相让。

支持者认为在全世界范围内，编撰词典的时候，直接吸收外来语是非常普遍的现象，比如在英文词典中，就直接收录了很多法语和德语单词，甚至还收录了不少日文和中文单词，他们认为：“交流是语言的至上目的，不是为了保存，如果理解了这一点，这些疑问都迎刃而解。”事实上，自改革开放以来，英语、日语等语言强势进入汉语，这是客观存在。如《现代汉语词典》第6版中收入的239个词语，大多已经广泛出现在汉语出版物中。

而反对者则认为《现代汉语词典》收录“西文字母开头的词语”，不仅违反了法律，还违反国家新闻出版总署关于媒体和文化部门宣传中汉字中不许夹带西文字母的通知。《中华人民共和国国家通用语言文字法》有明文规定，汉语文出版物和广播、电影、电视用语用字必须用普通话和规范汉字。《现代汉语词典》收录239条所谓“西文字母开头的词语”，涉嫌违法。

我们应该看到，关于《现代汉语词典》是否应该收录字母词的争论，其本质在于在我们的语言文字体系是否允许除汉字之外的异质字符存在，中国语言文字体系的汉字一统天下的局面是否应该被打破的问题。支持和反对的双方分别代表了对于汉字体系开放和保守的两种文化心态。

要回答这一问题，我们还需要回到语言本身，探求语言的本质，及语言与社会、心理和民族精神的关系。著名语言学家洪堡特（Wilhelm von Humboldt）非常重视语言与民族精神的联系，认为每一种语言里都包含着独特的世界观，甚至提出“语言仿佛是民族精神的外在表现；民族的语言即民族的精神，民族的精神即民族的语言”的论断。萨丕尔和沃尔夫提出了有关语言与思维关系的假设，他们认为，所有高层次的思维都倚赖于语言，也即“语言决定思维”。按照他们的假设，使用不同语言的人对世界的感知和体验是不一样的，语言决定了人们认识和感知世界的方式。

但也有人提出相反的观点，典型的如语言的符号观和语言的工具观。结构主义语言学家索绪尔认为“语言是表达思想的符号体系”；萨丕尔也认为：“语言是利用任意产生的符号体系来表达思想感情和愿望的人类特有的非本能的方法。”王德春（1977）认为：“语言是人类最重要的交际工具，是人类思维的工具，也是社会上传递信息的工具”。

对于语言的不同认知决定了对待语言的不同态度。“语言决定论”和“语言精神论”强调语言在人类精神与思维上的决定性作用，而“语言符号论”和“语言工具论”则认为语言对于人类思维和交际的工具属性。前者过分夸大了语言的作用，把语言提高到和民族精神、思维相同的高度，可能导致民粹主义的语言观；而后者则相反，把语言等同于符号的排列与组合，其后果则可能带来强势语言的入侵和同化，导致弱势语言的消失，不利于保持语言的多样性。因此，我们要以一种科学理性的态度看待语言，既要承认语言的工具属性，又要认识到语言在民族文化的传承、维系民族的认同感上的作用。

在如何看待字母词的问题上，首先我们要认识到，语言的首要功能是交际，离开了交际功能而奢谈语言的纯洁性，就会在语言发展的问题上走入歧途。我们既然已经接受了10个阿拉伯数字在汉语中的合法地位，为什么不能接受26个西文字母呢？语言和文字固步自封，纯洁是纯洁了，但其功能却越来越不能满足生活交际的需求，这样的语言，必定会如中国士大夫的文言文一样，在越来越丧失交际功能的同时，被历史所抛弃。

同时，我们还可以看到《现代汉语词典》对于字母词的态度的变化。作为国家权威的语文类中型词典，《现代汉语词典》收词的规范和内容对于汉语词汇的发展起着示范和引领的作用。总体来看，《现代汉语词典》对于收录字母词还是持比较谨慎态度的，直到1996年才首次予以收录，而且其数量要远远小于语言生活中实际使用的字母词的数量，但考虑到语言生活的实际，《现代汉语词典》中字母词的数量是逐渐增加的。如：1996年版收录字母词39个，到2002年版为142个，而到2012年改版时，附录中的字母词则增加到了239个。

我们认为，对于语言的变化，应该抱持一种开放的文化心态，在改革开放的环境下尤其需要如此。以开放和发展的眼光来看待语言和文化，语言和文化就会获得发展和繁荣；以保守和民粹的态度来对待语言和文化，则往往会固步自封，钳制和禁锢语言和文化的发展。海纳百川、有容乃大，在语言问题上，同样不能闭关锁国，僵化保守。唯有包容，才能广博；唯有开放，才能强大。比如英语中的外来词占了词汇系统的主导地位，但英语还是英语，只是表现力更加丰富，在世界上的影响力更加强大。而刻意保持纯洁性的民族语言，往往是语言中的“弱势群体”，文化心态上处于守势，其地位必然受到强势语言的挑战。

在以开放的心态对待外来字符的同时，我们也要警惕字母词在汉语中的过多过滥，防止汉字的主体地位受到冲击和挑战，防止汉语演变成另一种形式的洋泾浜语言。这就要求我们要在借鉴世界先进文化和坚持民族语言主体地位之间寻求平衡，以促进汉语的良性发展。

（四）本书中对外来词的界定

基于以上的讨论，从语言视角看外来词，外来词是词汇理据性在外语的词语，这是我们判断外来词身份的微观标准；从文化的角度来看，外来词源于语义缺项带来的文化借用，这是判断外来词身份的宏观标准。

1. 严式标准和宽式标准

对于外来词的概念主要有两种看法，一是认为外来词是连音带义借自外语词的词语，因此坚持是否借音成为外来词的判断依据。外来词界定的范围较窄、标准较严，可以被称为严式标准。另外一种看法认为，只要发生了借用，不管是借音、借义还是借形都应该算外来词，外来词界定比较宽泛，可以称为是宽式标准。

以严式标准来判断外来词主要着眼于语言的角度，以民族的眼光看待外来词对民族语言和文化的冲击和影响；而宽式标准则主要着眼于外来词所体现的文化交流，以国际化的眼光拥抱外来词所代表的先进文化。在外来词标准的认定上，体现的不仅仅是一种学理上的分析，同时也是一种文化价值观的差异。两种不同的外来词界定标准正是保守和开放两种不同文化心态在语言上的反映。

我们认为，语言和文化是一个动态的、发展的概念，对外来词也应秉持开放的心态和发展的眼光，就像一千多年前中国拥抱佛教文化，数百年前接纳西欧文化一样，在面对急剧全球化和信息化的今天，语言的纯洁应让位于文化的发展，语言不能成为文化发展的桎梏。

2. 本书的外来词定义

对于研究对象的界定往往因研究目的而定。坚持外来词界定中的宽式标准，这和本书的研究目的一脉相承。本书试图通过韩汉语外来词的对比研究，揭示不同外来词在借用上的不同特点和倾向性，并进一步阐明外来词的借用与社会、文化、心理等语言外部因素以及语言类型、语音、词汇、语法等语言内部因素间的关系。如果坚持严式标准，仅仅研究韩国语和汉语中的音译外来词，则会忽略两种语言中特别是汉语中的意译词，而意译借词在汉语中则是词语借用的主要方式。如此，严式标准所涵盖的外来词远远不足以反映汉语借鉴和吸收外部语言文化的全貌，从而使得对比失去共同的基础，得出的结论也必然带有片面性。

本书对外来词的界定为：词语的语音、语义或者词形理据性在外语词、经过一定程度同化的、在本语言中普遍使用的词语。这个定义界定了外来词三个方面的特征：首先，外来词的理据在于对应的外语词。这就把外来词和本民族创造的固有词区分开来。其次，外来词要经过一定程度上的同化，这种同化可以是语音、语义、语法或者词形等某一方面的同化，也可以兼而有之。这样我们就把外来词同外语词区分开来。最后，外来词要进入实际的语言交际，其使用要有一定的普遍性，偶然、局部借用的词语不能被看作外来词。其标志之一就是出现于广播、电视、报纸、杂志等大众媒体的少量外来词语。

这是从语言的整体观和文化角度所下的定义，在这样的视角下，我们在判定外来词时，就可以摆脱以往外来词标准含混不清、模棱两可的语言学视角和心理学视角，有利于我们从更宽广的视野和宏观的角度把握外来词中所体现的语言接触和文化交流的情况。

依据以上定义，我们认为外来词的典型成员是音译词，这是外来词的窄式标准所界定的范围。此外，意译词和借形词是外来词的两个极端，意译词因为太像固有词，而不被认为是外来词；而字母词则因为太像外语词，而不被认为是外来词。在本书的界定中，把两种类型均视为外来词，因为它们都符合外来词的定义要素：（1）理据在外语词。意译词的理据在于其概念来自外语词，而借形词的理据则在于其内容和词形均来自外语。（2）均经过了同化，意译词使用本族语的语素构成；而字母词虽然使用外语词的构词材料，但语音上不像外语词一样可以拼读，而且在字母的发音上通常受汉语语音系统的制约。如：VCD 通常被发成 [wei sei di]，4S 发成 [si aisi]。（3）在本族语中普遍使用。

同时，语言中除了整体借入的词语之外，还有相当数量的使用外来语素构造的词语。如汉语中借入的外来语素“族”，由于契合了社会发展的需要，因而大大增强了其能产性，衍生出了飙车族、导族、发烧族、刷卡族、退休族、白领族、哈日族、哈韩族、新贫族、背包族、本本族、不婚族、不夜族、草莓族、蹭课族等一系列的词；再如韩国语中音译外来词“테크（tech ← technology）”，则产生了오일테크，혼테크족，직테크족，땅테크，건테크，노테크，직테크，휴테크，체테크，금테크，시테크형，테크노 뽕짝，나노테크，카테크，카드테크等词汇。这些由原来借入的外来词或者外来成分构成的词汇，并不是完全的固有词或者外来词，而是一种混合词（韩国语中称为“혼종어”）。这样的词汇，由于含有外来成分，我们也将其纳入研究的范围。

这样，本书中的外来词就包括如下类型：

（1）音译转写词；

（2）借形词（数字词、字母词、外来汉字词）；

（3）意译词（包括完全意译词和仿译词）；

（4）包含有外来语素的词语。

第二节 韩汉语外来词词表的建立

我们要对比研究韩汉语外来词，首先要建立一定时期内的汉语外来词词表和韩国语外来词词表，相关时间段的外来词的收集主要来自这个时期出版的新词集和新词语词典，因此，我们有必要对这个时期出版的韩汉两种语言的新词集、新词词典做一下梳理。

一、韩汉语新词词典考察

虽然韩国语和汉语学界都对于词汇的研究十分重视，但两国对于新词语的收集与整理的情况是有差别的，下面我们分别就韩国语新词和汉语新词的收集整理情况进行考察。

（一）韩国语新词的搜集与整理

韩国的新词搜集与整理工作主要以韩国国语院为中心进行。韩国语的新词搜集始于1994年，韩国国立国语院的前身——韩国国立国语研究院于1994年和1995年连续两年进行了新词的搜集，并编辑发行了1994年和1995年新词集。然后由于工作重心转向《标准国语大词典》的编纂，新词集的收集工作暂告一段落。1998年《标准国语大词典》编纂完成，于是在五年之后的2000年，韩国国立国语院重启新词的搜集整理工作，并连续出版了2000、2001、2002、2003、2004、2005等六个年度的新词集。各年度新词集如下表：

序号	词典名	编者	出版时间	出版社
1	1994년 신어	심재기	1994/12	국립국어연구원
2	1995년 신어	심재기	1995/12	국립국어연구원
3	2000년 신어	심재기	2000/12	국립국어연구원
4	2001년 신어	남기심	2001/12	국립국어연구원
5	2002년 신어	남기심	2002/12	국립국어연구원
6	2003년 신어	남기심	2003/12	국립국어연구원
7	2004년 신어	남기심	2004/12	국립국어원
8	2005년 신어	남기심	2005/12	국립국어원

由上表可以看出，韩国的新词集并不是连续的，相对集中且连续的编纂时间为2000—2005年。

韩国国语院收集与整理的新词集的收词原则如下[①]：

1. 从全国性的主要日刊报纸中收集新词

根据韩国国语院各年度新词集前言中的说明，其所收集新词的例句来源主要为如下全国性日报，如2000年新词的资料来源如下：

东亚日报 2000年4月至10月（7个月时间）

韩民族 2000年4月至10月（7个月时间）

① 资料来源于2000—2005年的新词集的编撰说明。

首尔体育 2000年4月至10月（7个月时间）
朝鲜体育 2000年4月至10月（7个月时间）
韩国经济 2000年4月至10月（7个月时间）
世界日报 2000年4月至5月（2个月时间）
体育日报 2000年5月，8月至9月（3个月时间）
每日经济 2000年4月至6月（3个月时间）
其他

1994、1995和2001—2005年度新词的收集情况基本和2000年相同。从发行量较大的全国性报纸中收集词汇，这有效减少了地区和行业方言的影响，从而保证了该词汇的全民通用性和普遍性。

2. 收集了大量《标准国语大词典》(出版于1998年)所未收录的词汇

也就是说，部分词汇的产生年代可能较早，但由于种种原因未被《标准国语大词典》收录，也和当年产生的新词一起被收录于2000—2005年度新词集中。这样的收词原则和标准与这一系列新词集收集与整理的目的有关。因为在该系列词集的前言中明确表示，进行新词的收集和整理是为修订和完善《标准国语大词典》而进行的一项工作。因此，在确定新词产生的年代时，我们不能不考虑到大量的较早产生但未收录于《标准国语大词典》的所谓新词(下面简称未收录词)，而这部分的词汇数量庞大。

该新词集从2000年到2005年共收录了六个年度的新词，其数量分别为2000年2947个；2001年2884个；2002年2696个，其中当年度新词408个，未收录词2288个；2003年2426个，其中当年度新词656个，未收录词1770个；2004年2241个，其中当年度新词626个，未收录词1615个；而2005年则只收集了当年度产生的新词408个，而没有收集未收录词汇。收词情况统计如下：

表1　韩国国语院2000—2005年新词集收词情况一览表

类别 时间	新词		未收录词 *		总词数
	数量	比例	数量	比例	
2000					2947
2001					2884

续表

时间＼类别	新词		未收录词 *		总词数
	数量	比例	数量	比例	
2002	408	15%	2288	85%	2696
2003	656	27%	1770	73%	2426
2004	626	28%	1615	72%	2241
2005	408				408

（*表示未收录于《标准国语大辞典》的词汇；表格空白处表示未区分新词和未收录词；比例指的是占词集中总词数的比例）

用图表直观表示如下：

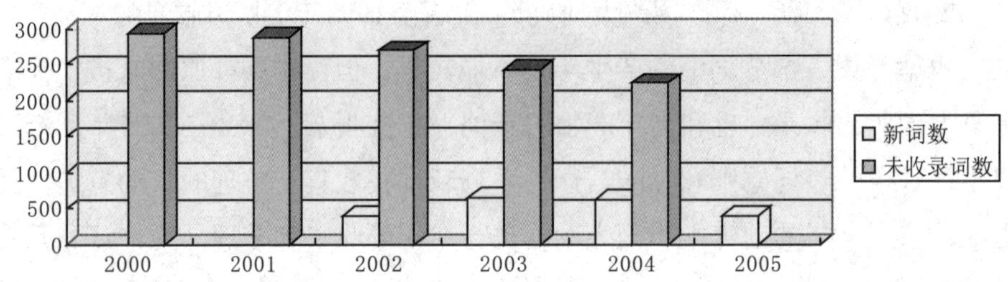

观察上表我们有如下发现。（1）相对于新词来说，未收录词数量庞大。从2002—2004这三年的收词情况来看，未收录词分别占了年度新词集总词数的85%、73%和72%，而新词数则分别只有15%、27%、28%，未收录词在新词集中处于绝对优势地位。（2）新词集的收词总数逐年减少，而其中的当年度新词数则有增有减，大体在400—700个之间的范围内波动。

同时，2000—2004年度新词集共收录了13194个词语，其中的三个年度，即2002、2003、2004年新词集对本年度新词和此前已经产生但未收录于《标准国语大辞典》的所谓"未收录词"进行了区分。而2005年度则没有进行"未收录词"的搜集和整理工作，只是给出了本年度的新词，并按月份进行了整理。

前面我们提到过，2000—2005年新词集中词目的选定，其主要目的是为韩国国立国国语院1998年出版的《标准国语大辞典》做进一步的修订和完善而做的准备工作。在收集和整理新词时，就以该词典是否已经收录作为衡量标准来选定词目，名为新词集，其实，很大部分是查漏补缺性质的。因而我们可以看到新词集中出现了大量的“旧词”，特别是2000和2001年度新词集中，并未区别新词与未收录词，这给我们确定2000和2001年度新词集中的新词的身份造成了很大的困难。

由以上图表可以看出，韩国语中每年产生的新词数量大致在400—700个之间波动，有的年份多一些，有的年份少一些，但不会出现急剧的变化。新词集中新词数量的多少，与收集材料的范围、新词认定的标准、搜集者的个人因素，以及社会环境的变化、文化与语言的接触等错综复杂的因素有关，因而体现在新词集中的新词数量并不是恒定的，而是时刻发生变化的。新词集并不能绝对反映全部的语言事实，但可以基本反映词汇产生和发展的面貌。而收集和整理新词集的方法越科学、客观，我们就会越接近语言中词汇的真相。

（二）汉语新词语的搜集与整理

相对于韩国语新词搜集与整理的一枝独秀，汉语新词的收集与整理可以用百花齐放来形容。首先，新词的收集与整理工作开展较早。早在20世纪80年代就有人关注到这个问题，吕叔湘等著名语言学者对此很重视并多次呼吁对于新词语展开研究。其次，新词研究的成果丰富。不但研究参与者众多，出版了大量的新词词典，而且出现了多个不同的版本。既有按年度出版的新词语词典，也有囊括一个时期新词语的综合性词典；既有单个语言社区的新词词典，也有涵盖整个华语地区的新词词典。据笔者不完全统计，80年代以来国内出版的各类新词词集、词典达69种之多，蔚为壮观，这就给我们研究汉语的新词提供了丰富的语料。按出版时间先后顺序排列如下表：

序号	词典名	编者	出版社	出版时间
1	常用新词例解	王自强	浙江人民出版社	1981年/1月
2	现代汉语新词词典	王均熙等	齐鲁书社	1987年
3	新词新语新义	沈孟璎	福建教育出版社	1987年/1月
4	新词新语词典	李行健，曹聪孙，云景魁	语文出版社	1989年/4月
5	当代汉语新词词典	刘继超等	陕西人民出版社	1990年/1月

续表

序号	词典名	编者	出版社	出版时间
6	现代汉语新词新语新义词典	诸丞亮	中国工人出版社	1990年/1月
7	新词新义辞典	唐朝群	武汉工业大学出版社	1990年/6月
8	汉语新词新义	刘配书	辽宁大学出版社	1991年/10月
9	新词新义词典	雷良启，王玮	湖南教育出版社	1991年/2月
10	汉语新词新义词典	闵家骥	中国社会科学出版社	1991年/6月
11	新时期新名词大辞典	马国泉等	中国广播电视出版社	1992年/10月
12	1991年年度新词语	于根元主编	北京语言学院出版社	1992年/6月
13	当代新词语大辞典	文会等	大连出版社	1992年/7月
14	党的十一届三中全会以来新名词术语辞典	张首吉，杨源新，孙志武等	济南出版社	1992年/8月
15	当代中国流行语辞典	熊忠武主编	吉林文史出版社	1992年/8月
16	汉语新词词典	王均熙	汉语大词典出版社	1993年
17	当代新观念要览	李述一，姚休主编	杭州大学出版社	1993年/2月
18	新词语词典	奚博先，鲁宝元主编	人民邮电出版社	1993年/2月
19	新语新词词典（1993年增订本）	李行健	语文出版社	1993年/5月
20	汉语新词语词典	李达仁等主编	商务印书馆	1993年/7月
21	当代港台用语词典	朱广祁	上海辞书出版社	1994年/1月
22	现代汉语新词语词典	于根元	中国青年出版社	1994年/12月
23	1992年年度新词语	刘一玲主编	北京语言学院出版社	1994年/1月
24	新词新语辞典	林康义	大连理工出版社	1994年/1月
25	1993年年度新词语	刘一玲主编	北京语言学院出版社	1994年/6月
26	当代实用新词汇	蒋芸	江西人民出版社	1995年/1月
27	1994年年度新词语	刘一玲主编	北京语言学院出版社	1996年/7月

续表

序号	词典名	编者	出版社	出版时间
28	精选汉语新词语词典	周洪波	四川人民出版社	1997年/1月
29	汉语新词新语年编 1995—1996	宋子然	四川人民出版社	1997年/7月
30	简明汉语新词词典	王均熙，何耀萍	世界图书出版公司	1997年/8月
31	无限思量 现代都市新词集	古松	香港大学出版社	1998年/1月
32	且伴春狂 现代都市新词集	古松	香港大学出版社	1998年/1月
33	大陆新词新语8000则	李行健，曹聪孙，云景魁	五南图书出版公司	1998年/3月
34	五十年流行词语 1949—1999	郭大松，陈海宏主编	山东教育出版社	1999年/12月
35	朗文中国流行新词语	欧阳因	艾迪生·维理斯·朗文出版社中国公司	1999年/1月
36	新词新语词典	姚汉铭	未来出版社	2000年/3月
37	现代汉语新词语词典（1978—2000）	林伦伦，朱永锴	花城出版社	2000年/4月
38	朗文中国流行新词语	欧阳因	中国人民大学出版社	2000年/4月
39	港台用语与普通话新词手册	朱广祁	上海辞书出版社	2000年/7月
40	新新人类辞典	蒋蓝	四川人民出版社	2001年/12月
41	最新实用新语词小辞典	佟学	中国国际广播出版社	2001年/1月
42	近现代汉语新词词源词典	香港中国语文学会	汉语大词典出版社	2001年/2月
43	酷语2000	钱乃荣	上海教育出版社	2001年/5月
44	时尚词汇（新名词应知应晓）	杨建平	北京科学技术出版社	2001年/5月
45	新新人类酷语言	酷鱼等	福建少年儿童出版社	2002年/10月

续表

序号	词典名	编者	出版社	出版时间
46	汉语新词新语年编 1997—2000	宋子然	四川人民出版社	2002年/11月
47	新词语大词典 1978—2002	亢世勇，刘海润主编	上海辞书出版社	2003年/12月
48	新华新词语词典 2003 年版	周洪波主编	商务印书馆	2003年/1月
49	新词语小词典	贺国伟，张志云编著	上海辞书出版社	2003年/4月
50	当代汉语新词词典	王均熙	汉语大辞典出版社	2003年/8月
51	二十一世纪新知识词典	刘靖文主编	百花文艺出版社	2003年/8月
52	当代汉语新词词典	曲伟，韩明安主编	中国大百科全书出版社	2004年/4月
53	汉语新词新语年编 2001—2002	宋子然	四川人民出版社	2004年/5月
54	蓝调词典 解读时尚	包铭新	安徽文艺出版社	2004年/5月
55	现代汉语新词语词典	林志伟，何爱英	商务印书馆	2005年/1月
56	新词新语词典	沈孟璎	四川辞书出版社	2005年/1月
57	新词术语	内蒙古蒙古语名词术语委员会	内蒙古人民出版社	2005年/4月
58	最流行的词语	文江，马杰，李勇军	黄山书社	2005年/7月
59	汉语新词新语年编 2003—2005	宋子然	巴蜀书社	2006年/12月
60	中国大陆改革开放新词语	李谷城	中文大学出版社	2006年/1月
61	国际知识新词常用手册 2006年版	李晓敏，张啸尘	云南人民出版社	2006年/6月
62	新世纪汉语新词词典	王均熙	汉语大词典出版社	2006年/7月
63	2006汉语新词语	周荐	商务印书馆	2007年/12月
64	中国当代流行语全览	夏中华	学林出版社	2007年/12月

续表

序号	词典名	编者	出版社	出版时间
65	流行新词语	王晟	金盾出版社	2007年/3月
66	21世纪华语新词语词典	邹嘉彦，游汝杰	复旦大学出版社	2007年/5月
67	2007汉语新词语	侯敏，周荐	商务印书馆	2008年/12月
68	现代汉语新词语词典	亢世勇，刘海润	上海辞书出版社	2009年/11月
69	汉语新词词典：2005—2010	王均熙	学林出版社	2011年/1月

其中，对于我们的研究最有帮助的是编年本的新词词典，通过编年本新词词典，我们可以对新词产生的规模、速度，以及内容有比较准确的了解。

汉语编年本的新词词典（1991—2010），主要由于根元、刘一玲、宋子然、周荐、侯敏等接力编纂。其中1991，1992，1993，1994，2006，2007，2008这六年为年度单行本，1995—1996，2001—2002共四年为两年合编本，1997—2000，2003—2005共六年为三年合编本。列表如下：

名称	编者	出版社	出版时间
1991汉语新词语	于根元	北京语言学院出版社	1992年
1992汉语新词语	于根元	北京语言学院出版社	1993年
1993汉语新词语	刘一玲	北京语言学院出版社	1994年
1994汉语新词语	刘一玲	北京语言学院出版社	1996年
汉语新词新语年编（1995—1996）	宋子然	四川人民出版社	1997年
汉语新词新语年编（1997—2000）	宋子然	四川人民出版社	2002年
汉语新词新语年编（2001—2002）	宋子然	四川人民出版社	2004年
汉语新词新语年编（2003—2005）	宋子然	巴蜀书社	2006年
2006汉语新词语	周荐	商务印书馆	2007年
2007汉语新词语	侯敏 周荐	商务印书馆	2008年
2008汉语新词语	侯敏 周荐	商务印书馆	2009年
汉语新词新语年编：2009-2010	宋子然 杨小平	巴蜀书社	2011年

这样从1991年至2010年编年本的新词词典就形成了一个完整的序列。我们对其中1991至2005年度新词词典中的新词数量进行了统计，结果为：1991年335个，1992年448个，1993年460个，1994年458个，1995—1996年429个，1997—2000年575个，2001—2002年487个，2003—2005年787个。图示如下：

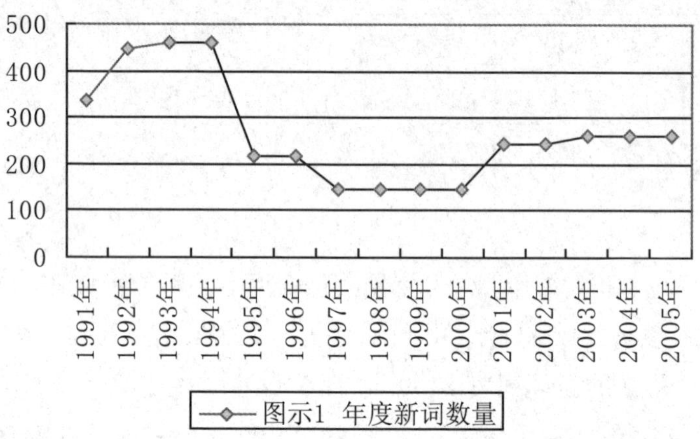

（以上图示中的数据：1995—1996年、1997—2000 年、2001—2002年、2003—2005年为年度平均值。）

该图中有一个明显的现象，就是年度单行本的新词词典收词往往较多，而多年本的词典则平均到每个年度的新词量比较少。考察1991—2005年系列新词词典的编撰，主要由于根元、刘一玲、宋子然等学者接力完成。其中年度新词集1991—1994年度由于根元、刘一玲完成。而从1995—2005的新词词典均为两年和三年的多年版词典，由宋子然完成。从图示1中可以明显看出不同的编撰者造成的收词数量的差异。由于根元、刘一玲完成的年度新词词典每年的收词量为422个。而由宋子然编撰的多年本新词词典的年度收词量为207个。前者为后者的两倍多。

不同新词词典编纂者的收词情况差别如此明显，那么哪种情况更符合汉语新词产生的实际情况呢？我们通过《现代汉语词典》收词量的变化就可以更好地理解这个问题了。

《现代汉语词典》（以下简称《现汉》）是中华人民共和国的第一部普通话词典，由中国社会科学院语言研究所词典编辑室编写，其编辑主任是吕叔湘和丁声树，商务印书馆出版，在中国语言界具权威地位。词典的重点放在现代常用的汉语词语，编写过程会加入新的词汇并且把不常用的词汇淘汰。其从1978年出版第一版开始，到2012年共有六个版本，期间经过了一次重排、一次增补和三次修订，其收词情况如下表[①]：

版次	版本名	新增条目	删减条目	总条目	其他
1978年第1版	原版			56000	
1983年第2版	重排本			56000	
1996年第3版	修订本	9000余条	4000余条	61000	
2002年第4版	增补本	新词新义1200（附录）			西文字母词142（附录）
2005年第5版	修订本	6000余条	2000余条	65000	
2012年第6版	修订版	将近4000条	少量	69000	西文字母词239（附录）

我们把《现汉》各版本的收词情况用图表表示如下：

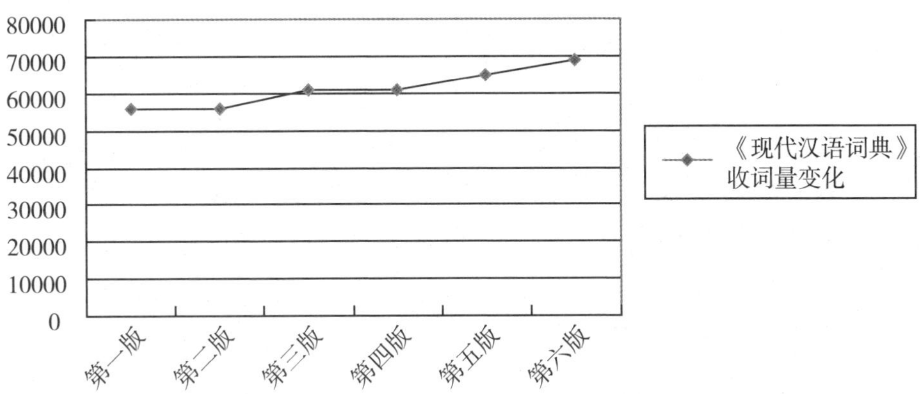

如上表所示，《现汉》的收词量从1978年第一版的56000条，到2012年增加到了69000条，24年间共增加了13000多条，平均每年增加541个词条。同时我们还可以发现，《现代汉语词典》的词条既添加新的词条，也淘汰旧的词条。1—6版新增词条18000余条，淘汰旧词条6000余条，平均下来，每年新增词条700多条，淘汰旧词条200多条。

① 数据来源：中国社会科学院语言研究所词典编辑室.《现代汉语词典》第六版，北京：商务印书馆，2012.

由于1996年版的《现汉》补收了部分80年以前就已经产生的“旧词”，我们仅仅计算1996—2012年的词汇增补情况。1996年版《现汉》收词61000余条，2012年版收词69000余条，16年间收词量增加了8000余条，平均每年500条左右。考虑到淘汰的“旧词”2000余条，实际上平均每年增加的新词数量应为600条左右。我们从这里大致可以看出汉语新词语产生的规模和速度。

当然《现汉》的收词量的增加部分，不都是新词，也包括旧词产生新义和旧词“复活”等情况。如2002年《现汉》增补版相对于1996年版在附录中增加了新词新义1200条，平均每年200条，即使这些增补的词条均为旧词产生的新义，《现汉》中年度新词的增加量也至少在400条以上。

从以上关于《现汉》的收词量变化我们可以看出，同为年编本的新词词典，于根元、刘一玲等编纂的年度新词词典中的收词量更贴近汉语新词产生的实际情况。而作为2001—2005年汉语新词词典中的唯一系列年编本，宋子然版的《汉语新词新语年编（2001—2002）》和《汉语新词新语年编（2003—2005）》两本词典的收词量明显偏少。除了编纂者在收词资料的来源、收词标准的把握上的不同之外，新词的生命力周期差异也是造成单年版和多年版新词词典的收词差异的一个重要原因。

我们知道，新词是有生命周期的，有的新词生命周期很短，产生之后短暂使用后就失去生命力，不再使用了。而在编撰年度新词集时因为其“新”可能就收进来了，而在编撰多年本新词词典时，就可能考虑到该词语的生命力，因为其不够“久”而舍弃不收。这可能是造成年度新词词典和多年本新词词典按年度平均数量差异的重要原因。

（三）韩汉语编年本新词词典对比

通过以上关于韩国语和汉语新词的收集与整理情况可以看出，汉语的新词收集相对较早，时间跨度较长，且中间未中断，呈现时间上的连续性。出版的新词词典编年本从1991年一直到2010年，另外，还有数量众多的综合性的新词词典。

虽然该工作由多位编撰者接力完成，在新词标准的把握，资料查询的范围等方面会有参差不齐的现象，但总体来看，汉语的新词收集和整理工作还是卓有成效的。

反观韩国语的新词收集工作，由于参与者较少，仅有国立国语院一家，且新词收集的时间不够连贯，分别集中在1994、1995和2000—2005年，共八年时间。出版的年度新词集仅为这八年版本的，综合性的新词词典暂告阙如。因此，韩国语和汉语的新词搜集与整理工作在时间上、范围上并不对等。这给我们的研究工作造成了资料上的障碍。

因此，受资料所限，我们只能把目光放在两种语言时间相对应的新词词典和新词集上了。韩国语和汉语相关资料列表如下：

<table>
<tr><th>类型
来源</th><th colspan="2">汉语新词词典</th><th colspan="2">韩国语新词集</th></tr>
<tr><td>年度</td><td>名称</td><td>编者</td><td>名称</td><td>编者</td></tr>
<tr><td>1994</td><td>1994汉语新词语</td><td>刘一玲</td><td>1994년 신어</td><td>심재기</td></tr>
<tr><td>1995</td><td rowspan="2">汉语新词新语年编
（1995—1996）</td><td rowspan="2">宋子然</td><td>1995년 신어</td><td>심재기</td></tr>
<tr><td>1996</td><td></td><td></td></tr>
<tr><td>1997</td><td rowspan="4">汉语新词新语年编
（1997—2000）</td><td rowspan="4">宋子然</td><td></td><td></td></tr>
<tr><td>1998</td><td></td><td></td></tr>
<tr><td>1999</td><td></td><td></td></tr>
<tr><td>2000</td><td>2000년 신어</td><td>심재기</td></tr>
<tr><td>2001</td><td rowspan="2">汉语新词新语年编
（2001—2002）</td><td rowspan="2">宋子然</td><td>2001년 신어</td><td>남기심</td></tr>
<tr><td>2002</td><td>2002년 신어</td><td>남기심</td></tr>
<tr><td>2003</td><td rowspan="3">汉语新词新语年编
（2003—2005）</td><td rowspan="3">宋子然</td><td>2003년 신어</td><td>남기심</td></tr>
<tr><td>2004</td><td>2004년 신어</td><td>남기심</td></tr>
<tr><td>2005</td><td>2005년 신어</td><td>남기심</td></tr>
</table>

我们把韩汉语新词词典或者新词集时间对应的部分用黑体字表示。由上表我们可以看出，韩汉语时间跨度能够对应的新词词典和新词集分别为1994年和2001—2005年。1994年新词因为是单个年份，而且与其他年度相比时间较早，时间跨度较大，对其进行对比的结果不具有普遍性。

同时考虑到汉语的《汉语新词新语年编（2001—2002）》和《汉语新词新语年编（2003—2005）》的编者均为宋子然，而韩国语2001—2005年度新词集均为南基心（남기심），在词典的编排体例上具有一致性和完整性，因此我

们就把对比研究的范围限定在2001年到2005年度的新词上。

我们把韩国语和汉语新词进行对比如下图：

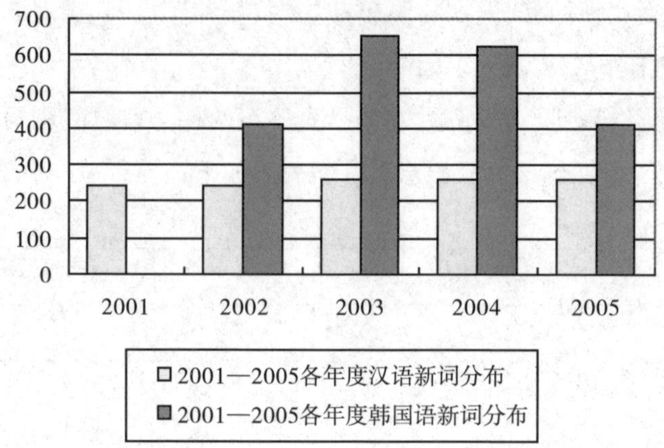

（上图中，汉语的年度新词数据分别为2001—2002和2003—2005年间的平均值）

其中，2001年度韩国语新词集由于未将新词和原来已产生的“旧词”相区分，该项数据暂时缺乏。但从2002—2005年这四年的新词数量来看，汉语每年的新词数量平均约260条左右，而韩国语每年平均产生的新词量大约520条左右，韩国语每年的新词量大致为汉语的两倍左右。

（四）对韩汉语新词词典收词差异的解释

我们在讨论1991—2005年间新词的时候，曾经就1991—1994的年度版新词词典和1995—2005的多年版新词词典的收词数量差异进行了对比，指出，多年版词典的收词量很大程度上要受新词生命力的影响。即新词不断产生，但是其生命力却大为不同。有的新词因为反映社会现实，满足了交际的需要，就增强了其生命力，甚至成为普通词汇的一员；而有的新词产生之后，由于其交际价值较低，逐渐就丧失了其生命力。而新词的生命力需要一定时间的检验才能看出来。因此，这些昙花一现式的新词可能会出现在年度版新词词典，而很可能不会出现在多年版的新词词典中。

我们就以韩国国立国语院的2001—2005年新词为例来考察一下新词的生命力问题。在韩国国语院所发行的2005年新词集中，除了搜集和整理了2005年度新词外，还利用2005年度收集新词所用的总量达7000万词的语料库，对2002、2003、2004年度新词在2005年的使用情况进行了调查。调查结果如下[①]：

2002年408个新词中，继续出现于2005年语料库中的为187个；2003年度654个新词中，出现于2005年度语料库的为341个；2004年度629个新词中，出现于2005年语料库的为344个。

用图表表示如下：

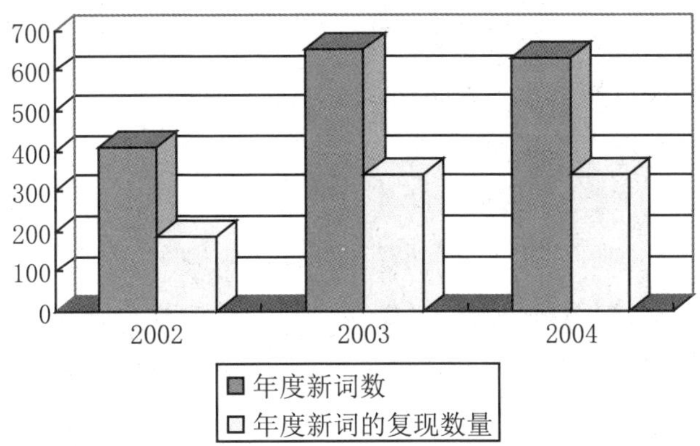

（上图中的“年度新词的复现数量”指的是该年度新词在2005年度语料库中的复现的数量）

我们把2002、2003、2004这三个年度的外来词在2005年度语料库中的出现比例用下表表示如下：

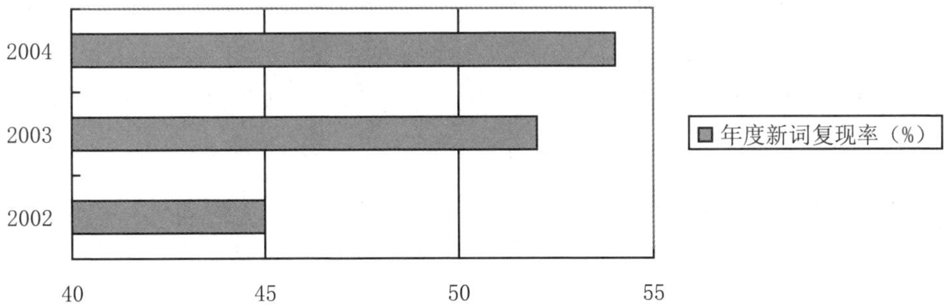

我们可以看出，2004年度的新词在一年后的2005年的复现率为54%，2003年度新词在两年后的复现率为52%，而2002年度新词在三年后的复现率为45%。新词的复现率大致遵循这样一个规律：出现时间越晚的新词其复现率越高，出现越早的新词其复现率越低。

但新词消失的速度并不是恒定的，新产生的词汇在一年后，大约只有一

① 남기심 . 2005 년 신어 . 서울：국립국어원 . 2005/12.

半左右能够生存下来。但过了新词产生后的危险期后，新词就会慢慢稳定下来，消失的速度变慢，直至最终稳定下来，成为词汇系统的普通一员。

通过以上关于新词生命力的考察，我们可以发现主要是汉语和韩国语新词词典在收词上的时间跨度的不同造成了收词量的巨大差异。宋子然版的《汉语新词新语年编》作为多年编的词集，可能没有收录部分产生短暂的新词，而南基心版的韩国语年度新词集则可能收录了部分这类词汇。为了更全面地反映汉语新词产生的情况，我们还需要参考其他词典。

（五）参考的其他汉语新词词典

如上述对于韩汉语新词词典的考察中所表明的一样，汉语的2001—2005年的年编本新词词典不能完全反映汉语新词产生的全貌。因此，除了宋子然的两本多年编《新词新语年编》之外，我们同时参考了邹嘉彦、游汝杰编的《21世纪华语新词语词典》[①]和亢世勇、刘海润编的《新词语大词典》[②]。选择这两本词典主要出于以下考虑：

1. 两本词典收词比较全面

《21世纪华语新词语词典》以香港城市大学语言资讯科学研究中心于1994年建立的《中文各地共时语料库》[③]（LIVAC：Linguistic variation in Chinese Speech communities，网址：www.livac.org）为资料来源，该词典所依据的语料，包括条目、例句和地区差异，即取自这个语料库。语料库的语料取自下述六地报纸：北京、上海、香港、澳门、台湾地区和新加坡。时间跨度为2000年至2006年6月30日。而亢世勇、刘海润版的《新词语大辞典》作为一个综合性的新词词典，从40000多条搜集到的新词语中，筛选收词20000余条，涉及新造词语、旧词新用、方言词、外来词、缩略词、专业用语（进入普通话），字母词、引申词、借代词、仿拟词等若干门类[④]，收词内容全面翔实。

2. 二者均注重词语的标注和考证

《21世纪华语新词语词典》依据LAVIC语料库建立了一个新词词库，共

---

① 21世纪华语新词语词典，邹嘉彦、游汝杰，丽文文化出版，台湾高雄市，2008.09.

② 新词语大辞典，亢世勇、刘海润，上海，上海辞书出版社，2003.12.

③ LIVAC自1995年起每周定期多次搜索和处理香港、北京、上海、台北、澳门和新加坡六地主要报刊的语料，至2006年底仍在持续搜集整理中，而至2006年中处理的语料已超过2亿字，离析出100多万独立的词条。这是目前国内最大的现代汉语电脑共时语料库。

④ 内容来自《新词语大词典》的前言。

收一万多条新词，该词典所收1500多条新词语即是从上述新词词库中选取的。词典内容包括中文条目、释义、词性、背景知识、例句（来自各地）、地区差异、最早出现时间和地点。收录的新词注重时间的考证，对于外来词则标注了源词。我们通过词典中新词标注的时间和地区差异可以将2001—2005年在中国产生和开始使用的外来词甄选出来。

而《新词语大辞典》在书证上很见功夫。它以《人民日报》、人民日报报系的其他报纸及人民网的语料库为基础立目，释义和取证，并标注了时间，我们很容易就能将2001年后产生的外来词辨别出来。

二、韩汉语外来词词表数据统计

根据本章前文关于外来词概念的讨论，我们以2001—2005年度的韩国语新词集和上述汉语新词词典为对象，从中筛选外来词，并以前文中所给出的韩汉语的语料库进行词语产生时间的验证和排查，具体过程如下：

韩国语2001—2005年度外来词的来源是韩国国语院的2001、2002、2003、2004、2005年新词，从中筛选出标注外语来源的词。为了确认外来词的确切产生时间，主要通过以下两个数据库进行验证。首先是使用뉴스 라이브러리（新闻图书馆）的报纸新闻数据库进行排查，因为该语料库的内容截止时间均为2000年，因此，该语料库中出现过的外来词均予以排除。同时，使用naver新闻媒体库进行词语检索，并对搜索结果按照时间从早到晚的顺序进行排列，凡是2001年之前出现的词语即予以排除。经过以上程序后，我们得出了韩国语2001—2005年外来词词表[①]。

汉语2001—2005年度外来词主要来源于宋子然版的《汉语新词新语年编（2001—2002）》和《汉语新词新语年编（2003—2005）》，同时，参考了邹嘉彦、游汝杰编的《21世纪华语新词语词典》和亢世勇、刘海润编的《新词语大词典》。同时，为了确定外来词的产生时间，主要使用人民日报系报纸全文数据库进行排查，凡是早前已出现的外来词即予以排除，在此基础上，建立了汉语2001—2005年度汉语外来词词表。

① 韩国语2001—2005年度外来词词表见附录1。

（一）韩国语外来词词表

韩国语2001—2005年度新词均为年度单行本，其中，2002—2005年均给出了本年度的新词，唯有2001年度的新词集所收词语并没有把该年度新产生的新词和此前已经产生的“旧词”进行区分。为了确定外来词的产生时间，我们首先需要把2001年度产生的外来词筛选出来。

国立国语院所发行的2001年新词集共有2884个词语，其中标出词源的外来词有736个，占比为25.5%。我们通过上述韩国语的数据库对其中外来词的产生时间进行了筛选，结果如下：

1990年86个，1991年21个，1992年41个，1993年43个，1994年35个，1995年40个，1996年37个，1997年33个，1998年17个，1999年49个，2000年56个，2001年249个，未标明时间的28个。书证时间为2001年的外来词占了该年度新词集中外来词的33.8%。列表如下：

年份	数量	年份	数量	年份	数量
1990	86	1994	35	1998	17
1991	21	1995	40	1999	49
1992	41	1996	37	2000	56
1993	43	1997	33	2001	249

图示如下：

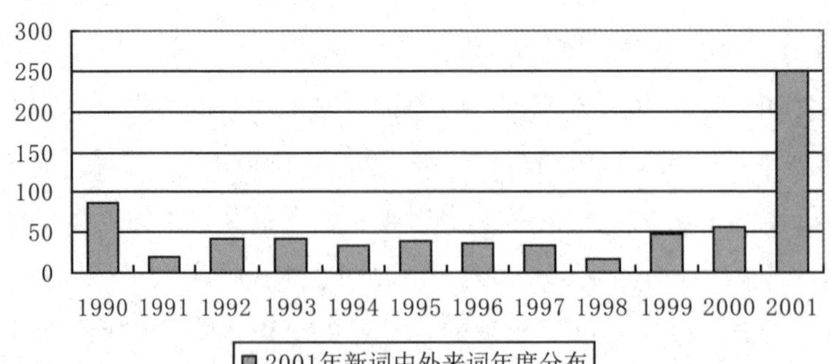

综合2002—2005年度的数据，我们得出了2001—2005年度的外来词数据：2001年249个，2002年258个，2003年357个，2004年343个，2005年137个。将其与2001—2005年度新词的数据放在一起列表如下：

年份	2001	2002	2003	2004	2005
外来词数量（个）	249	258	357	343	137
新词数量（个）		408	656	626	408
外来词占新词比例（%）		63.2	54.4	54.8	33.6

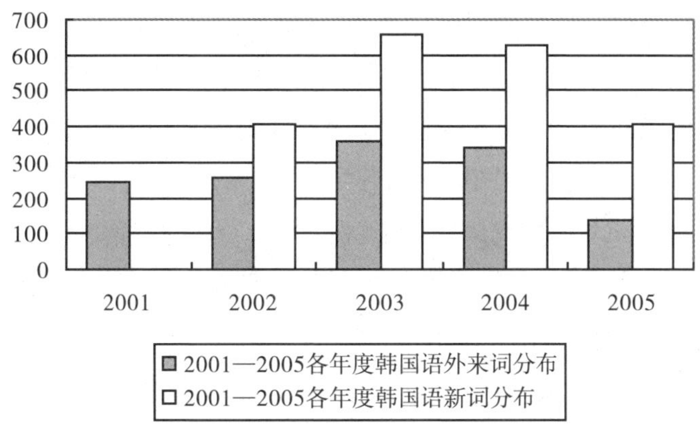

（上图中，由于只统计了2001年度外来词的数量，并未对该年度新词数量进行统计，该项数据暂付阙如。）

（二）汉语外来词词表

建立汉语外来词词表所依据的编年本新词词典为:《汉语新词新语年编（2001—2002）》和《汉语新词新语年编（2003—2005）》，编者均为宋子然。为了能够准确全面地筛选出外来词，我们对每个词语都进行了考证，追本溯源，力求不漏过一个外来词，并给出了外来词所对应的外语源词。

其中2001—2002年出现了外来词158个，2003—2005年出现了外来词187个。相对于2001—2002和2003—2005的新词数量487和787个，占比分别为32.4%和23.8%。列表如下：

年份	2001—2002	2003—2005
外来词数量（个）	150	186
新词数量（个）	487	787
外来词占新词比例（%）	30.8	23.6

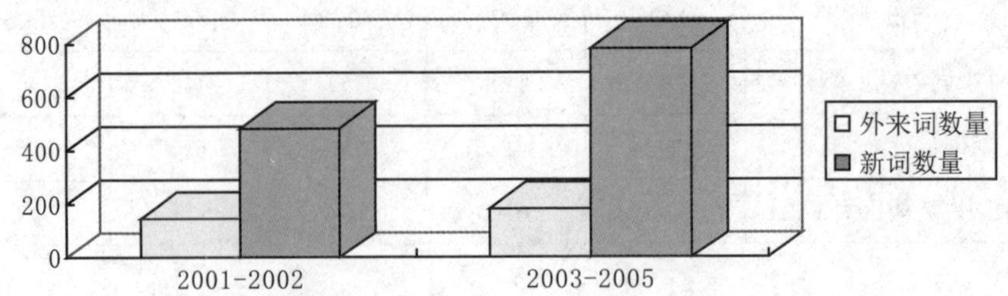

同时，我们对综合性的新词词典《21世纪华语新词语词典》和《新词语大辞典》中的外来词进行了统计，结果如下：

在《21世纪华语新词语词典》的1400多个新词中，经过时间和地域的筛选和鉴别，我们确定了中国产生和开始使用[①]的外来词281个，所占比例为20%左右。其中，由汉字组成的外来词222个，首字母缩略词和包含字母的词有59个。由于仅仅统计了大陆外来词占新词的比例，因此包括香港、澳门和台湾地区在内的外来词占新词的比例应该更高。

《新词语大辞典》20000多个新词语中，共出现1102个外语来源的词，所占比例为5%左右。书证标注2001年以后的词为57个，其中2001年37个，2002年18个，2003年2个。

我们把这些外来词和宋子然版新词新语词典中的外来词合并，去掉重复的部分，在合并词表时，如果宋子然版新词集中已出现，则删去其他词典中的重复词。同时，依据人民日报全文数据库对合并后的词汇的产生时间进行手工排查，就得到了2001—2005年度汉语外来词词表[②]。

该词表共有外来词581个，其中，来自《汉语新词新语年编（2001—2002）》（下简称2001-2002）的150个；《汉语新词新语年编（2003—2005）》（下简称2003-2005）186个；《21世纪华语新词语词典》（下简称21世纪）的208个；《新词语大辞典》（下简称新词语）为37个，各词典来源外来词分布如下图：

① 需要说明的是，《21世纪华语新词语词典》中的词语包括大陆、台湾地区和香港地区的新词语。在判定词语的新和旧时，是以地区进行区分。比如台湾地区的旧词，对于大陆来说就是新词，其在大陆开始使用和流行，则我们判定该词为新词。

② 2001—2005年度汉语外来词词表请参考附录2。

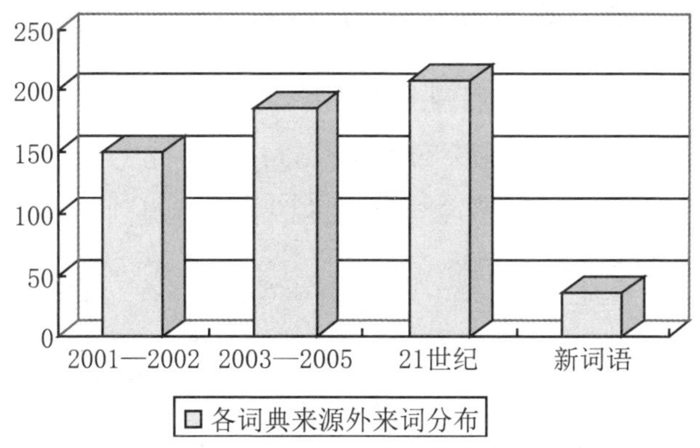

第三节　本书所用语料库

随着现代科学技术，特别是信息技术的发展，对大量信息进行处理成为可能，这给语言学的研究注入了新的活力。现代语言学研究的一个显著的方法论上的变化就是封闭域式的定量研究的大量应用，其中，语料库成为最主要的应用之一。

关于语料库在语言研究中的作用，很多学者有过论述。Sinclair（1995）认为，语料库能够系统地对大量文本进行审视，帮助发现一些以前不曾有机会发现的语言事实。从方法论的角度看，其具有自下而上的特征：数据提取——观察——概括——解释。这种方法本质上是归纳的研究方法。Halliday（1991）认为，语言系统具有一种内在的概率属性，通过对高频出现的语言形式、意义和功能的观察和描述能够揭示交际过程中最经常使用的结构、最经常出现的意义和功能，发现语言使用中的典型和核心要素。这是凭内省法和诱导法所办不到的。[①]

在建立韩国语和汉语词表的基础上，为了考察这些外来词在交际中的使用情况，需要对其在特定文本中的出现频率、词形和词义的变化进行调查，也需要使用语料库进行研究。本书中使用的韩国语和汉语的语料库如下：

① 转引自：甄凤超．语料库语言学在中国的成长与发展［J］．当代外语研究，2010年第3期。

一、韩国语语料库

（1）뉴스 라이브러리（新闻图书馆）。

뉴스 라이브러리是韩国最大的门户网站naver提供的一项免费在线历史新闻阅读服务，收录了韩国有全国影响的四种报纸自创刊以来的全部内容。其收录的范围如下表[①]：

报纸名称	内容跨度	停刊时间
东亚日报	1920. 04.01（创刊）—1999.12.31	1920.09.26—1921.01.10（第一次无限期停刊） 1926.03.07—1926.04.20（第二次无限期停刊） 1930.04.17—1930.09.01（第三次无限期停刊） 1940.08.12—1945.11.30（强制停刊） 1950.06.28—1950.10.03（朝鲜战争期间中断）
京乡新闻	1946.10.06（创刊）—1999.12.31	1950.06.28—1951.12.31（朝鲜战争期间中断） 1959.05.01—1960.04.27（停办）
每日经济	1966.03.24（创刊）—1999.12.31	
韩民族	1988.05.15（创刊）—1999.12.31	

根据这个新闻语料库提供的历史新闻，我们可以对外来词的出现时间进行判定。

（2）naver新闻媒体库。该新闻媒体库提供1991年至今的全国主要媒体的新闻，包括了11种全国性日报，24种广播电视节目，46种经济类栏目，52种互联网新闻，36种地方性报纸，54种杂志等内容，可谓是内容全面，包罗万象。

通过这个媒体库的搜索，我们可以了解外来词的使用频率的变化和当前的使用情况。

二、汉语语料库

（1）中国传媒大学文本语料库（http：//ling.cuc.edu.cn/RawPub/jianjie.aspx）。

① 来源：http：//newslibrary.naver.com/notice/read/1000003448/1000000000024199758

中国传媒大学文本语料库是一个开放、免费使用的语料库。语料库包括2008—2010年15871个广播、电视节目的转写文本，约1亿字（共104 889 619字次）。

语料库语料可以进行一般性的语言研究，也可以用于特定年度（如2008、2009或2010）、特定媒体（如广播、电视）、特定单位（如中央电视台、北京电视台）、特定语体（如书面语体、口语语体）、特定语言形式（如独白、对话）、特定领域（如新闻、经济、军事）等的语言研究。

该语料库可以用于调查汉语外来词在广播电视等媒体中的使用情况。

（2）中国重要报纸全文数据库（网址：http：//acad.cnki.net/Kns55/brief/result.aspx?dbPrefix=CCND）。

该数据库是中国知网旗下的一个重要的报纸类资源库。其文献来源是国内公开发行的500多种重要报纸，收录了2000年以来中国国内重要报纸刊载的学术性、资料性文献的连续动态更新的数据库。至2010年底，累计收录报纸全文文献795万篇。

该数据库提供了多种检索方式（快速检索、标准检索、专业检索、句子检索，以及来源报纸检索）、多种检索输入的控制条件（按报纸日期、报纸来源和作者等）和多项内容（主题、题名、关键词、全文、中图分类号）的检索。

（3）人民日报系报纸全文数据库（http：//search.people.com.cn/rmw/GB/bkzzsearch/index.jsp）。

报纸来源如下：人民日报、人民日报海外版、京华时报、江南时报 讽刺与幽默、健康时报、华东新闻、华南新闻 国际金融报、市场报、中国汽车报、大地、中国质量万里行、新闻战线、时代潮、人民论坛、中国经济快讯周刊、上市公司、汽车族、人民文摘、新安全

按报纸按内容大致可以分为以下几种类型：

综合类：人民日报、人民日报海外版、京华时报、江南时报、人民文摘。

新闻类：华东新闻、华南新闻、新闻战线。

经济类：市场报、国际金融报、中国经济快讯周刊、上市公司。

娱乐类：讽刺与幽默。

生活类：健康时报、时代潮、人民论坛。

汽车类：中国汽车报、汽车族。

其他类：大地、中国质量万里行、新安全。

从以上大致的分类我们可以看出，人民日报系的报纸内容主要以综合新闻和经济生活为主，基本可以反映在通用领域汉语的使用状况。

（4）百度新闻语料库。

百度新闻语料库收录范围为2003年1月1日至今。包括全国主流的报纸、广播电视和网络媒体，是一个实时动态更新的超大型新闻类语料库。该语料库的新闻可以用来进行多领域的综合性查询，其查询结果具有更大的使用语域和代表性。

第三章　韩汉语外来词借用来源及方式的对比

在本章中，我们主要对外来词的借用情况进行统计和对比。内容包括两个部分，分别是韩汉语外来词来源的统计及对比，以及韩汉语外来词借用方式的统计及对比。通过对比，我们能够更清晰地把握韩汉语外来词在借用来源及方式上的趋势。

第一节　韩汉语外来词的来源对比

所谓外来词的来源，指的是外来词的语音、语义、词形的理据性的来源，外来词的来源一般以语种来划分，如英语来源外来词、日语来源外来词等。外来词的来源主要跟语言所处的自然和社会环境有关，语言间的借用主要发生在同源语或者地理上、政治上或者文化上与之密切联系的语言之间。

地理条件是外来词借用的一个重要因素。地理的临近为文化的接触和交流提供了物质基础，特别是在交通和通信条件不发达的古代，地理条件往往成为语言借用中的一个决定性因素。如主要由于地理的接近，汉语从作为印欧语的梵语中借入了大量的词汇，而英语却很少从梵语中借用词汇。

其次，文化和历史因素也造成了外来词的借用。先进、发达的民族的语言往往成为相对落后的民族语言的借用来源。如受古代中国文化的影响，日语、韩国语和越南语等从汉语中借入了大量的汉字词；19世纪及20世纪初，由于中国相对于西方在政治、经济、军事、文化上的全面落后，汉语大量从英语、日语等借用外来词。此外，富有威望的语言往往成为外来词的来源，如英语及其他印欧语言大量从希腊、拉丁语中借用词汇，是由于拉丁语和希腊语被认为是优美、崇高、富有威望的语言。

语言的借用分为等级借用和文化借用，借用可以是单向的，也可以是双向的。等级借用是单向的，一般是“低级语言”从“高级语言”借用。而文化借用则多是双向的，参与语言无高低之分，一般相互自由借用①。

那么21世纪以来主要进行文化输入的韩国语和汉语，在外来词的借用来源上有哪些共性和特点呢？我们分别通过韩国语和汉语2001—2005年度外来词的来源进行考察。

一、韩国语外来词的来源

（一）来源统计

我们首先对韩国语2001—2005年度外来词的来源语种进行统计。在词表中的1361个外来词中，各语种来源的外来词分布于8个语种，分别是：希腊语3个，丹麦语1个，德语6个，拉丁语3个，西班牙语1个，意大利语30个，日语23个，汉语9个，法语28个，合计为96个，所占比重为7%左右。其余为英语来源外来词，数量为1265个，占所有外来词的92.8%左右。用图表示如下：

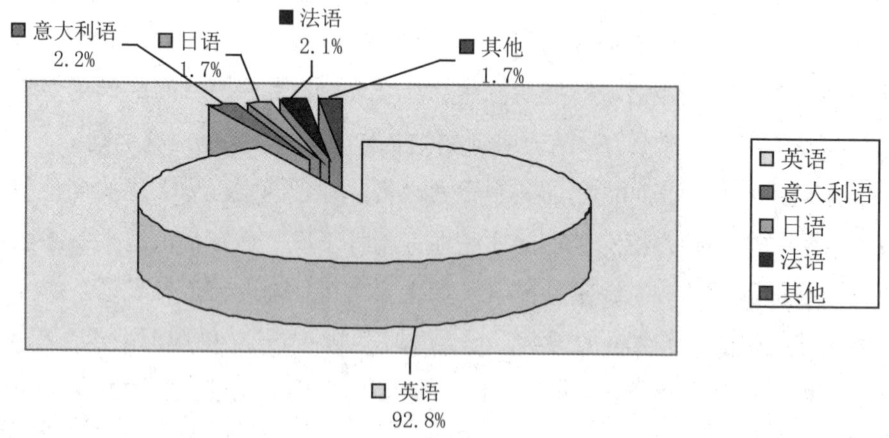

① 史有为在《汉语外来词》(2000)中指出，外来词有两类基本的产生类型：借用的和底层的。“底层”并非是纯粹的语言学概念，是指不同语言经过“人种过程”后，某语言族群在采用另一语言的过程中本族语言的“残存”或遗留。本书中主要探讨基于借用而产生的外来词，对于底层过程产生的外来词，由于和本书研究对象关系不大，暂时不予讨论。

而据김옥자对《상용외래어사전》(常用外来语词典)中的6646个外来词的来源进行了统计[①]，各词源分布如下：

语种	英语	法语	德语	日语	意大利语	希腊语	俄语	瑞士语
数量	6233	114	80	69	64	21	20	19
比例	93.78	1.71	1.20	1.03	0.96	0.31	0.30	0.28
语种	拉丁语	葡萄牙语	荷兰语	朝鲜语	希伯来语	印地语	阿拉伯语	汉语
数量	19	7	7	4	4	2	1	1
比例	0.28	0.10	0.10	0.06	0.06	0.03	0.02	0.02

上表中，外来词来源于16个语种，其中所占比例在0.5%以上的语种有5个，图示如下：

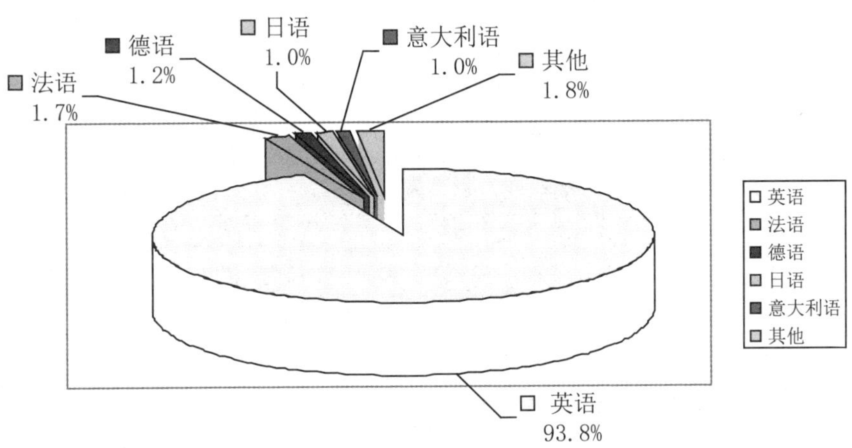

除英语之外来源的外来词占比为6.2%左右。与2001—2005年度外来词表比例相当。值得关注的是，在常用外来语词典中，汉语来源的词只有1个，而在2001—2005年度外来词表中，汉语外来词数量达到了9个，从一个侧面反映了中韩两国文化交流的程度相较之前有所提高。

① 数据来源：김옥자，比较韩中日三国外来词的使用，延边大学2005年硕士本书。

（二）各来源外来词考察

1. 英语来源外来词

不论是在《韩国语常用外来语词典》，还是在2001—2005年度韩国语外来词词表中，英语来源外来词都占据了绝对优势地位，构成韩国语外来词的主体。

举例如下：

外来词	源词	汉语释义
트래직 넘버	tragic number	悲剧数字
메디컬 체크	medical check	医学检查，医疗检查
노스텔지어	northtalgia ← north+nostalgia	北方乡愁
폴백	fallback	备用，后备
홈런타	home run 打	本垒打
밥터디족	← -study	边吃边学族
택숙자	← taxi 숙자	边睡边等客人的出租车司机
승전골	勝戰 goal	决胜球
우리나라리즘	-rism	贬指韩国人狭隘的民族主义
치안센터	治安 center	治安中心，派出所
리드	lead	冰间水道
아이스크림콘 캐치	ice-cream cone catch	冰淇淋式抓球
스노족	snow 族	冰雪族
골뒤풀이	goal-	进球庆祝
보보	Bobo ← Bourgeois+Bohemians	波波族
부르카	burqa	波卡；布卡；罩袍
블로그	blog ← web+log	博客
블로거	blogger	博主
콴도	kwando	搏击
패치용	patch 用	补丁用
엔시엔디	NCND ← neither confirm nor deny	不承认也不否认

续表

外来词	源词	汉语释义
컴캥	← computer-	不屑于电脑的人

2. 法语来源外来词

法语来源的外来词以文化、艺术、休闲、美食内容为主。举例如下：

外来词	源词	汉语释义
칵테일자봉	← cocktail zamboa	混合火腿
애견 카페	愛犬 caf é	爱犬酒吧
데비곡	debut 曲	出道歌曲
토마피	tomato+piment	番茄多香果
지르가슴	← – 지르 +orgasme	购物快感
스키켓	skiquette ← ski+etiquette	滑雪礼仪
바게트백	baguette bag	肩包
스폰카페	← sponsor caf é	介绍性交易的网站
뷔페족	buffet 族	轮流就餐族
쇼콜라티에	chocolatier	巧克力制造商
코시	KOCE kind，order，clean，etiquette	亲切、秩序、清洁、礼节
모티켓	motiquette ← mobile+etiquette	使用手机的礼仪
점술카페	占術 caf é	算命咖啡店
드레스카페	dree caf é	提供服装以供摄影的场所
아르 세대	R[← Rush/R é sistance/Revolution] 世代	突进、抵抗、革命一代
홈슈랑스	homesurance ← home+assurance	网上保险
프티스카프	petit scarf	小围巾
레캉스	← leisure+vacnace	休闲
방카스팅	vacanceting ← vacance+meeting	意在寻找度假同伴的约会
케거진카페	magazine+caf é	杂志咖啡馆

3. 意大利语来源外来词

意大利语来源外来词以法律、社会和音乐等内容为主。举例如下：

카지노세	casino 税	博彩税
쌀파라치	쌀 paparazzi	大米打假
대파라치	←대선 +paparazzi	大选打假
인 실리코	in silico	仿真实验
노파라치	노래방 +paparazzi	歌厅打假
주파라치	←株 paparazzi	股市打假
머피아	← mother+mafia	黑手妈，喻指为孩子倾尽心血的妈妈
비르투오시티	virtuosita	精湛技巧
성파라치	性 paparazzi	举报非法性交易
쓰파라치	←쓰레기 +paparazzi	举报乱丢垃圾现象
표파라치	票 +paparazzi	举报投票舞弊
바리스타	barista	咖啡师；咖啡吧员
로또	lotto	乐透
비엔날레군	biennale	美术双年展的重量级人物
실파파치	←失業 paprazzi	失业打假
요파라치	←料 +paprazzi	食品打假
식파라치	←食 +paparazzi	食品打假
서울시파라치	– 서울시 paparazzi	首尔市打假
땅파라치	←땅 +paparazzi	土地违法举报
네파라치	netizen+paparazzi	网民打假
담파라치	←담배 +paparazzi	香烟打假
신파라치	新聞 paparazzi	新闻打假
엘파라치	LPG+paparazzi	液化气打假
팜파라치	← pharmacy+paparazzi	医疗打假

其中，以"- 파라치"为语素形成了一个词族，其数量达到了21个，占意大利语来源外来词的三分之二，令人关注。凸显了在韩国"打假"这类社会现象的盛行。从年度来看，"- 파라치"词族的词语2001年未出现，2002年出现13个，2003年出现2个，2004年出现1个，2005年出现5个。说明这种现象产生并盛行于2002年，2005年再次流行。

4. 日语来源外来词

日语来源外来词以音译为主，借形词只有"푸라면"一个。值得注意的是"- 깡"词族的产生。쿠폰깡, 게임머니깡, 골드깡, 명품깡, 사이버깡, 쌀깡, 금깡, 차깡족, 할인깡, 현물깡, 휴대폰깡, 회사채깡，共12个。从词语产生年份看，2001年未见，2002年5个，2003年3个，2004年2个，2005年2个。

5. 汉语来源外来词

来自汉语的外来词有两类，分别为音译词和借形词。这里所说的借形词指的是以汉字为媒介，按照韩国汉字音发音的汉语来源汉字词。

音译词有：

치우미 - 球迷　　빠스 – 拔丝　　하한쭈 - 哈韩族

하아구이 - 海龟　　샤오쯔 - 小资　　쿠리← kuri（苦力）

借形词有：

안전투 - 安全套　　동북공정 - 东北工程　　불도장 - 佛跳墙

二、汉语外来词的来源

（一）来源统计

在2001—2005年度外来词中，除了少数来自日韩外，基本为英语来源，而包括西欧诸语言在内的世界其他语言的影响几乎消失。这反映了汉语与世界其他语言接触交流的现状，同时也佐证了英语作为事实上的国际语言的强势地位。

各语言来源外来词分布情况为：在所有外来词中，来自日语的有52个，来自韩国语的有3个，法语2个，德语1个，其余外来词均为英语来源，图示如下：

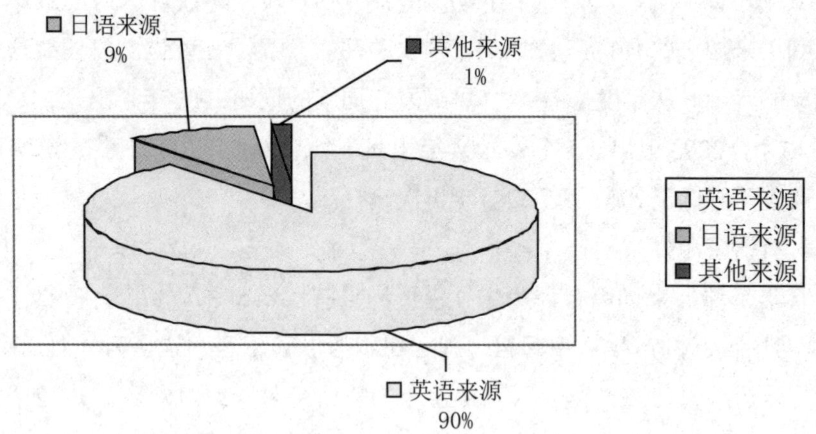

（二）各来源外来词考察

1. 英语来源的外来词

在2001—2005年度外来词中英语来源外来词占了外来词总数的86%，居于绝对优势地位。英语来源外来词包括音译词、意译词、字母词。举例如下：

音译词：

科斯普莱	cosplay	时代剧或穿上某个时代的服装在街头表演亮相
酷评	cool-	引人注目的时尚评论
拉拉	lesbian	是中国女同性恋者通用的昵称
凉粉	-FANS	2005年“超级女声”全国总决赛第三名张靓颖的歌迷
咪表	meter-	电子计时停车收费系统
米饭	-FANS	在2005年的“超级女声”中，李宇春的支持者“玉米”和何洁的支持者“盒饭”合称为“米饭”

意译词：

环幕电影	circular-screen movie	一种能表现水平360度范围内全部景物的特殊形式电影
基因银行	GenBank	基因资源库，即遗传信息库
快闪族	flash mob	动作简短、聚散快速去完成某个专项任务的人群
平板电脑	tablet PC	一种新型电脑

续表

瓶颈	bottleneck	比喻事情进行中容易发生阻碍的关键环节
旗舰	flagship	喻指领头
禽流感	bird flu	可在家禽中迅速蔓延，造成大批死亡的流行性感冒
全球定位系统	global positioning system	能够对全球任何目标实施定位的一种卫星定位系统
闪客	Flash–	动漫高手
升级版	updated version	事物的高级形式
数码冲印	digital photo printing	利用数码技术进行的胶片冲洗

字母词：

BOBO 族	Bohemien+Bourgeoisie	新中产阶级
CDMA	Code division Multiple Access	码分多址，通信技术之一
CI	Corporate image	企业形象设计
CMMS	Current Matter Manage System	工程物流管理系统
CS	counter strike	一种名叫反恐精英的游戏
CS 工程	Customer Satisfaction	以顾客满意度为核心的公司管理行动
DHA	DHA	即脑黄金，学名二十二碳六烯酸
ED	Erectile dysfunction	男性勃起功能障碍
EMBA	Educate Master of Business Administration	教育管理硕士学位

2. 日语来源的外来词

作为一衣带水的邻邦，中日的交流必然带来了语言上的借用，汉语中这个时期也从日语中借入了一些词汇。包括两类：音译词和借形词。

其中音译词有：

卡哇伊：日语中是可爱的意思。卡哇伊的女生，阳光灿烂甜美可人，即使长得普通，一样可爱绝顶。她们的可爱是阳光般持久的感觉，温暖、单纯、透明。

库索族：kuso是日本语，作名词时，意思是“屎”；作动词时，意思是“恶搞”“往死里整”；作形容词或副词，是“某事物或行为很好笑”的意思。此词也可以被用作感叹词。可以说，网络对库索文化的流行起到了一定的作用。

借形词有：

景气指数：反映市场兴旺程度的指标数字。如：七月份全国房地产开发景气指数创新高。（中央电视台《新闻联播》2000年8月22日）

量贩：这是一个日语借词，近年来传入中国。如：大众化的量贩引来大量客流，从而带动餐饮、娱乐、中高档百货的消费。

问题儿童：这个词来自日语，并在汉语中扎下根来，还产生了“问题少年”这样的仿造词。

人间蒸发：指消失。它往往形容人员、公司像水一样突然蒸发消失，又简称为“蒸发”。蒸发本来是物理学方面的术语，现在它已经进入全民语言，近年来使用频率很高。但日文里面的“人间”跟中文“人间”的意思并不一样，主要指的是人或人物，并不是人世间的意思，因此“人间蒸发”应该是“人消失得不见踪影，就像蒸发了一样”，而不太好望文生义理解为“从人世间完全消失”。

完败：仿造自“完胜”。

业态：来源于日本，是典型的日语汉字词汇。

过劳死：过度劳累工作导致死亡。英文：Karoshi，源自日语“过劳死”。该词源自日本，最早出现于20世纪七八十年代日本经济繁荣时期。过劳死并不是临床医学病名，而是属于社会医学范畴。人体就像一个弹簧，劳累就是外力。当劳累超过极限或持续时间过长时，身体这个弹簧就会发生永久变形，免疫力大大下降，导致老化、衰竭甚至死亡。

物语：在日语中意为“故事”，“寝室物语”即“寝室故事”之意。

人气指数：受欢迎的程度。

3. 其他来源的外来词

来自韩国语的外来词有3个：

长今服：是借形词素“长今”和固有词素“服”形成的合成词。指韩国古装电视连续剧中大长今样式的服装。

红魔：韩国语“붉은 악마”的意译词。指韩日世界杯期间，红色装束的韩国足球拉拉队。

野蛮女友：是韩国影片"엽기적인 그녀"的汉语意译。随着该影片在中国登陆，“野蛮女友”几乎成为一句新的流行语。

来自德语的外来词1个：

大奔：指奔驰汽车。是由汉字语素和外来语素“奔”构成的合成词。

来自法语的外来词2个：

左岸：是法语Rivedroite的意译，是浪漫和情调的标志。

古龙水：是法语Eau de Cologne的音译词，也译为科隆香水，是一种含有2%—3%精油含量的清淡香水。

来自维吾尔语1个：

大巴扎：维吾尔语为bazar的音译词，意为集市、农贸市场。

4. 外来词的间接借用

外来词的借用既可以通过直接接触的方式借用，也可以通过第三者间接引进，事实上，汉语的许多外来词是通过港台等地区间接借入的。

由于台湾、香港地区，经济比较发达，与西方发达国家经济文化交流频繁，因而其语言中也有较多的外来成分。在大陆1978年开始改革开放的时候，这些地区率先与大陆进行经济贸易的往来。在此过程中，大陆的普通话就不可避免地受到来这些来自汉语方言区的语言的影响。有人统计，20世纪80年代中期到90年代中期，十年间大陆大约有六七百个新词语直接来源于香港社区词，小部分源自台湾社区词[①]。通过港台等地区进行的外来词间接借用是汉语外来词借用的一个重要渠道。

2001—2005年进入大陆普通话的外来词有：

红唇族：台湾把嗜食槟榔的人称作红唇族，因为嚼过槟榔后口唇鲜红，就像涂了口红一般。后来人们把用口红涂红嘴唇的时尚女性都称之为“红唇族”。

酷：来源于cool，经台湾音译后传入大陆，并迅速取代了意思相近的“潇洒”一词，成为青少年群体中最流行的夸赞语。这个词语在流传过程中含义不断丰富，现在它除了表示“潇洒中带点冷漠”的意思，还可以表示广泛意义上的“好”。“酷”构成的合成词有：炫酷、酷毙。

脱口秀：音译外来词，英文为talk show，港台通常称为“脱口秀”，后传入大陆普通话，意思类似“访谈”。

血拼：shopping，来自香港的音译外来词，指“购物”。

援助交际，简称援交，是一个源自日本的名词，最初指少女为获得金钱而答应与男士约会，但不一定伴有性行为。然而，现今意义却成为学生卖春的代名词。该词语通过台湾传入大陆。

通过港台等间接借用来的外来词因为借入时间长，在频繁的语言交际中，一部分词和词的片段被汉语借用来构成新词。在2001—2005年度汉语外来词词表中就出现了大量使用已有外来成分构成的词语。如：校漂族、奥校、手模、卧的、扮酷、的哥、话吧、红客等。

在外来词语素化的过程中，一些活跃的外来语素构成的词语甚至形成了“词族”，如：

吧：网吧、酒吧、茶吧、话吧。

的：面的、打的、飞的等。

① 陈建民.改革开放以来中国大陆的词汇变异，语言文字应用，1996年第11期。

三、韩汉语外来词来源对比

对比韩汉语外来词的来源，我们可以发现：

（1）两种语言外来词中英语都居于绝对优势。

如前文所述，文化和语言的借用通常发生在文化相对于其他文化具有优势的领域，如英语对于意大利音乐类词汇的借用。由于作为英语国家的美国在政治、经济、军事和文化等各个领域相对于其他国家的全方位的领先地位，英语就成为韩国语和汉语吸收外来文化、借用外来词汇的首要选择。

如下图所示，韩国语和汉语中的外来词英语来源的词汇均占绝对优势，这反映了韩中两国在文化接触与交流中主要向以美国为首的英语国家文化借用的现实，也反映了英语作为事实上的国际语言的现状。

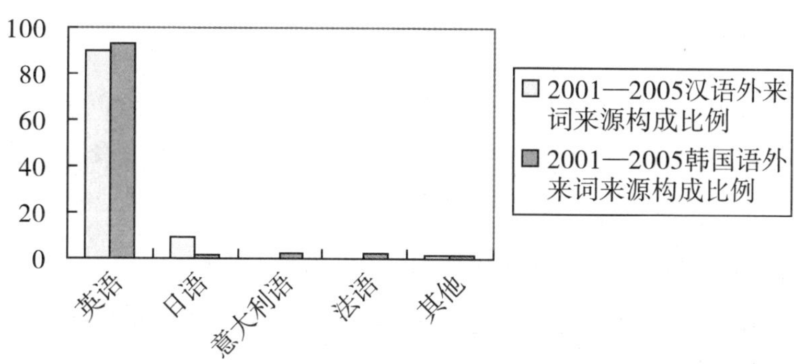

（2）两种语言互相从对方语言中借用外来词。

在2001—2005年韩汉语外来词词表中，汉语从韩国语中借用了3个外来词，而韩国语则从汉语中借用了9个外来词，这反映了韩中两国文化接触和交流相对于以往更加密切和频繁。这从两国关系的发展中可以得到证明。

随着中国的改革开放，特别是韩中两国于1992年建立外交关系，两国关系特别是经贸领域发展迅速，这也带来了词汇的借用。如：汉语借自韩国语的“红魔”“长今服”，韩国语借自汉语的“샤오쯔”“안전투”等。

（3）韩国语外来词的来源更广泛。

汉语外来词主要来源于英语、日语等语种，来自除英语和日语之外的其他语言的外来词只占外来词总量的1.2%；而韩国语中除了英语、日语外，来自希腊语、丹麦语、德语、拉丁语、西班牙语、意大利语、汉语、法语等其他语种的外来词占比则达到了5.7%，要多于汉语。这反映韩国语中的外来词来源相对汉语更广泛一些。

（4）汉语的部分外来词来自间接借用，而韩国语中则基本为直接借用。

这主要是因为汉语中存在着台湾地区、香港地区等方言区，而这些方言区因为经济社会发展较早，与西方社会和文化接触密切，因而语言中存在借自西方语言的外来词。随着大陆和这些地区的经济、社会、文化的接触和交流，这部分外来词也逐渐进入大陆普通话，成为普通话中的间接借用外来词。

这种由社会的隔绝和接触的变化导致的外来词间接借用现象由于是产生于特殊的社会和历史条件下，因此，在韩国语新世纪外来词中并未观察到。

第二节　韩汉语外来词借用方式对比

外来词的借用方式是指外来词借用到目的语中所采取的形式，具体来说，就是借用来源语言（下简称源语）中的一个词所兼具的语音、语义、词形等各要素是如何进入借用目的语言（下简称目的语）的。借用可以是单一要素的借用，也可以是多要素借用。

不同类型的语言对于外来词借用往往会采取不同的方式。我们知道，外来词的借用一般是由于词义空缺，从而产生了向其他语言借用的需要，因而词汇的借用往往首先会借入外语词所表达的概念，以此为前提，不同的语言在语音和词形等词汇其他要素的处理上呈现不同的特点。陈原（2000：415）指出："借词或外来词，在拼音文字中，可以有两种引进方式，一种是照搬，英文叫 aliens，即对原来的字形不作任何改动，照样移植过来，一种是转写，叫 transliteration。"

词的照搬式引进往往发生在表音文字语言的亲属语言之间，这些语言往往采用大致类似的语音体系和文字体系，语言之间的异质感很小，照搬过去不会引起语言使用的太多不便和抵触。比如英语借用法语、希腊语，汉语自日语借入日式汉字词等。转写则一般用于表音文字中，由于语言符号共同的表音性，语言文字之间的转写难度很小。如韩国语和日语对于英语的转写，俄语对于英语的借用，等等。

而对于非表音文字的语言和表音文字语言之间的借用，比如汉语要借用英语的词汇，情况则要复杂一些。由于照搬和转写都存在难度，通常会倾向于首先使用本族词语对应或者新造词语来进行翻译，而把语音的转写和词形的照搬作为次要选择。

不同类型的语言在词语借用上所展现的不同方式往往反映了语言的内在属性。萨丕尔（1985：177）指出：研究一种语言在面对外国词时起怎样的反应：拒绝它们、翻译它们，或是随便接受它们，很能帮助我们了解这种语言内在的形式趋势。

一、韩国语外来词的借用方式

韩国语外来词的借用包括音译、意译和借形，其中音译为主要方式。在2001—2005年度外来词共1361个词语中，意译词有16个，外来汉字词2个，字母词有96个，其余的为音译词，数量为1247个。音译词、意译词、外来汉字词和字母词所占比例分别为91.7%、1.2%、0、7.1%。如下图：

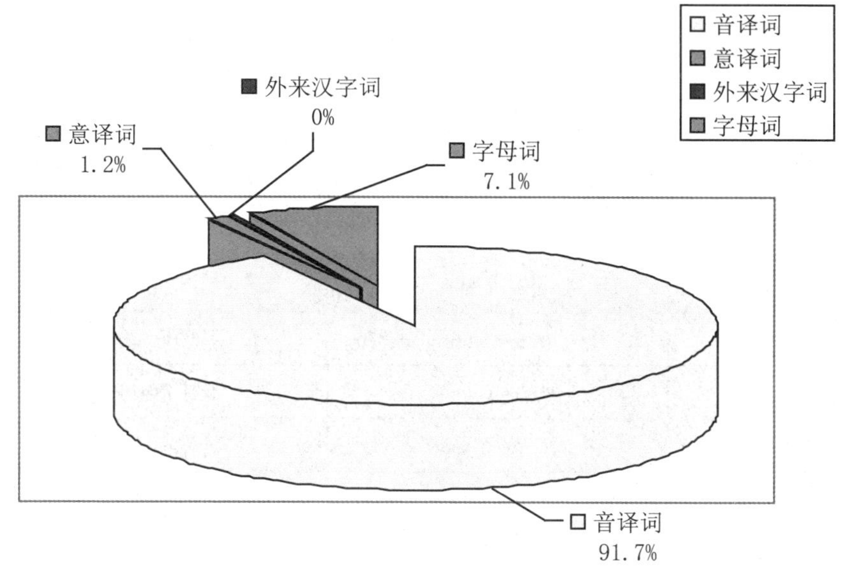

由上图可知，韩国语在2001—2005年度外来词中音译词居于绝对优势地位，意译词数量和比例微乎其微，字母词占据了一定的比例。下面我们对三类外来词分别进行考察。

（一）音译词

由于韩国语属于表音文字，音节和意义的联系不紧密。在向其他语言，特别是英语、日语等表音文字的语言借用词语的时候，语音转写，也就是音译是效率最高、最经济的借用方式。因此，韩国语中的音译外来词是最多的，居于主导地位。音译词的例子有：

外来词	源词	汉语释义
우리나라리즘	–rism	贬指韩国人的狭隘的民族主义
치안센터	治安 center	治安中心，派出所
리드	lead	冰间水道
아이스크림콘 캐치	ice–cream cone catch	冰淇淋式抓球
스노족	snow 族	冰雪族
골뒤풀이	goal–	进球庆祝
보보	Bobo ← Bourgeois+Bohemians	波波族
부르카	burqa	波卡；布卡；罩袍
블로그	blog ← web+log	博客
블로거	blogger	博主
콴도	kwando	搏击
패치용	patch 用	补丁用
엔시엔디	NCND ← neither confirm nor deny	不承认也不否认
컴맹	← computer–	不屑于电脑的人
부셔이즘	←부쉬 +ism	布什主义
부시즘	bushism	布什主义
에프큐	FQ ← Financial Quotient	财商
컬러링	coloring	彩铃
로또복권	lotto 福券	彩票
컬러폰	color phone	彩屏手机
카놀라유	canola 油	菜籽油

续表

外来词	源词	汉语释义
패럴림픽	paralegia+Olympic	残奥会，残疾人奥运会
드라이브감	drive 感	操控感
잔디볼링	-bowling	草地保龄球；草地滚球戏
플래너	panner	策划者
산모택시	産母 taxi	产妇出租车

音译词里面，还有一类谐音词，即并非完全按照韩国语的外来语表记法来转写外语词，而是选用固有词中语音相近的词进行对应，以取得戏谑、双关等修辞效果。如：

얼쑤이즘（← earth+ism）意为全球主义，地球主义。这个词是利用韩国民谣中和“earth”语音相近的的助兴用语“얼쑤”和英语后缀“ism”派生而成。在表示本义的同时，给人以喝彩、助兴的双关意义。例如：그것은 바로 웅진 식품, 나아가 한국의 세계회 전략인 ' 얼쑤이즘 earthism）'.< 일간스포츠 . 2003. 2. 26. 26 면 >

（二）意译词

韩国语中的外来词以音译为主，但也存在少部分意译词。这部分意译词中的绝大多数并非是在语言使用中自然产生的，而是由一些专家和语言学家创造并通过国家语言文字机关公布并推广的。这项工作主要由韩国国立国语院推动。

20世纪90年代以来，针对外来词、日式汉字词的泛滥等语言不规范现象带来的语言的混乱，以韩国国立国语院为中心的官方机构也做出反应，从90年初开始针对进行了集中的“国语纯化”工作。

所谓外来词的纯化就是规范外来词的使用，用规范的语音和文字记录外来词，主要措施就是把日式汉字词、难懂的汉字词，以及泛滥的外来词，用合适的固有词和简单明了的汉字词代替，使韩国语保持纯净，提高交际的经济性。在韩国国语院颁行的词语纯化集中，也出现了许多针对音译外来词的纯化意译词。在2001—2005韩国语外来词词表中出现的纯化意译词有：

外语词	音译	意译	汉语释义
contents	콘텐츠	꾸림정보	内容
emoticon	이모티콘	그림말	表情符号，表情图示
SWS	에스더블유에스	졸부증후군	暴富综合征
navigation	내비게이션	길도우미	导航
quick service	퀵서비스	늘찬배달	快递，快速服务
all in	올인	다걸기	（赌博中）全压上
ubiquitous	유비쿼터스	두루누리	无所不在
drive	드라이브	몰아가기	驱动
color ring	컬러링	멋울림	彩铃
mission	미션	중요임무	使命
post-it	포스트잇	붙임쪽지	便利贴；便签纸
span mail	스팸 메일	쓰레기편지	垃圾邮件
fighting	파이팅 / 화이팅	아자	加油
screen door	스크린 도어	안전문	安全门
condom	콘돔	애필	安全套
hybird	하이브리드	어우름	混合
roaming	로밍	어울통신	漫游
slow food	슬로푸드	여유식	（相对于快餐）慢餐
vanque assurance	방카슈랑스	은행연계보험	银行促销的保险
moving walk	무빙워크	자동길	自动扶梯
well-being	웰빙	참살이	绿色生活
clean center	클린 센터	청백리마당	廉洁中心
commentator	코멘테이터	해설자	评论员，解说员
netizen	네티즌	누리꾼	网民
blog	블로그	누리사랑방	博客

续表

除了国家语言机关进行语言规范产生的意译词之外，韩国语也出现了少部分自然产生的意译词，如：악의 축（axis of evil）、전자회의（E ← electronic meeting）等。

韩国语中的意译词往往既有意译形式也有音译形式，如上表中所列出的纯化词。但也有个别例外，如："악의 축（axis of evil）"是只有意译形式而没有音译形式的外来词，这个词的汉语对应词为"邪恶轴心"。出现这种情况的原因为：外来词采取汉字意译的形式，其形式比起音译的可能形式"악시스 오브 이블"更为简单经济、使用方便。

（三）借形词

韩国语中的借形词包括字母词和外来汉字词。

1. 字母词

韩国《外来语表记法》规定，韩国文字用韩字来书写，这就规定了西文字母在韩国语言生活中的的非合法性。但我们认为韩国语仍然存在字母词，因为在实际的语言使用中，字母的使用仍然是大量的、频繁的。如：KTX，在实际的语言生活中很难看到"케이티엑스"这样的书写的形式。韩国语中的字母词虽然可以用本国文字来书写，但其发音和拼读规则仍然基本遵照英语的读音和规则。

韩国语中的字母词基本来自拉丁字母，包括首字母缩略词和含有字母的词。首字母缩略词的例子有：

外来词	源词	汉语释义
에프큐	FQ ← Financial Quotient	财商
피시	PC ← Product Coordinator	产品协调员
비비비 서비스	BBB（Before Babel Brigade）service	电话翻译服务
티브이슈랑스	TV ← television+assurance	电视购物
케이티엑스부부	KTX 夫婦	高铁夫妇
케이티엑스통근족	KTX-	高铁上班族
피아이	PI ← Personal identity	个人形象管理

续表

外来词	源词	汉语释义
티엠아이	TMI ← text message injury	过度使用拇指来输入手机的短信所造成的一种重复性压力伤害
네이스	NIES ← National Education Information System	国家教育信息系统
티엠아이	TMI ← text message injury	过度使用拇指来输入手机的短信所造成的一种重复性压力伤害
지피에스폰	GPS ← global positioning system phone	GPS 手机

含有字母的词：

外来词	源词	汉语释义
아르 세대	R ← red 世代	红色一代
파이데이	Π day	3月14日
엑스게임	X game	极限运动
엑스스포츠	X-sports	极限运动
비투비족	B2B ← back to bedroom	啃老族

此外，还有追求谐趣效果的字母谐音缩略词，如："아르피족（RP 族）"，意思是"알뜰하게 피서를 보내는 무리 - 또는 그런 사람"。如：

최근 대학가에선 휴가철을 맞아 돈 안 들이고 더위를 쫓는 '알뜰 피서' 바람이 불고 있다 . 이른바 '아르피（RP）족' 의 등장이다 <스포츠투데 이 2004. 7. 27.>

2. 외来汉字词

以汉字为媒介借入的汉字词有两个，都是从汉语中借入：동북공정（东北工程）；불도장（佛跳墙）。

동북공정（东北工程）：是由中国社会科学院和东北三省相关学术机构及大学联合组织的大型学术项目，全称为"东北边疆历史与现状系列研究工

程”，简称东北工程。该研究曾在中韩间引起巨大的争议。

불도장（佛跳墙）：一名“满坛香”，又名“福寿全”，是福州的传统名菜。又因曾在国宴上招待贵宾而名满天下。

二、汉语外来词的借用方式

汉语借入外来词的方式主要有：音译（包括借音加注）、意译（包括谐音借义）、借形，以及音译＋意译等。

在2001—2005年度外来词中各种类型的外来词的数量分布为：在全部外来词中，音译词138个，占比为23.8%；意译词256个，占比为44.2%；音译加意译的10个，占比为1.7%；汉字借形词50个，占比为8.6%；字母词142个，占比为24.5%。图示如下：

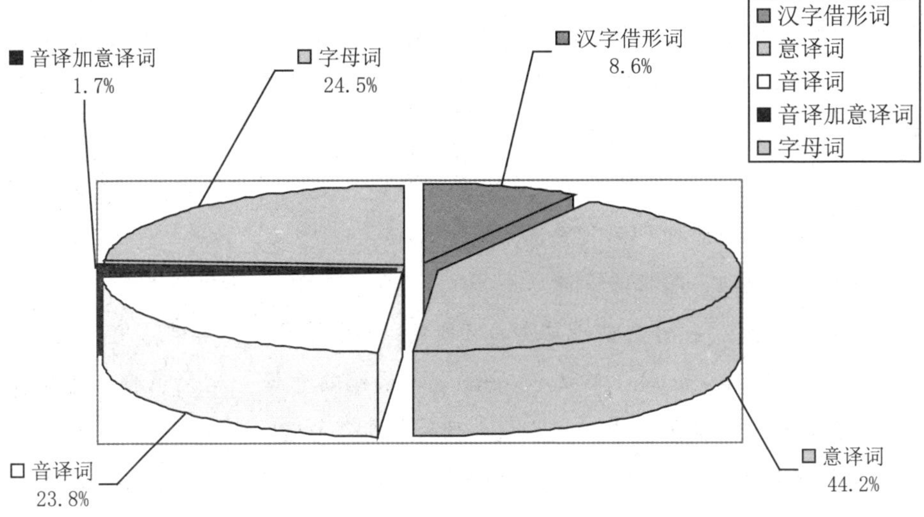

由上图我们可以看出，新世纪初的汉语外来词中意译词占据了最大的份额，其次分别为字母词、音译词和借形词，音译加意译的词汇很少。下面我们分类别进行考察。

（一）音译词

受汉语文字系统的影响，汉语的音译词有自身的特点。汉语中的音节数只有400多个，即使加上声调也只有1300多个音节，而汉语中的汉字字符数量有上万个，常用的也有5000多个。这导致汉语中的音节和字符的不对应，往往一个音节要对应多个汉字，即会出现同音字。考虑到作为汉语来源的英语等语言均没有声调，在外来词的音译中，一个音节对应的汉字字符数量会更多。我们在用汉语音节转写外语词时，在汉字字符上就会有多种选择。

而汉字字符具有“一字一音一义”的特点，选用不同的汉字字符就会产生不同的内部形式和意义联想。因此，汉语外来词的音译通常会在可供选择的同音的字符范围内，选择那些能够在意义上和外来词所表达概念相近或者相关的字符，或者为理解外来词的词义提供某种线索，或者选择特定字符以达到某种修辞效果。

由于汉语的这种意译的倾向，我们根据其表意程度的不同，把汉语音译词分为完全音译词、音译加注词和音译兼意译词。所谓完全音译词就是仅仅将汉字作为表音符号使用，外来词的形式和意义没有必然联系的音译词。如：

德比（Derby）：同一个城市的球队之间的比赛。

吐司（toast）：一种烤制的听型面包，经切片后呈正方形，夹入火腿或蔬菜后即为三明治。

贝斯（bass）：乐队中一般必不可少的乐器之一，它在爵士乐队中主要担任低音声部，有时也做即兴独奏。

布林（plum）：酸梅的音译。

萨斯（SARS）：非典型性肺炎的音译词，后被意译的“非典”所取代。

科斯普莱（cosplay）：英文 costume play 的缩略意译，指利用服饰道具及化妆来扮演动漫作品游戏中以及古代人物的“角色扮演”。

芭拉芭拉（para para）：出现于20世纪70年代末日本，是一种流行于 Disco 的舞蹈。

天妇罗（てんぷら）：日式料理中的油炸食品。

所谓音译加注词，指的是先音译某个单词，在音译成分后加上表示类别名称的词素所构成的外来词，所加的注解是为了便于理解外来词的含义。如：

大本钟（big ben）：伦敦著名的古钟，即威斯敏斯特宫报时钟。

嬉哈舞（hip-hop）：街舞。

溜溜球（yoyo）：悠悠球，一种玩具。

欧元（euro）：欧洲央行发行的货币名称。

巴迪熊（buddy）：巴迪熊是一个熊雕塑品，柏林的象征。

芬多精（pythoncidere）：植物的一种防御系统。

加菲猫（Garfield）：全球著名的卡通形象。

路由器（Router）：连接因特网中各局域网、广域网的设备。

苏丹红（Sudan）：一种人工合成的工业染料。

维京人（viking）：诺尔斯人的一支（斯堪的那维亚人）。

音译兼意译词，指的是在音译外语词的同时，所使用的汉语字符能够提示外来词的含义，或者提供某种线索。如：

翻斗乐 fun dazzle 小朋友玩的游乐场，里面有滑梯、海洋球、秋千、积木等玩具。

三温暖（sauna）：指桑拿、桑拿浴、蒸汽浴。

血拼（Shopping）：从口袋里大把大把地掏钱购物。这个词很形象地表达出了购物时候的畅快和经济上的损失。

博客（bolg ← web+blog）：将事件、意见和信息等在互联网上发布的行为和成果，以及用这种方式进行交流的人。选用“博”字，给人以一种知识广博的语感，而“客”字则暗示这个词表示某类“人”。

舍宾（Shaping）：形体运动系统，是国际上近年新兴的健美运动，也可称之为形体雕塑、人体艺术或形体运动。因为这类健身运动主要在室内进行，因而选用了“舍”字。“舍宾”字面意思是“家里的宾客”，让我们可以对这个词的含义有个大致的了解。

业特士（YETTIES）：靠技术创业的青年。用“士”字暗示这个词可能表示的某种“人”，如男士、女士、骑士等。

其他音译外来词还有：

外来词	源词	汉语释义
纳米	nanometer	长度单位一纳米即一毫微米，为十亿分之一米，约为10个原子的尺度
炭疽热	anthrax	一种生化疾病
优盘	USB flash drive	移动存储
转基因	transgene	从生物中提取基因并转入另外一种生物中
爱普	APIEL	国际考生英语专项考试
米粉	–FANS	在2005年“超级女声”比赛中，同时喜欢李宇春和张靓颖的歌迷
芡粉	–FANS	2005年“超级女声”全国总决赛第七名选手叶一茜的歌迷
贴士	tips	供他人参考的资料，提示给他人的信息

音译词中借自英语的占绝对多数，来自日语的外来词有卡哇伊和库索族。而科斯普莱这个词却比较特殊。这个词本身是英语 Cosplay 的音译，但这个词却产生于日本，是日本动漫文化的产物。

还有一个有趣的现象，就是“粉丝”这个词的谐趣形式。“粉丝”一词，音译自英语“fans”，由于能给人美味、喜闻乐见等联想含义，且音节较少，因而迅速流行开来，其使用频率已经远远超过了固有词语“爱好者”“崇拜者”。同时，2005年度湖南卫视的举办“超级女声”活动也对该词的流行和定性产生了重要影响，汉语在该年度出现了凉粉、米饭、米粉、芡粉等流行词语，分别是“张靓颖的歌迷”、“李宇春的支持者‘玉米’和何洁的支持者‘盒饭’的合称”、“同时喜欢李宇春和张靓颖的歌迷”、“叶一茜的歌迷”的简称。

（二）意译词

意译词是仅仅借用源语词语的语义，而并不借用词的语音和书写形式的外来词。汉语的借义往往选择用已有固有词汇进行对应。如：

绿色：指环保的，无污染的。如：绿色奥运、绿色化工、绿色家电、绿色食品。

菜单：特指计算机中选项目录。

傻瓜：指操作简易的。如：傻瓜相机、傻瓜技术。

网：指因特网（受 web 意译影响）。

汉语的意译词包括两类：完全意译词和仿译词。完全意译词是在借入外来词概念时，完全不考虑外语词的内部结构和构词理据，利用汉语的语素和构词规则新造的词。如：

外来词	源词	汉语释义
街舞	hip-hop	由美国黑人创造的一种街头舞蹈
巨无霸	Big Mac	汉堡包的一种，后用来形容超大规模的事物
流氓兔	MashiMaro	一个网络动漫的兔子形象
香蕉人	American Born Chinese	喻指某些外籍华人
中水	Reclaimed Water	生活污水经处理后可作冲洗、灌溉、喷泉等用途的非饮用水
非典	SARS	非典型肺炎

仿译词主要是针对合成外来词而言的。在借用有内部形式的合成外来词时，汉语选择分别用本族语的语素翻译外来词的各个组成成分，而保留其内部结构关系的一种方法。也就是说汉语中本来没有这种搭配，借用了英语的搭配关系，但被汉语使用者理解和接受了。汉语使用者可以通过对词语组件关系的推导和联想，理解这两个词语所要表达的意义。仿译词现象说明了人类认知的共通性，也说明汉语具有形成这种搭配的潜在能力。这种方法在汉语借用英语来源外来词时候经常采用。举例如下：

外来词	源词	汉语释义
白页	white pages	电话号码簿中登录党政机关、团体电话号码的部分或者是只提供号码无其他广告信息的部分
城市热岛效应	urban heat island effect	城市区域内由于诸如汽车和空调等排出的废热增加、绿化空间减少等原因导致气温比周围地带升高的现象
触摸屏	touch screen	靠触摸而显像的荧屏
大规模毁灭性武器	Weapon of Mass Destruction，WMD	对国家和社会构成重大威胁的核武器、生化武器等

续表

外来词	源词	汉语释义
带宽	bandwidth	频带的宽度
淡入	fade-in	逐渐进入
短信	SMS（short messages）	一种新兴的传播载体，网络时代的通信方式之一
反倾销	Anti-Dumping	在国际贸易中为了保护本国的经济利益用比较高额的税收征收的办法来反对外国向自己的国家倾销商品
非物质文化遗产	intangible cultural heritage	来自某一文化社区的全部创作，这些创作以传统为其文化和社会特性的表达形式，其准则和价值通过模仿或其他方式口头相传
封闭贷款	Closed Loan	银行推出的一种带有封闭和专门管理制度的贷款形式
个人数字助理	PDA（personal digital assistant）	一种手持式电子设备
行为艺术	performance art	人体艺术或者用人与物质、自然相结合构成的艺术形式
可吸入颗粒物	inhalable particles	飘浮在天空中的可以被人吸入呼吸器官的极微小颗粒
蓝牙	bluetooth	目前国际上最新的一种无线通信技术规范，用来描述各种电子产品相互之间是如何用短距离无线电系统进行连接的
零地带	Zero Zone	遭到打击的目标，特指纽约世贸大厦废墟
卖点	Selling Point	商品所具有的能够使消费者高兴购买的特点或者地方
人机界面	human-computer interface	用户界面
闪存	flash memory	移动存储
生态工程	ecological engineering	运用生态学和系统工程原理建立的生产工艺体系
生态环境	environment	生物和影响生物生存与发展的所有外界条件的总和
生态农业	ecological agriculture	按照生态学原理，应用现代科学技术进行集约经营管理的农业
生物入侵	biological invasion	国外的动植物瘟疫传人本国国内
生物芯片	biological chip	一种能对生物分子进行快速处理和分析的薄型固体器件
一夜情	one-night stand	男女双方只拥有短暂如一夜的爱情
移动存储	removable storage	能够随时移动的存储器

续表

外来词	源词	汉语释义
中产	middle class	“中产阶层”的简称。特指当代的“小资”以上的富裕人群
“扑克牌”通缉令	poker-	牌形式发布并经过排序的通令
“一站式”服务	one-stop service	政府的一步到位的服务
等离子电视	plasma display panel	能进行三次逐行扫描，清晰度比较高的高科技彩电
非典型肺炎	SARS	一种传染性极强的呼吸道疾病
概念店	Concept Store	一种新兴商店
环幕电影	circular-screen movie	一种能表现水平 360° 范围内全部景物的特殊形式电影
基因银行	GenBank	基因资源库，即遗传信息库
快闪族	flash mob	动作简短、聚散快速去完成某个专项任务的人群
平板电脑	tablet PC	一种新型电脑
瓶颈	bottleneck	比喻事情进行中容易发生阻碍的关键环节
旗舰	Flagship	喻指领头
禽流感	bird flu	可在家禽中迅速蔓延，造成大批死亡的流行性感冒
全球定位系统	global positioning system	能够对全球任何目标实施定位的一种卫星定位系统
闪客	Flash-	动漫高手
升级版	updated version	事物的高级形式
数码冲印	digital photo printing	利用数码技术进行的胶片冲洗
数字电影	digital film	利用数字技术拍摄的电影
双刃剑	rapier	有正负两方面影响的事物
网络“泥巴”	-mud	一种纯文本的多人网络游戏
信心指数	confidence index	应对前景所持有的乐观态度的程度的指数
学习包	learning package	由考试大纲、教材、辅导书、练习册构成的复习资料集萃

续表

外来词	源词	汉语释义
银球	Silver goal	足球加时赛在15分钟后提前结束的入球
银色住宅	silver-	适合老人居住的住宅
脏弹	dirty bomb	放射性物质散播装置
召回制度	recall system	企业针对缺陷产品实施的一种回收手段
左岸	Left Bank	代表浪漫和情调的标志

汉语意译词中仿译词占绝大多数，而完全意译词数量相对较少。仿译词之所以能够大量使用于英语合成外来词的借用，首先是因为借用成本相对完全意译要低。在保留外语源词的内部结构的情况下，只是简单用本民族语言材料对应外语词的组成语素，要比重新构造新词的完全意译要简单；其次是由于汉语和英语在复合构词规则上具有共通性，因而通过仿译词借用来的外来词，大体符合汉语的构词规则和习惯，对汉语使用者的理解和使用不构成障碍，容易为汉语使用者所接受。

（三）音译加意译词

这种类型的外来词也被称为半音译半意译外来词，也就是外来词部分语素被音译，部分语素被意译。是音译和意译的混合形式，如：

古龙水	Eau de Cologne	也译为科隆香水，一种含有2%~3% 精油含量的清淡香水
优盘	USB flash drive	简称 U 盘，另作优盘，是 U 盘的谐音。属于移动存储设备，用于备份数据，方便携带。U 盘是闪存的一种，因此也叫闪盘
基因组	Genome	细胞和生物体的一整套的基因
基因敲除	gene knockout	指去掉人体免疫排斥基因
基因银行	GenBank	基因资源库，即遗传信息库
嘻哈音乐	hip hop music	一种街头文化音乐

（四）借形词

汉语中的借形词包括外来汉字词和字母词。其中，外来汉字词的来源为日本和韩国。字母词则包括首字母缩略词和包含字母的词语。首字母缩略词又包括外语词的首字母缩略和汉语拼音的声母缩略。包含字母的词则为汉语利用字母构造的新词。

1. 外来汉字词

汉语中借用日式汉字词并非始于今日。20世纪初，日语中的汉字词就对汉语产生了巨大影响。在21世纪的今天，通过汉字的媒介，日式汉字词依然在对汉语产生着影响，虽然其影响远远不能和英源外来词相提并论，但由于汉语使用者对其心理抵触较小，很容易在汉语中扎下根来，成为汉语词汇的正式成员。该时期借入的日式汉字词如下：

外来词	日语源词	汉语释义
暴走族	暴走族	以大量走路来达到健身目的的人，或以飞驰摩托而激发情绪的人
步道	步道	人行道
人间蒸发	人間蒸發	在人间消失
完败	完敗	体育比赛中一直处于明显的劣势而以大比分的差距输掉
业态	業態	业态是业务经营的形式和状态，它包括百货店、专卖店和批发市场等形式
援交	援助交際 割り切り	通过电话、网络达成意向而进行的性交易
蒸发	蒸發	突然消失
过劳死	過勞死	由于长期疲劳所引起的猝死
宿便	宿便	人体未能够及时排出的粪便
职场	職場	职业场所或者职业社会

2. 字母词

随着中国改革开放进程的推进，以及世界范围内全球化浪潮和信息革命的推波助澜，再加上中国学校教育中汉语拼音的普及和英语教育的全民化，拉丁字母在汉语中使用的范围越来越大，拉丁字母的使用早已经进入中国人的语言生活中，而且呈现泛滥之势。其主要表现为字母词在汉语中的大量出现和广泛使用。

字母词包括英文首字母缩略词和包含字母的词语。字母缩略词还可以分为两种：英语首字母缩略词和汉语拼音声母缩略词。该时期的英语首字母缩略词有：

字母词	外语源词	汉语释义
ABC	American Born Chinese	美国出生的华人
CIO	Chief lnformation Officer	首席信息官
CKO	Chief Knowledge Officer	首席知识官
CTO	Chief Technology Officer	技术总监
CXO	Chief X Officer	一种职务的全新称谓，意为某某执行官
DM	Direct Mail	直投信件或者电子词典
DV	Digital Video	数码摄像机
EPD	Environment Population Development	联合国教科文组织环境人口与可持续发展教育项目
ERP	Enterprise Resource Planning	一种管理软件
EVD	Enhanced Versatile Disk	高密度数字激光视盘系统
HIV	Human Immunodeficiency Virus	艾滋病毒
ISP	Internet Service Provider	互联网接入业务运营商
MBO	Management Buy Outs	管理层收购，把国有企业卖给私人
MP4	MP4	一个能够播放 MPEG4 文件的设备
OEM	Original Equipment anufacturer	原始设备制造商，指贴牌出口或者订单式生产方式
OL	Office Lady	办公室女性
OTC	Over The Counter	非处方药，是“Over The Counter”（可在柜台上卖的药）的缩写，指不需凭医生处方即可自行购买和使用的药品
PCR	Polymerase Chain Reaction	临床基因扩增检验
PDA	. Personal Digital Assistant	个人数字协理或者个人数字助理
PETS	Public English Test System	即全国英语等级考试（Public English Test System，简称 PETS）
PK	Player Killer	游戏中玩家们互相攻击，切磋武艺
SARS	SARS	非典
SCM	Supply Chain Management	供应链管理
SMS	Short Messaging Service	短消息服务

字母词	外语源词	汉语释义
SOD	Super Oxygen Dehydrogenises	超氧化物歧化酶
SP	Service Provider	服务提供商“service provider”的英文缩写，指的是在电信运营商提供的平台下通过提供短信息、彩信等手机增值服务盈利的机构
VOD	Video-On-Demand	视频多媒体点播
WAP	Wireless Application Protocol	无线应用协议

其中，部分字母词还形成词族，典型的有“CXO”系列。CXO 是英语 Chief X Officer 的缩写，意思是首席万能官：有点像“万金油”。它源于这两年兴起的网络公司，例如 CFO 为财务执行官。中间字母的变化还可以衍生出各种各样的新的执行官，例如：CAO（Chief Art Officer）首席艺术官、CBO（Chief Business Officer）首席商务官、CDO（Chief Down-load Officer）首席下载官、CGO（Chief Gvernmment Officer）首席沟通官、CHO（Chief Hack Officer）首席黑客官等。

汉语拼音声母缩略词主要用于特定语域的方言——网络用语。

字母词	PF	JJ	MM	PLMM	PMP	PP
汉语词	佩服	姐姐	妹妹	漂亮妹妹	拍马屁	漂亮

包含字母的词语还有以下类型：字母＋阿拉伯数字所形成的词语、字母＋汉字所形成的词语。

①字母＋阿拉伯数字：

外来词	源词	汉语释义
F4	F4	指凭借《流星花园》一炮走红的四个男孩：周渝民、言承旭、朱孝天和吴建豪
MP3	Motion Picture Experts Group 1，audio layer 3	把 CD 中的音轨 track 压缩成计算机纯声音文件 wav 的技术或者一种音频格式
3G	-G	第三代移动通信

续表

MP4	MP4	一个能够播放 MPEG-4 文件的设备
3C 认证	China Compulsory Certification	中国强制性产品认证制度的简称
3F 现象	–F	浮躁、浮浅和浮夸的现象
3+X	–X	高考模式之一，语文、外语、数学加上一门综合课考试

②字母＋汉字：

外来词	源词	汉语释义
彩 e	–e	中国联通的一种新业务
泛 CBD	Central Business Distriet	商务中心地区（CBD）区域强劲的发展势头不断蔓延的沿线地区
双 B 手段	brain 、breast	指智慧与姿色并用
E 教育	E–	利用因特网进行的教育
QQ 族	QQ 族	喜欢 QQ 聊天的人
Q 哥	Q–	喜欢 QQ 聊天的年轻男性
Q 妹	Q–	喜欢 QQ 聊天的年轻女性
Q 言 Q 语	Q–	在 QQ 上使用的语言
很 S	–S	说话拐弯抹角
甲 A	–A	代指中学校中的快班
甲 B	–B	代指中学中的慢班
泡 MM	–MM	追女孩
三 E	–E	评价一件事情的标准或者是发展一个事物的方法
e 毒	E–	离不开因特网的心理疾病
e 化	E–	世界因为因特网而变化
e 网	E–	指因特网

字母词特别是首字母缩略词的大量使用是汉语词汇的一个引人注目的现

象。首先，字母词的使用满足了人们对于语言经济性的要求。因为是多个词汇的缩写形式，因而含义较为丰富，很多时候还是个复杂的结构。这样的字母词很难意译成合适的汉语词汇，即使翻译过来，也会因为冗长复杂而增加使用成本。同时，由于是字母的组合，也很难音译。如此，就只好原形借用了。其次，字母词是时代和社会的产物。改革开放造成的宽松的社会氛围，学校教育中英语作为第一外语的地位和社会上的英语热，以及汉语拼音方案的推广和使用等诸多因素共同促成了字母词大量进入汉语。

三、韩汉语外来词借用方式对比

（一）借用类型的分布对比

汉语和韩国在借用类型的分布上存在着显著的差别，如下图为2001—2005年度韩汉语外来词各类型词汇所占比例对比。

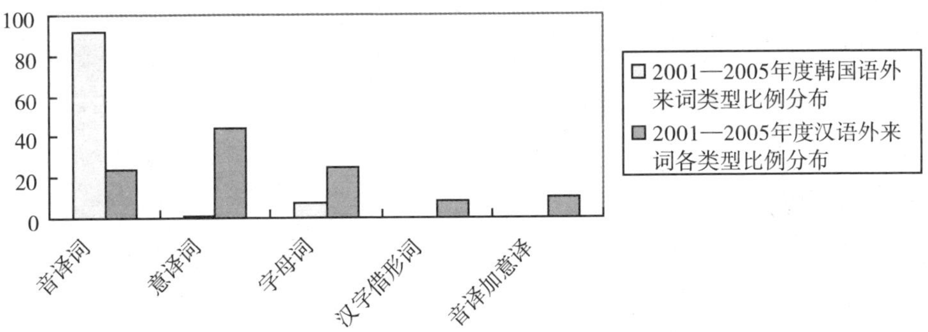

从这个图中，我们可以更清楚地看出韩汉语在外来词借用方式上的差别。韩国语借用外来词主要采取音译的方式，意译借用的情况极其少见，基本可以忽略不计。此外，字母词的借用也占据一定的比例。

相比韩国语音译方式的一枝独秀，汉语的借用方式则要多样化一些。汉语中占优势的借用方式为意译，除此之外，音译、借形（包括借用汉字和字母）也都是通常采用的借用方式。

（二）韩汉语外来词在借用方式选择上的不同倾向性

韩汉语在音译借词时会采取不同的策略。韩国语由于音节的表音性，音节和韩国语书写字符是一一对应的，在借用英语等表音文字语言中的词汇时，最简便的方式就是使用语音转写的方式。汉语的语素通常是单音节的，同时，由于汉字的表义性，在音译时的音节对应中，倾向于使用和外来词义相近或相关，或者能够对理解词义提供线索的汉字。如：嘻哈、博客等。如果在可选范围内的汉字无法进行意义提示，则会选择带有某种倾向性的字，以达到特定的效果。如：粉丝，表示对象的喜闻乐见；德比，选用“德”字，而非“得”字，寓意显然要更好。

韩汉语在借入外来合成词时也倾向于采取不同的方式。由于汉语在外来词借用上的表意倾向，通常会采取仿译的形式，即对应翻译外来合成词的各个词素，而保留其结构。而韩国语则会进行音译，不管该词是否有内部形式。

在字母词的借用上，韩汉语也有差别。韩国语字母词规定用韩国语字符拼写，而汉语字母词往往是拉丁字母的书写形式，在词形上有区别。此外，韩汉语外来词在字母词的读音上也是有差别的，如果字母词可以拼读，韩国语倾向于拼读，而汉语通常情况下则会逐个读出字母的发音。如：SUV 这个缩略词，韩国语用拼读수브 [subi]，而汉语则用字母读音 [esju：vi]。

由于外来词借用方式上的不同倾向性，在多数情况下，针对同一词源，韩汉语外来词往往会采取不同的借用方式：韩国语以音译为主，汉语以意译为主。如：我们以“카메라（camera）”和“디지털（digital）”两个外来词形成的词族借用情况进行说明。

“카메라（camera）”和“디지털（digital）”分别对应汉语中的“相机”和“数字 / 数码”。韩国语中为音译，汉语为意译。由“카메라（camera）”和“디지털（digital）”分别形成了词族。我们首先看由“카메라”通过复合的方式形成的词族，该词族共有9个词，其借用情况如下：

韩国语外来词		汉语对应词		源词
토이카메라	音译 + 音译	玩具相机	意译 + 意译	toy camera
필카	音译 + 音译	胶卷相机	意译 + 意译	film camera
호모 디카쿠스	音译 + 音译 + 音译	数码摄影族	意译 + 意译 + 借形	← homo digital camera+ cus
디카	音译 + 音译	数码相机	意译 + 意译	← digital camera
셀프카폰	音译 + 音译	自拍手机	意译 + 意译	← self camera phone
카메라폰	音译 + 音译	照相手机	意译 + 意译	camera phone

续表

폰카메라	音译＋音译	手机相机	意译＋意译	phone camera
셀카	音译＋音译	自拍	意译＋意译	← self+ camera
폰카	音译＋音译	照相手机	意译＋意译	← phone camera

如上表，对“camera”所形成的合成词，韩国语均采取了音译的方式，汉语中除了“数码摄影族”之外，均全部采取了意译的方式。其中，由于韩国语音译词音节较长，部分韩国语外来词还进行了缩略。如：호모 디카쿠스（← homo digital camera+ cus），디카（digital camera），셀프카폰（self camera phone），폰카（phone camera）等。

我们再看看“디지털”的情况。该词形成的词族共有10个纯外来合成词，韩汉语借用情况对照如下表：

韩国语外来词		汉语对应词		源词
디지털노매드	音译＋音译	数字游骑兵	意译＋意译	digital nomad
디카	音译＋音译	数码相机	意译＋意译	← digital camera
호모 디카쿠스	音译＋音译	数码摄影一族	意译＋意译	homo dica ← digital camera+cus
디지툰	音译＋音译	数字动画 / 数字卡通	意译＋意译 / 音译	digitoon ← digital+cartoon
디파텔	音译＋音译	数字化公寓	意译＋意译	dipatel ← digital+apartel
디지털스쿨	音译＋音译	网校族	意译＋意译	digital school
포스트디지털세대	音译＋音译	后数字一代	意译＋意译	post digital–
디캠	音译＋音译	数码摄像机	意译＋意译	digital camcoder
디파텔	音译＋音译	数字化公寓	意译＋意译	dipatel ← digital+apartel
디지털 키드	音译＋音译	数字儿童	意译＋意译	digital kid

“digital”词族的情况与“camera”词族相似。同样，韩国语均采取音译，而汉语主要采取意译的形式。

当然，韩汉语在借用外来词时大多数情况下会采取不同的借用方式，但在部分情况下也会采取共同的借用策略。如：

共同音译的外来词：

韩国语外来词	源词	汉语外来词
더비 매치	derby match	德比赛
나노테크	Nano technology	纳米技术
블로그	blog	博客
팬	fans	粉丝
힙합	Hip hop	嘻哈

共同意译的外来词有：

韩国语外来词	源词	汉语外来词
교환망	exchange network	交换网
방화벽	firewall	防火墙
녹색 전기	green home appliances	绿色家电
광우병	mad cow disease	疯牛病
악의 축	Axis of evil	邪恶轴心

均借用的字母词有：

韩国语外来词	源词	汉语外来词
SUV	SUV	SUV
CIO	CIO	CIO
MP4	MP4	MP4
PDA	PDA	PDA
PK	PK	PK

第四章　韩汉语外来词词汇形态及词汇语义对比

本章我们将就韩汉外来词进行词汇本体的对比研究，主要就外来词的词汇形态及词汇语义进行对比。

我们知道，词是语言中能够独立运用的最小单位，具有一定的形式，并表达一定的意义，词汇研究的内容就是词的构成形式和词的所指意义。前者叫词汇形态学，后者叫词汇语义学（何善芬，2007：99）。

词汇对比可以分为两大部分：词汇形态对比和词汇语义对比。词汇形态对比可在词的形态系统和结构的基础上进行。在本书外来词的词汇形态对比部分，主要从词汇的音节特征、构词特征和词法特征等方面对韩汉语外来词进行描写和对比。首先，我们通过统计来确定韩汉语外来词的音节分布，并考察其与词汇系统中的其他词汇在音节上的差异；在外来词构词特征方面，主要考察词语的结构特征和外来词族的情况；在词法特征部分，则主要分析外来词借用中形态的省略现象。

词汇语义对比要复杂得多，因为词汇语义学研究的是词的意义，意义要比形式难以把握很多。在本书中外来词的语义对比中，我们并非要对韩汉语外来词的语义进行系统性的大规模描写，而是主要从词义的借用和发展两个方面考察韩汉语外来词在词义借用中的语义选择和词汇使用中的语义变化。

第一节　韩汉语外来词词汇形态对比

为了对外来词进行更加细致的对比，我们将进行逐项对比，即我们将就每一个语言项目，分别对韩汉语外来词展开描写和对比。对比的内容为：韩汉语外来词的音节特征、构词特征和词法特征。

一、 音节特征对比

史有为（1996）指出：语音的汉语化主要发生在三个方面：一是音位的汉语化，二是音节构造汉语化，三是语音长度的汉语化，这同样发生在韩国语中。由于音位和音节结构受制于韩国语和汉语自身的语音特点，最能体现外来词借用倾向的是韩国语和汉语对借入词语音节的取舍。因此，本节我们重点考察对比韩汉语外来词音节的长度。

（一）音节统计

在计算汉语音节数的时候，字母词的每个字母算作一个音节，因为在实际语言生活中，字母按照拉丁字母发音，每个字母一般发为一个音节。韩国语的字母词因为用韩字来记录，按照实际韩国语发音的音节数统计。统计结果如下（统计时，精确到小数点后一位）：

汉语外来词，音节数分布为：1音节1个；2音节211个，占比为36.4%；3音节225个，占比为38.9%；4音节116个，占比为20.0%；5音节13个，占比为2.2%；6音节10个，占比为1.7%；7音节及以上3个，合计占比为0.5%。图示如下：

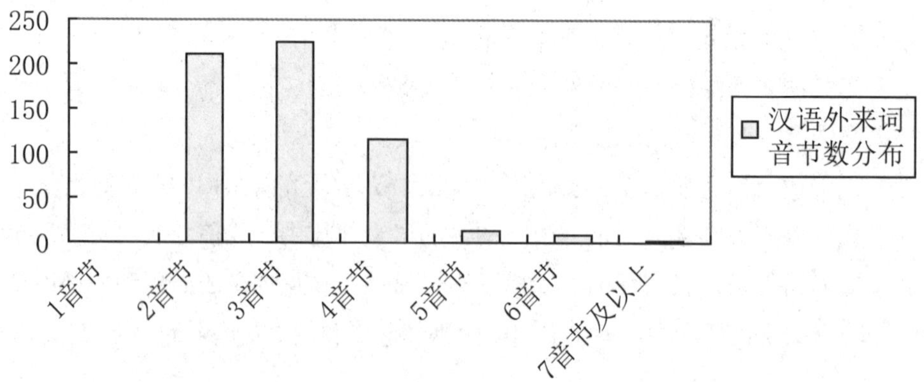

韩国语外来词，音节分布为：1音节4个；2音节119个；3音节356个；4音节399个；5音节279个；6音节120个；7音节54个；8音节24个；9音节4个；10音节1个；11音节1个。7音节以上合计为84个。图示如下：

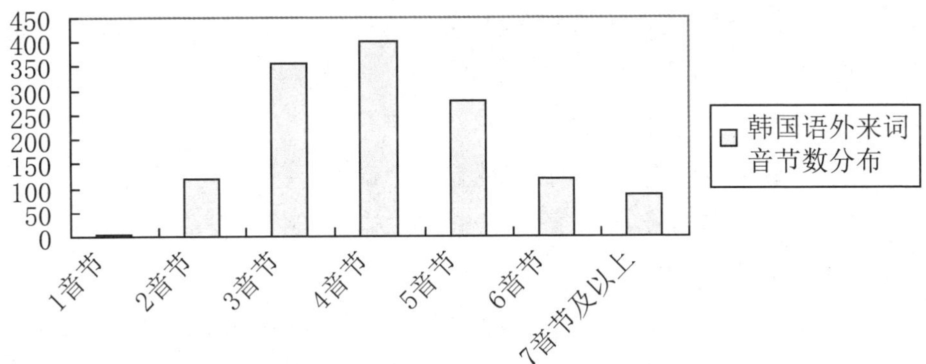

韩汉语外来词音节数分布比例对比列表如下（单位%）：

类型 来源	1音节	2音节	3音节	4音节	5音节	6音节	7音节及以上
汉语	0	34.4	30.9	28.6	2.6	2.6	0.6
韩国语	0.3	8.7	26.1	29.3	20.5	8.8	6.2

用图表表示如下：

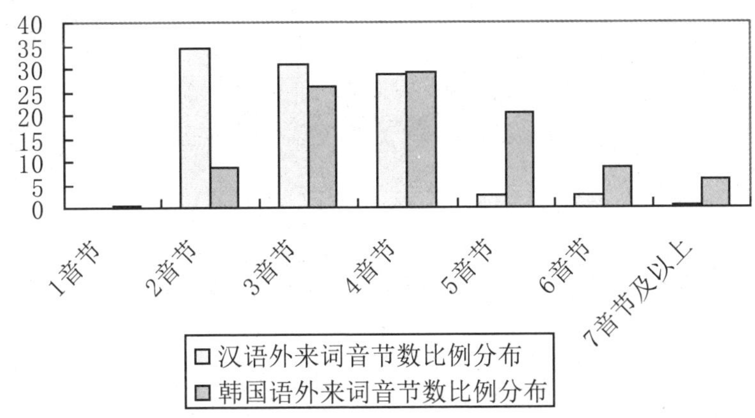

韩汉语外来词的音节数存在显著的差异。通过上图我们可以看出，汉语外来词以2音节最多，其次为3音节和4音节。而韩国语外来词则以4音节为最多，其次是3音节和5音节。我们统计的平均词长：汉语为3.1个音节，韩国语的词长平均为4.3个音节。

那么这些词长有什么意义呢？我们可以通过对比发现外来词词长的特征。

首先，我们与汉语的常用词汇的词长进行对比，对比的材料为现代汉语语料库词语分词类频率表（下称分词类频率表）中的词语，该分词类频率表来源于中国国家语言文字委员会的的官方网站[①]。表中的词语是从国家语委现代汉语语料库中规模为2000万字的语料中筛选出来的，该表中列出了在该语料库中出现频率大于50次的词语。

从音节数来看，使用频率最高的前50个词中，1音节词为45个，2音节词为5个，没有3音节及以上的词。这也从一方面说明了汉语在实际的语言生活中单音节词依然占据着优势地位。

从整个词表来看，在总数为16429个词条中，1音节词数为3111个，占比18.9%；2音节词数为11305个，占比68.8%；3音节词数为1272个，占比7.7%；4音节词数519个，占比3.2%。未出现5个音节以上的词。这应该和该词表词汇切分的标准有关，比如"全国人民代表大会，有中国特色的社会主义，中华人民共和国"之类的多音节的专有名词被切分成了多个词语了。因为该词表中出现了"色的社会""宁主义"等三音节和四音节的词。将以上数据用图表表示如下：

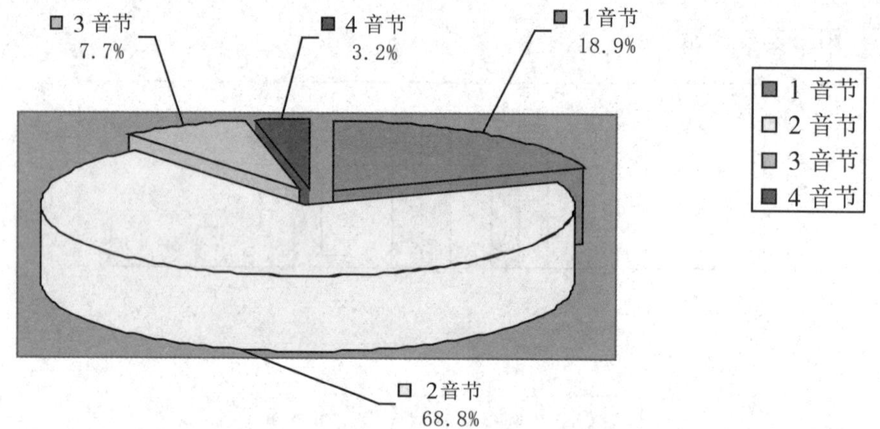

再来看韩国语的例子。韩国语对比的材料来源于韩国国立国语院2009年出版的《표준국어대사전》(标准国语大辞典)，里面总收词数为508000条，包括主词条440000条和副词条68000条。其中的490000余条按音节数统计如下表[②]：

① 网址：http：//www.cncorpus.org/Resources.aspx

② 정호성,《표준국어대사전》수록 정보의 통계적 분석, 국립국어연구원, 2008.

音节数	词条数	百分比	举例
1音节	6,318(714)	1.28%	강
2音节	140,836(4,142)	28.60%	가슴
3音节	164,619(49,272)	33.43%	가곡집
4音节	105,944(11,634)	21.51%	가가호호
5音节	44,996(10,427)	9.13%	가감저항기
6音节	17,095(327)	3.47%	자동호출장치
7音节	7,917(1,189)	1.60%	버드나무하늘소
8音节	2,823(3)	0.57%	개구리파동편모충
9音节	1,102(12)	0.22%	강원도자진방아타령
10音节	429	0.08%	가는다리애기좀진드기
11音节	190(2)	0.03%	가로자기마당전류발전기
12音节	85	0.01%	고용이자및화폐의일반이론
13音节	35	0.00%	가로자기마당전기기계증폭기
14音节	11	0.00%	국제연합난민고등판무관사무소
15音节	3	0.00%	라이프치히게반트하우스관현악단
16音节	3	0.00%	감지금니대방광불화엄경보현행원품
17音节	4	0.00%	국제연합팔레스타인난민구제사업기관
18音节	1	0.00%	프로테스탄티즘의윤리와자본주의의정신
合计	492,411	100.00%	

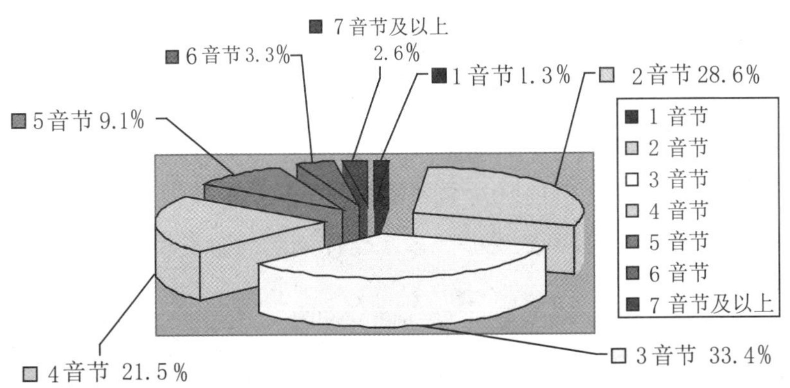

我们把汉语外来词的音节分布比例和分词类频率表中的词语音节数分布进行对比如下（纵轴为百分比）：

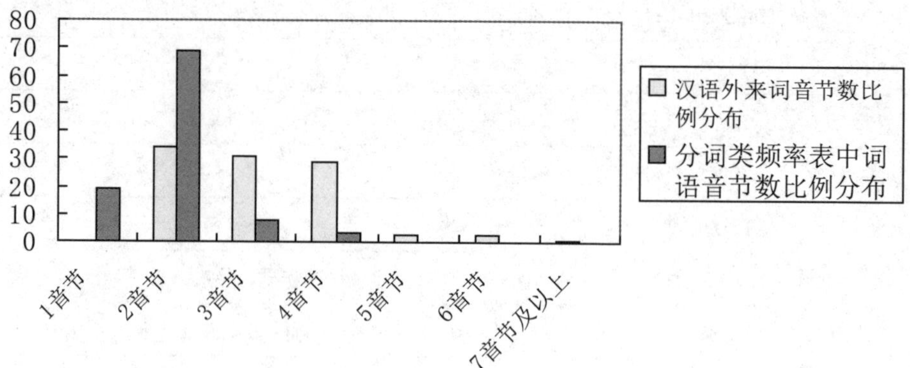

我们再把韩国语外来词的音节分布比例和韩国《标准国语大辞典》的词条音节数进行对比（纵轴为百分比）：

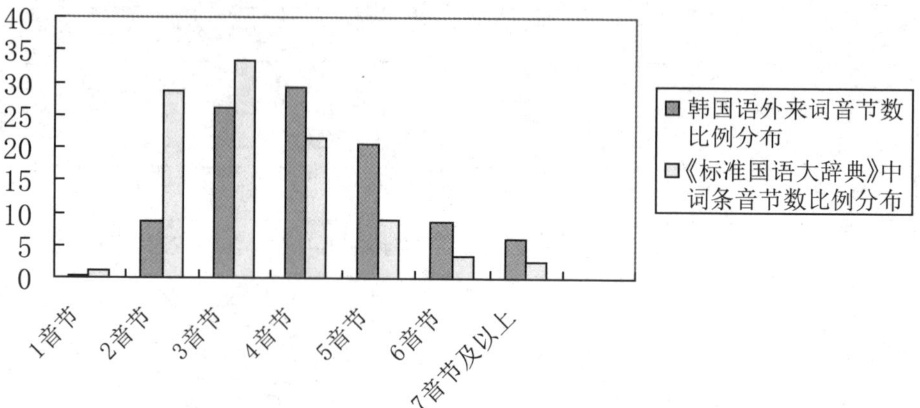

对比以上两图我们可以发现，韩汉两种语言中的外来词的的音节长度都超过了本语言词汇的通常长度。

因为汉语用来对比的词表中的词语是根据词语的使用频率抽取出来的，这种情形更加明显。在汉语频繁使用的词语中，2音节即双音节词居于绝对优势地位，而使用最频繁的前50个词，绝大部分是单音节词①。

韩国语外来词的音节数也明显多于全体词汇的通常长度。在《标准国语

① 根据现代汉语语料库词语分词类频率表中词语的使用频率进行统计，使用频率最高的前50个词中，单音节词为45个，双音节词为5个，没有三音节及以上的词。这也从一方面说明了汉语在实际的语言生活中单音节词依然占据着优势地位。

大辞典》中，2音节和3音节的词的比例明显高于外来词中的2音节和3音节词的比例。而4音节及以上词语所占比例均小于外来词中4音节及以上词语所占比例。

（二）音节的缩略

由于韩汉语外来词的音节数均较一般词汇要多，基于语言使用中的经济性的考虑，减少词语的长度就成为必然的选择。现在我们来考察一下韩汉语外来词音节缩略的情况。

在汉语的外来词中，汉字缩略词为39个，字母缩略词111个，共计150个，占比25.9%；在1361个韩国语外来词中，韩文缩略词324个，字母缩略词84个，共计418个，占比为30.7%。韩国语中的缩略外来词略多于汉语。

韩国语外来词缩略的例子有：

外来词	源词	汉语释义
피케이	PK ← plyer killing	PK，对决
에스에이시디	SACD ← Super Audio Compact Disk	超级音乐 CD
수브	SUV ← Sports Utility Vehicle	SUV，城市越野，运动多功能车
에스보드	S-board	s 形滑板
티보드	T-baord	T 形滑板
보보	BoBo ← Bourgeois+ Bohemians	波波族
엔시엔디	NCND ← neither confirm nor deny	不承认也不否认
에프큐	FQ ← Financial Quotient	财商
피시	PC ← Product Coordinator	产品协调员
티커머스	T ← television commerce	电视购物
티브이슈랑스	TV ← television+ assurance	电视推销保险
이청첩장	e ← electronic 請牒狀	电子请帖
에이치디 디브이	HD ← High Definition TV	高清电视
케이티엑스부부	KTX 夫婦	高铁夫妻
케이티엑스통근족	KTX-	高铁上班族

续表

外来词	源词	汉语释义
에이매치	A match	国家代表队比赛
나이스	NIES ← National Education Information System	国家教育信息系统

汉语外来词缩略的例子有：

外来词	源词	汉语释义
奥校	olimpic-	与国际学科奥林匹克竞赛内容有关的课程培训
磁浮	magnetic suspension technique	利用电磁感应产生的磁斥力从而使列车等物体悬浮起来
倒萨	-sadam	推翻萨达姆政权
德比	Derby	同一个城市的球队之间的比赛
短信	SMS（short messages）	一种新兴的传播载体，网络时代的通信方式之一
非典	SARS	非典型肺炎
健商	Health Quotient	健康商数
抗非	-SARS	抗击非典
苗族	- 族	身材苗条的人的简称
虐囚	detainee abuse	虐待被捕的囚犯
茨粉	-FANS	2005年“超级女声”全国总决赛第七名手叶一茜的歌迷

以上的汉语缩略词与完整词的对应情况如下：

奥校——奥林匹克学校　　磁浮——磁悬浮

倒萨——推到萨达姆　　德比——德比赛

短信——短信息　　非典——非典型肺炎

健商——健康商数　　抗非——抗击非典

苗族——苗条一族　　虐囚——虐待囚犯

（三）韩汉语外来词音节的异同

总结以上我们对韩汉语外来词的音节的考察，可以看出韩汉语外来词在音节特征的异同点。二者的共同点在于韩汉语外来词的音节平均长度均大于一般词汇的音节长度。而二者的不同点在于:（1）韩国语外来词长度要大于汉语外来词的长度;（2）音节缩略的外来词比例韩国语要高于汉语。

二、构词特征对比

在讨论外来词的构词特征时，我们分别考察外来词对于构词材料的选择、外来词的结构特点和外来词词族的情况。

（一）利用原有外来语素构词

新产生外来词的途径之一就是原有外来词构成新词，这在韩汉语新产生的外来词中占多数，说明韩汉两种语言尽可能使用已有的造词材料，提高语言的经济性和效率。如：在1361个韩国语外来词中，合成词1192个，占了87.6%，单纯词只有169个，占了12.4%。

韩国语的例子有：

外来词	源词	汉语释义
사이콤	psycom ← psycho+sitcom	心理情景剧
신팬픽 문화	←신 fan fiction 문화	新偶像小说文化
처치테인먼트	churchtainment ← church+entertainment	信教娱乐
크레디슈랑스	credisurance ← credit+assurance	信用卡保险
크레디파라치	← credit card+paparazzi	信用卡打假
레캉스	← leisure+vacnace	休闲
아르브이	RV ← Recreational vehicle	休闲车
휴테크	休 tech	休闲创意
탤런페서	← talent+professor	演员教授
스윙커페이션	swingcopation ← swing+syncopation	摇摆变调
엠비즈니스	M ← mobil business	移动商务
엠커머스	M ← mobil commerce	移动商业

续表

外来词	源词	汉语释义
뮤페라	mupera ← musical+opera	音乐歌剧
뮤티즌	mutizen ← music+netizen	音乐网民
스폰 매니저	← sponsor manager	淫媒，为性交易牵线搭桥的人
순대렐라	←淳 –+Cinderella	影视剧中的平凡女孩形象
카테크	← car+technology	用车技巧
카드테크	← card technology	用卡技巧
폰파라치	← phone+paparazzi	用手机偷录名人隐私
게임머니깡	game money わりかん	游戏币套现
겜광	← game 狂	游戏迷
겜티즌	gamtizen ← game+citizen	游戏玩家
겜소모	game 消耗	游戏消费
개그운서	gaguncer· gagman+announcer	娱乐主持人
캐포츠룩	caports ← casual+sports look	运动休闲风格
캐포츠	casual+sports	运动休闲装
리권	rhythm+ 跆拳	韵律跆拳道
댄커스	dance_ciucus	杂技舞蹈

汉语的例子有：

外来词	源词	汉语释义
网瘾	internet–	上网成瘾
网游	internet–	网络游戏的简称
卧的	–taxi	卧铺汽车
奥林匹克花园	olimpic–	一种以奥林匹克为主题的花园
奥运经济	olimpic–	因为奥运会而产生的经济行为和经济效益
白领农民	white collar–	具有白领素质或表征的农民

续表

外来词	源词	汉语释义
纯生啤酒	draft beer	鲜啤酒；一种新的啤酒品牌
磁浮线路	magnetic suspension	磁浮列车线路
打波音的	-taxi	像打的一样经常坐波音飞机
粉领文学	pink collar	以粉领为主要读者或者作者的文学
高级灰	-gray collar	高级白领阶层
格式化泡妞	format-	网恋
哈狗族	- 族	喜欢狗的时尚一族
黑摩托	-Motor	城市或者乡村中无证经营的摩托
黑网吧	-netbar	非法经营的网吧
黄页广告	yellow page	在电话号码簿黄页上发布的广告
酷哥	cool-	个性充分张扬的男子
快餐图书	fastfood	快餐性质的图书
快餐语言	fastfood-	喻指那些如快餐一样在较短时间就可大量涌现的语言
宽带报纸	broadband-	利用宽带传输数据的数字报纸

部分外来语素由于能产性的增加，产生了词族，词族的大量产生，是韩汉语新世纪外来词的一个引人注目的特征。

（二）外来词的词族化

外来词借入后，在使用过程中，通过心理的类推机制，会产生出模仿一个词的形式创造的新词，这样的造词方式往往通过替换词汇的部分语素实现造词，这就是仿造词。这种情况在韩汉语外来词中都存在。

韩国语的例子有：

파파걸（papa's girl）：仿造自 mamma's girl。

김치우드（←김치 +hollywood）：泡菜坞，仿好莱坞造词，指韩国电影界。

오락실 밸리（娛樂室 valley—）：仿造自실리콘 밸리（silicon valley）。

汉语中的仿造词有：

话吧：仿酒吧造词，类似的还有饮吧，乐吧等。

蓝客：仿“黑客”而造。黑客有一定攻击性，而蓝客则侧重于技术的发展，他们都是纵横网络世界的计算机高手。

网迷：受“球迷”“歌迷”“邮迷”等影响而产生的仿造词。

双输：双方都吃亏。它是受“双赢”影响而产生的一个词语。

彩信：仿造自彩铃，英文名是 MMS（是 Multimedia Messaging Service），意为多媒体信息服务。它最大的特色就是支持多媒体功能，能够传递包括文字、图像、声音、数据等各种多媒体格式的信息。

网盲：是仿照“文盲”“机盲”等词语而来的，用来指对计算机网络一无所知的人。因特网正在深刻改变着眼前的世界，对计算机网络一无所知的人在新时代必将落伍吃亏。

此外还有：

外来词	模仿对象	释义
健商	智商，情商	健康商数
性商	智商，情商	性健康商数
e 夜情	一夜情	因特网上的一个征友栏目，一种进化的男女交往方式
彩铃	彩信	个性化回铃音业务
话吧	酒吧	为使用公用电话的人服务的场所，又叫公话超市
假 A	甲 A	在中国足球甲 A 联赛中出现的黑幕事件参见“假 B”条
暖卡	涤卡	一种新型的保暖纤维学名是“细旦超细旦聚丙烯纤维”
伟嫂	伟哥	一种提高女性性功能的药品
银领	白领	既能动脑又能动手，具有较高知识层次、较强创新能力和熟练掌握高技能的高级技工

仿造构词的结果之一就是外来词的词族化。如果社会上出现了类似的现象，客观上就会要求有词汇来指称。于是，某个新出现的词就会超出原来的领域，被借用到其他领域来，从而出现一系列的词，形成词族。如：DIY，形

成了 DIY 主义，音乐 D1Y、健康 DIY 等。在韩汉语外来词中也出现了大量的词族。词族的形成主要通过两种方式：复合和派生。

1. 韩国语外来词族

韩国语中构词方式兼有复合和派生，形成词族的外来词主要来自英语。通过复合方式形成的词族有：

버스（bus）：전세버스, 중앙 버스 전용 차로, 중앙 버스 전용 차로제, 지선 버스, 간선 급행 버스, 간선 버스, 래핑 버스, 맞춤버스, 물버스, 버스 종합 사령실, 비디오버스 .

사이버（cyber）：사이홀릭, 사이버 설계사, 사이버 폭력죄, 사이버 중독자, 사이버표, 사이버팸, 사이처, 사이버 패밀리, 사이버세러피, 사이버콘드리아, 사이버깡, 폭탄 사이트, 사이벡스, 사이, 사이질, 사이버 거지 .

겜 / 게임（game）：게임론, 게임머니깡, 게임폰, 겜광, 겜소모, 겜티즌 .

실버（silver）：실버골제도, 실버 세대, 실버택시, 실버 시터, 실버폰, 실버뮤지컬 .

部分外来词参与形成词族时要进行缩略，如：

테인먼트（tainment ← entertainment）：다큐테인먼트, 티티테인먼트, 폴리테인먼트, 처치테인먼트, 엔터테인먼트자키, 워크테인먼트, 마켓테인먼트 .

테크（tech ← technology）：오일테크, 혼테크족, 직테크족, 땅테크, 건테크, 노테크, 직테크, 휴테크, 체테크, 금테크, 시테크형, 테크노 뽕짝, 나노테크, 카테크, 카드테크 .

슈랑스（surance ← assurance）：홈슈랑스, 크레디슈랑스, 티브이슈랑스, 펀듀랑스 .

리플족（pl ← reply）：악플러, 악플족, 악플폐인, 펌플족 .

티즌（tizen ← netizen）：이티즌, 액티즌, 섹티즌, 폰티즌, 유티즌, 로티즌, 모티즌, 뮤티즌, 겜티즌, 안티즌, 아티즌, 욕티즌, 악티즌, 여티즌, 악티즌 .

来自日语的外来词形成的词族：

깡：차깡족, 쌀깡, 명품깡, 금깡, 할인깡, 현물깡, 휴대폰깡, 회사

채깡, 쿠폰깡, 골드깡, 사이버깡, 게임머니깡 .

来自意大利语的“파파라치（paparazzi）”构词比较活跃，其往往缩略成“파라치”参与构词。

파라치：네파라치, 노파라치, 담파라치, 담파라치, 담파라치, 쓰파라치, 요파라치, 의파라치, 자판라치, 주파라치, 차파라치, 카파라치, 과파라치 .

通过派生方式构成的外来词中，以汉字后缀“족”形成的词族，在2001—2005年外来词表中达到了105个之多，能产性非常强。

족（族）：엔조이족, 더피족, 인라인스케이트족, 트렁크족, 모자이크족, 아날로그족, 영품족, 싱커족, 노매드족, 영퇴족, 청계천 조깅족, 오컬트족, 월드컵족, 슈케이스족, 마우스포테이토족, 디지털노매드족, 투폰족, 키덜트족, 캠퍼스 모라토리엄족, 토이카메라족, 디지털스쿨족, 새틀라이트가족, 파카족, 바나나보트족, 캔들족, 캠핑족, 나이트쿠스족, 모바일오피스족, 베지밀족, 에스컬레이터족, 웰피트족, 초피족, 카폭족, 드라이브인족, 가제트족, 러치투어족, 노블리안 레저족, 쿼터족, 스키피족, 직테크족, 모잉족, 폰카족, 프리터족, 프리터족, 프리터족, 뷔페족, 뷔페족, 몰카족, 펌플족, 부비댄스족, 올빼미 헬스족, 국제족, 녹차카페족, 차깡족, 허브족, 펌킨족, 혼테크족, 악플족, 도심 호텔 휴양족, 중고폰족, 고층빌딩족, 은둔형 방콕족, 숍캉스족, 케이티엑스통근족, 비투비족, 니트족, 오팔족, 딘스족, 듀크족, 노노스족, 매스티지족, 딩펫족, 코보스족, 리플족, 아르피족, 스펙족, 패러싱글족, 슬로비족, 야스족, 디카족, 더블엘족, 셀카족, 아리족, 아르피족, 원샷족, 디지털 코쿤족, 리필족, 지피족, 스데이 오피스족, 웰루킹족, 힐리스족, 스노족, 배터리족, 추리닝족, 안티 화이트데이족, 콘트라섹슈얼족, 카이트보드족, 체인지족, 패러글라이딩족, 할리족, 기펜족, 멀티족, 다운시프트족 .

此外，还有如下汉字词缀构成的词族：

용（用）：노타이용, 레저용, 메모판용, 비즈니스용, 워킹용, 패치용 .

제（制）：그린 주차제, 세금포인트제, 실버골제도, 온라인 우표제, 임금 피크제, 중앙 버스 전용 차로제, 클린타임제도, 폴사인제 .

外来词缀构成的词族有：

폰（phone）：휴대폰료，폰사진，투폰족，박스폰，폰파라치，지피에스폰，티브이폰，인테나폰，폰페이지，폰카짱，호모 핸폰쿠스，폰카족，폰티즌，피이에이폰，셀프카폰，폰카，컬러폰，초미니폰，골프폰，쇼핑폰，슬라이드폰，다이어트폰，스트레스폰，파일보기폰，실버폰，스테레오폰，로밍폰，스포츠카폰，스팸폰，캠코더폰，캠폰，폰빌，게임폰，라이팅폰，카메라폰，폰카메라，브리지폰，쌍둥이폰，얼짱폰，틈새폰，비화폰，초슬림폰，구석기폰，화상전화폰，가상체험폰，대포폰，중고폰족．

맨（man）：패밀리맨，건실맨，경품맨，능력맨，목청맨，버터맨，빅맨，시범맨，진지맨．

固有词缀构成的外来词：꾼：누리꾼，캡처꾼．

直接借用外来词缀构成的词有：퍼머（펌 +er），指发布资料的人。除此之外还有：

안티（anti）：안티즌，안티팬，안티화이트데이족．

이즘 / 리즘（ism）：우리나라리즘，얼쑤이즘，현대이즘，부셔이즘，머추리어리즘．

멀티（multi）：멀티즌，멀티 히트，멀티네팅，멀티딥，멀티메이션，멀티잡，멀티족．

2. 汉语外来词词族

汉语中形成词族的核心外来语素有：的士、快餐、绿色、数码、网络、网上、基因、白领、粉领、酷、族、的、伟、软、吧、卡、网、客、士、页、奥、巴、粉、领、模、秀、彩、啤等。其中最能产的语素有：绿色、网络、族、吧、卡、网。外来音译语素有：的士、基因、酷、族、的、吧、卡、巴、模、秀、啤。

（1）通过复合方式形成的外来词有：

快餐：快餐图书 快餐语言

绿色：绿色，绿色包装，绿色材料，绿色餐饮，绿色厨师，绿色电池，绿色饭店，绿色饭盒，绿色服饰，绿色股票，绿色核算，绿色建筑，绿色经济，绿色汽车，绿色社区，绿色生态小区，绿色手机，绿色通道，绿色照明，绿色装修网/网络：网德，网婚，网教，网姐网妹，网考，网聊，网络才女，网络成瘾症，网妹，网男，网女，网上拜年，网上道德，网上理财，网上欺诈，网上情人，网谈，网瘾，网游，网络身份卡，网络金领，网吧，黑网吧，e网，三网，网络“泥巴”，内联网，网络保姆

基因：基因敲除，基因武器，基因芯片，基因银行，基因组，转基因，基因树

秀：脱口秀 做秀 模仿秀 脱口秀 时装秀 状元秀

奥：奥校 奥运经济 奥林匹克花园 奥星 残奥会 特奥会 奥申意识 申奥 绿色奥运

的：的嫂，打波音的，卧的

吧：歌吧，话吧，哭吧，乐吧，泡吧，氧吧，饮吧，浴吧，泡吧族，股吧，网吧，黑网吧，吧街，吧女，彩吧，餐吧

模：女模，手模，男模

奥：奥林匹克花园，奥运经济，申奥，国奥，奥校

酷：酷哥，酷打扮，酷男，酷评，酷手，酷帅，酷臀，酷炫，扮酷，耍酷

数码/数字：数码宝贝，数码婚礼，数码相机，数码冲印，数字电影，数字人，个人数字助理

卡：SIM卡，VISA卡，磁条卡，保障卡，打卡，电视卡，公益卡，国际卡，境外卡，联名卡，手机卡，援助卡，智能卡，记忆卡，网络身份卡，卡奴，IC卡，IP卡

汉语采用（准）词缀派生法产生新词是汉语新词发展中的一个最显著的特点。汉语传统的构词手段以复合为主，派生构词出现比较晚，而且派生形态有限，如：“老，子，头”等。但受外来词的影响，当代汉语一些单音节词正在演变成新的词缀（准词缀），部分原有词缀的构词能力也得到了增强，由这些词缀（准词辍）构成的新词日趋增加。

（2）通过派生方式形成的词族有：

族：暴走族，背包族，本本族，不婚族，不夜族，草莓族，蹭课族，醋溜一族，贩工一族，肥臀族，哈哈族，拇指族，奶瓶一族，飘一族，弃档族，

寝室物语，窝居族，校漂族，新贫族，走班族，考托族，泡吧族，考G一族，哈狗族，通勤族，单身族，快闪族，粉领族，波波族，库索族，BOBO族，IF一族，QQ族

软：软机构 软气氛 软质量 软管理 软法 软广告 软资源 软战 软装饰 软人才 软新闻

零：零报告，零补考，零感染，零故障，零就业家庭，零距离，零口供，零农赋，零抢跑，零缺陷，零伤害，零伤亡，零税率，零团费，零专利，零作弊，零地带

士：嬉皮士 雅皮士 脏皮士 业特士 蹬士

客：黑客 博客 红客 灰客 蓝客 电脑黑客 快客 闪客

领：灰领，金领，银领，白领农民，粉领文学，粉领族，网络金领，粉领

（三）韩汉语外来词构词特征异同

从词汇的构成特征来看，韩汉语外来词具有以下特点：

（1）利用已有外来语素构词成为韩汉语新世纪外来词的主要选择。

（2）外来词的产生出现词族化的倾向，其中部分外来词素的能产性极强。如韩汉语中都出现了以汉字词缀“族”为核心产生的词族，且数量庞大。

三、词法特征对比

从词法来看，韩国语和韩国分别属于不同的语言类型，韩国语属于黏着语，词汇在单独存在时不附加任何成分，在进入句子时需要添加词尾，但词和词尾之间界限分明。而汉语属于孤立语，不管是单独存在还是进入句子，词汇均没有形态变化。可以看出，韩汉语词汇在单独存在时均没有形态标志。在借入外来词时，如果源词有形态标记，则会共同采取形态消减的办法。同时从外来词的词性来看，韩汉语外来词均以名词借用为主。

（一）韩汉语外来词的词性

韩汉语在借入外来词时均以名词为主，其他词性很少。从统计数据看，汉语的外来词，除了极个别的词如酷、秀等，基本为名词。而韩国语情况大同小异：在1361个外来词中，名词占了绝大多数，总量为1345个；动词11个，形容词5个，量词1个。韩汉语名词性外来词举例如下：

续表

汉语的名词性外来词有：

外来词	源词	汉语释义
街舞	hip-hop	由美国黑人创造的一种街头舞蹈
巨无霸	Big Mac	汉堡包的一种，后用来形容超大规模的事物
卡哇伊	かわいい	可爱
科斯普莱	cosplay	时代剧或穿上某个时代的服装在街头表演亮相
可吸入颗粒物	inhalable particles	飘浮在天空中的可以被人吸入呼吸器官的极微小颗粒
库索族	kuso	数字时代爱开玩笑的群体
酷评	cool-	引人注目的时尚评论
快闪族	flash mob	动作简短、聚散快速去完成某个专项任务的人群
拉拉	lesbian	是中国女同性恋者通用的昵称
蓝牙	bluetooth	目前国际上最新的一种无线通信技术规范，用来描述各种电子产品相互之间是如何用短距离无线电系统进行连接的
零地带	Zero Zone	遭到打击的目标，特指纽约世贸大厦废墟
流氓兔	MashiMaro	一个网络动漫的兔子形象
卖点	Selling Points	商品所具有的能够使消费者高兴购买的特点或者地方
咪表	meter-	电子计时停车收费系统
米饭	-FANS	在2005年的“超级女声”中，李宇春的支持者“玉米”和何洁的支持者“盒饭”合称为“米饭”

韩国语的名词性外来词有：

코얼리어답터	kolyadopter ← Korean+early ddopter	韩国新品族
비에이치에스	BHS ← Baggage Handling System	行李处理系统
아프로킹	Afroking ← Afrobeat+king	黑人音乐
머피아	← mother+mafia	黑手妈，喻指为孩子倾尽心血的妈妈
아웃트로	outtro ← outdoor metro	户外装

续表

스키켓	skiquette ← ski+etiquette	滑雪礼仪
코즈메슈티컬	cosmeceutical ← cosmetic+pharmaceutical	化妆药品
골드깡	gold わりかん	黄金套现
금깡	金わりかん	黄金套现
리플족	reply 族	回帖族
카오스모스	chaosmos ← chaos+cosmos	混乱中的秩序
액티즌	actizen ← act+citizen	活动积极市民
퍼널리스트	fundmanager+analyst	基金经理兼分析师
팩션	faction ← fact+fiction	纪实小说
다큐테인먼트	docutainment ← documentary+entertainment	纪实娱乐
치어플	← cheer placard	加油标语
건테크	건강 +technology	健康小窍门
헬스로빅	healthrobic ← health+aerobic	健康有氧运动
이티에프	ETF ← exchange traded fund	交易型开放式指数基金
슛터링	shoot+centering	胶底运动鞋
필카	film camera	胶卷相机
코쿤피스	← cocoon+office	胶囊办公室

汉语借入形容词的例子：酷（形容词）——耍酷 / 摆酷（名词性词素）。

韩国语的动词和形容词有形态上的标记，而汉语没有。如：영하다（young+ 하다），키핑하다（keeping+ 하다）。

作为量词借入的韩国语外来词：콜（call），表示动量，意思是（打电话时的）通，个。

作为副词借入的外来词："오프로드（off-road）"。《21 世纪大英汉词典》对"off-road"的解释如下：['ɔfrəud; 'ɔ: -] adj.（沙丘车、雪地车和重型货车等）在道路之外的，越野的，分岔道行驶的，非主干道行驶的 ；adv. 越野地。其词性为形容词和副词。但在借入韩国语中时，其词形为"오프로드"，意义发生了变化，从"越野的，越野地"变成了"越野"。同时，其词性发生了变化，

由原来的形容词和副词变为了名词。如：

（1）뛰어난 성능 때문에 비록 한정된 숫자이긴 하나 오프로드（off road）주행을 즐기는 미국 내실수요자들은 험비에 대해 벌써부터 군침을 흘리고 있다.（한국일보. 1992.1. 8. 5면）

（2）오프로드에서도 편안한 RV가 없을까?〈한겨레. 2001. 3. 16. 20면〉

外来词借入以名词为主，只有极个别的其他词性外来词。在词汇的使用过程中，有的外来词汇逐渐扩大使用范围，词性也会发生改变。在使用过程中发生的词性变化主要是名词转变为其他词性。如：

秀：汉语最初借用的是作为名词的“秀”，意思为“表演”，后来发展出动词的义项，意思为“显示”。例子：湖南妹子刘雯巴黎走秀；黑色蕾丝秀曲线[①]；秀舞技。

粉丝：互粉（动词）。

的（taxi）：打的，的来的去。

QQ：我们QQ吧。

血拼（shopping）：血拼了一把。

韩国语从外语中借入的外来词基本是名词，而词性为动词和形容词的外来词均为名词的合成形式，也就是加上韩国语中表示动词、形容词的形态标记“하다/되다, 스럽다”等构成的。

韩国语动词外来词有：

外来词	源词	汉语释义
셀카하다	self+ camera+ 하다	自拍
구글하다	google+ 하다	通过因特网进行检索
디자인하다	design+ 하다	设计
버프링하다	buffering+ 하다	缓冲
빈티지하다	vintage+ 하다	复古
스파이스하다	spice+ 하다	加香料

① 来自凤凰网新闻标题，网址 http://fashion.ifeng.com/trends/special/parisfw2013/detail_2013_02/27/22544342_0.shtml.

续表

外来词	源词	汉语释义
슬림화하다	slim 化 + 하다	瘦身化
코드프리하다	code free+ 하다	无地区码限制
훌리건화하다	hooligan 化 + 하다	足球流氓化

11个动词均采取了"音译 + 하다"的派生形式，其中又分两种情况。一是由名词性外来词通过直接附加"하다"构成的派生词，如：셀카하다，구글하다，버프링하다，빈티지하다，스파이스하다。二是由名词性外来词附加动词性派生后缀"화（化）"再附加谓词性成分"하다"构成，如：슬림화하다，훌리건화하다。

韩国语形容词外来词有：

샤머니즘적	shamanism 的	萨满教的
부시스럽다	Bush-	强权的，强势的
오노스럽다	Ohno-	不讲廉耻和信用
코드프리하다	code free-	无地区码限制的
패널스럽다	panel--	有专家风范的

5个形容词中，1个为"音译 + 하다"：코드프리하다。3个为"音译 + 스럽다"，分别为：부시스럽다，오노스럽다，패널스럽다。1个采取"音译 + 적"的形式：샤머니즘적。

（二）词法形态省略

1. 省略复数形式

韩国语外来词中，two jobs 有两种借用形式："투잡"和"투잡스"，但均没有附加表示复数的词尾"들"。

汉语的情况与此类似，如：Fans 的音译词"粉丝"，既可以表示单数，也可以表示复数。因为汉语词汇表示"复数"关系的"们"的使用不是强制的，因而借用的外来词并没有移植源词的复数概念进行对译。

2. 省略表示领属关系的形态

在韩国语外来词词表中，仅仅有“파파걸（papa's gir）”一例，指离不开爸爸的女儿，汉语外来词词表中中则没有类似的例子。

（三）韩汉语外来词词法的异同

通过以上韩汉语外来词词法的比较，我们可以得出如下结论：

（1）从词性上看，韩汉语外来词的借用均以名词为主，其他词性数量很少。在词汇使用的过程中，少部分词汇会发生从名词到其他词性的转变。

（2）从形态上来看，韩汉语外来词在借用中均会采取省略形态的策略，这和两种语言词汇的类型有关。

第二节　韩汉语外来词词汇语义对比

传统上对词汇语义的描写，主要基于词义的扩大、缩小和转移。词义的扩大指词的所指扩大或者使用范围的扩大；词义的缩小指词的所指缩小或者使用范围的缩小；词义的转移指词语的所指发生了转移。

外来词进入一种语言，其语义一般要经历接触、接纳和接续三个阶段①，在外来词借用的接触阶段，其语义主要是对源词语义的的选择，体现在外来词相对于源词义项数量的变化，通常是借入外来词的义项数量减少。在外来词借入后的接纳和接续阶段，随着外来词使用的增加，则可能发生词义内容的变化，也就是词义的扩大、缩小和转移。

由于语义的扩大、缩小和转移的描述既简单，同时又有高度概括性，目前并没有更好的描写框架能够替代它，本书也拟采用这个框架来对比韩汉语外来词的语义。

一、词义的借用

（一）外来词的单义性

词汇借入时候通常是单义的，这是因为词汇的借用总是和具体的语境相联系的。在具体的语境中，词汇的语义是明确的，其意义是唯一的。同时，词义

① 方欣欣．语言接触三段两合论 [M]，武汉：华中师范大学出版社，2008.

的发展通常是在大量的语言实践中完成的，而这需要较长的时间才能实现。

2001—2005年度韩汉语外来词由于借用时间不长，词义还没有充分发展，因而总体上呈现单义性。但也有借入一个词语的多个义项从而形成多义词的情况。如：

컬러바（color bar）借入了两个义项：①텔레비전이나 비디오 영상 따위에서, 색 조절을 점검허가 위해 쓰이는 전기 신호 . 흰색, 노란색, 하늘색, 녹색, 적색, 정색, 그리고 흑색의 길고 가느다란 조각으로 되어 있다; ②미용실에서 미용사가 손님이 원하는 색상이 나올 때까지 염색 약품을 섞어 주는 곳。

“미션（mission）”则借入了4个义项：① 목표나 목적；② 임무나 과업；③ 중요한 일；④ 포교나 전도。

쿠키（cookie）借入了2个义项：① IE 的临时文件夹；②一种 UXIX 程序，用来预测运气。

스와핑：①交换配偶游戏；②互换股份。

원샷족：①干杯族；②比喻做事不考虑好就行动的人。

汉语借入的多义外来词有：

量贩：①批发商场或者超市；②捆绑销售。

解码：①一个计算机词汇，是用特定方法将信息从已经编码的形式恢复到编码前原状的过程；②破解秘密。

VS：①表示体育比赛的双方；②表示两个对立的事物。

购物车：①指超市等大型自选商场中，顾客用于暂时存放所选商品的一种手推车；②网上购物时的物品清单。

GB：①千兆字节；②国标，中华人民共和国国家标准。这个多义词其实是不同词语缩略形成的同形词。义项①是 Gigabyte 的缩略词，义项②是汉语拼音 guobiao 的缩略词。

（二）专业词汇对日常生活领域的渗透

专业词汇包括行业词语和科技术语。行业词语指各行业所使用的词语；科技术语指各门学科的专业词语。很多专业词语随着使用频率的增加，使用范围的扩大转化为一般词。专业词语的使用对于丰富共同语词汇，提高语言表现力起着重要作用。

专业领域词汇的大量渗透是韩汉语外来词的另一个特征。在2001—2005年度韩国语外来词中，来自专业领域的外来词达到了467个之多，占了外来词总数的三分之一强，2001—2005年度汉语外来词中也出现了大量的专业术语。这表明人们生活的领域越来越广泛，专业化程度越来越高，这也是社会分工在词汇上的表现。

韩国语的例子有：

经济领域：티브이셀러，걸리시 마케팅，게임머니깡，고시파식 베팅법，나노테크，노플레이션，다이어트 컨설턴트，랩어카운트，로또복권，리디노미네이션，맘 마케팅，멀티네팅，멀티딥，블록딜，빌트인 키친 시스템，서비스드오피스，세금포인트제，세다이어트，슈퍼닷컴等。

信息通信领域：시티아이，이티즌，피케이，구글하다，기가플롭스，디지털 사진관，디지털노매드족，룸시어터，리플족，립버전，모바일오피스족，모블로그，버추얼 머신，버퍼，버퍼링，버프링하다，베이퍼웨어，블로거，블로그，사이버 중독자，사이버거지，사이버표，스트리밍，스틱마우스，스팸 메시지，시큐리티 에티켓，아방고等。

医学领域：브이디티증후군，비디바바다비，오에이이，티엠아이，글리벡，라이수티컬，레이 증후군，메디컬 체크，밀리유닛，박테리오세러피，발칸 신드롬，블랙 디스크，사스，세라믹침，슈퍼전파자，스톡홀름증후군，아쿠아 치료，요칼슘等。

社会领域：사이버 설계사，상품코디네이터，새틀라이트가족，서울시파라치，셀프작명소，스노족，스데이 오피스족，스펙족，스포츠 살인，스폰 매니저，스폰남，스폰녀，스폰카페，신파라치，신팬픽 문화等。

体育领域：골뒤풀이，골프 아빠，골프가방，실버골제도，챔프전，홈런타，헬기스키，디스크도그，라스트펄롱，러너업 슬램，마운틴보드，멀티 히트，멍커턴，무빙 바스켓볼，믹스트존，보드러너，보디 보딩，보디업，볼스태프，샷클락，세레나 슬램，셔틀런，슛 온 골，슬리밍 센터，시뮬레이션 액션，시뮬레이션 피칭，아이스크림콘 캐치等。

汉语的例子有：

经济领域：纯生啤酒，磁浮，磁浮线路，反倾销，泛CBD，封闭贷款，概念店，召回制度，智能卡，转按揭等。

信息通信领域：触摸屏，带宽，等离子电视，个人数字助理，优盘，宽带电话，蓝牙，科斯普莱，烘焙机等。

医学领域：短信非典，非典文化，非典型肺炎，转基因，基因敲除，基因武器，基因芯片，基因银行，基因组等。

社会领域：肥臀族，粉领文学，粉丝，格式化泡妞，过劳死，城市热岛效应，高级灰，库索族，可吸入颗粒物等。

其他领域：大规模毁灭性武器，淡入，德比，电离层暴，非物质文化遗产，环幕电影等。

二、词义的变化

葛本仪（2001：236）在论述词义的演变时区别了词的一个意义的演变和一个词的意义的演变。这主要是词的单义和多义造成的。对于词的一个义项来说，词义的变化主要包括以下四种情况：词义的丰富和深化；词义的扩大；词义的缩小；词义的转移。而对于一个词的意义变化，主要变现为义项的增加和减少。下面我们分别从一个词的意义变化和词的一个意义的变化来分别进行考察。

（一）"一个词的意义"的变化

一个词的意义变化指的是词的义项的增加和减少，由于外来词的借用基本为单义，因此词的意义变化主要表现为义项的增加。如：

（1）巨无霸（Big Mac）：本义指汉堡包的一种，后引申用来形容超大规模的事物，增加了新的义项。

[例1] 据张女士介绍，前天晚上，她和朋友在国展中心看完车展去三元桥附近的三元大厦麦当劳分店吃麦当劳。他们要了一个巨无霸、一个鸡腿汉堡。（《京华时报》2002年6月9日）

[例2] 21世纪的企业将更专注于发展核心部分的产业，而非核心部分的边缘产业则可能被外包出去，成为其他公司的盈利核心——看上去那些小、专、深的公司的发展前景仿佛要比传统的大、广、浅的巨无霸企业更明朗一些。（《人民日报·海外版》2001年1月5日）

[例3] 150块金牌的入账虽然不像1990年北京亚运会那么疯狂，但也足以说明中国在亚洲的绝对巨无霸地位。（《人民日报》2001年10月16日）

如上面例子所示，“巨无霸”在例1中是本义，表示汉堡包的一种；而例2和例3种，“巨无霸”分别修饰“企业”和“地位”，词义也变成了“规模庞大的事物”。

（2）在线：指在网络线上，有时它也被其他行业借用，喻指某些正在进行或发生的事情。

（3）防火墙（fire wall）：本来指一种电脑安全程序，现在用于泛指安全措施。

（4）海洛因，词义扩大为泛指毒品，如出现了“电子海洛因”这个词。

（5）快餐：随着“精神快餐”等词语的出现，“快餐”的意义抽象化了。

（6）菜单（menu）：菜单原来是指餐馆、饭店里为顾客点菜用的菜品名单以及价目表，现在引申指电脑或者电视中的选择表。

（7）猫：本来指一种动物，受“modem”音译的影响，增加了新的义项，指计算机通信中的调制解调器。

（8）银行：受英语“bank”的影响，汉语中出现了“基因银行”“精子银行”这样的搭配，意思为“基因库”“精子库”。

（9）左岸：本来该词无特别含义，但受意译词影响而增加了浪漫和情调的意义。

（10）蒸发：“蒸发”原来是液体受热时转化为气体的现象。后来，它被用来比喻某个人或者某个公司突然消失，好像液体一样蒸发掉了。它是“人间蒸发”的简称。参见上文“人间蒸发”条。

（11）爆炸：在汉语中原来是单义的：“物体体积急剧膨大，使周围气压发生变化并产生巨大声响的现象”，受英语“explosion”影响，产生了“知识爆炸”“信息爆炸”“人口爆炸”等词语。于是“爆炸”一词就增加了一个义项：激增。这是外来影响词的一个例子。

（12）广场（square）：受“square”意译的的影响，指大型经营场所。如：啤酒广场、购物广场。

（二）“词的一个意义”的变化

词的一个意义的变化指的是词的某个义项的意义发生了变化，这种变化包括深化、扩大、缩小、转移。韩汉外来词在词的单个义项的变化主要是词义的扩大和转移。

1. 词义的扩大

词义的扩大词的所指范围的扩大，如：

（1）DIY：是英语 Do It Yourself 的首写字母的缩写词，意思为“自己动手做”。20世纪90年代由台湾传入大陆，一开始主要使用于电脑方面，为“攒机一族”所熟知。后来使用的范围逐渐扩大，出现了音乐 D1Y、健康 DIY，并有了 DIYer（喜欢自己动手做的人）的用法，如：

[例 1]DIYer 们的行为，直接看也许只是拆拆装装而已，而实际上恰恰在这种行为当中，体现了一种文化和精神。(《北京晚报》2000年2月3日）

（2）VIP：是英文 very important person 的首字母缩略语，最初用于涉外的旅馆、酒店等行业，主要指贵宾或一些需要特殊接待的客人，使用范围较窄。20世纪90年代后期，很多商场、超市等开始派发 VIP 卡（贵宾卡），VIP 一词的用法逐渐趋于宽泛。

[例 1]2002年12月31日，首列三节编组的磁浮列车成功实现单线 VIP 通车试运行。

[例 2] 外资银行加快了开发中国信用卡市场的步伐，纷纷推出迷你卡、女士卡、VIP 卡等名目繁多、具有独特定位和价值的信用卡产品。

（3）超市：不仅用于指传统的产品零售大型商店，还扩大了使用范围。如：

[例 1] 河南省首家集保险、公证、产权、律师和金融等多项服务于一体的金融超市，日前在安阳市开业。(《市场报》2000年3月22日）

（4）德比：它本是一个足球术语，后也可用来指同一个城市的其他球类队伍之间的比赛。如：

[例 1] 因为热火队有中国球员王治郅，因此本场比赛被称为“中国德比战”，可惜姚明和王治郅总是交替上场，没有正面交手的机会。

[例 2] 洛杉矶的同城德比战以湖人的胜利告终。凭借科比27分、9个篮板和6次助攻，湖人取得了胜利。

[例 3] 水平最高的香港德比赛马21日举行，一匹名叫幸运马主的宝驹夺得冠军，同时赢得81万美元奖金。

（5）包（package）：在“学习包”“程序包”中，“包”逐渐具有了“成系列的”“成套的”的抽象义，词的意义扩大了。

（6）眼球：原来是指人眼睛的一个主要组成部分，就是眼珠子，后来，人们用来比喻人的注意力，多在网络新闻和一些新锐媒体上出现，内容主要集中在经济、体育和娱乐方面。从“眼球经济”开始，它就获得了“注意力”的含义，甚至它比“注意力”还经常出现。

2. 词义的转移

词义的转移包括词的概念义的转移和色彩义的转移。

对词语的重新分析，是外来词产生词义转移的重要途径。重新分析是历史语言学的一个术语，指的是某一表达或某类表达发生了结构上的变化，但是这种变化并未引起表层形式任何直接或内在的变化（贝罗贝、徐丹，2009：1~10）。重新分析在语法演变中比较常见，它往往造成语法范畴的消长或新的词类、新的虚词、新的结构的出现（叶蜚声、徐通锵，2010）。重新分析的心理基础是心理上的类推机制，通过心理上的类推，对于语言的内部形式可以进行重新的认知和调整，从而在保持词语形式不变的情况下，其内部形式和内容发生改变。如：

（1）甲A：本来是指中国足球甲级联赛中的A级，现在被借用指同一年级中的快班，与慢班的甲B相比较，表示成绩有明显落差的两群人。此语以一种市民的诙谐和调侃表达了人们面对教育资源分配不合理时的无奈。

（2）草莓族：①收入高却没有储蓄的阶层；②脸上皮肤坑坑洼洼，状似草莓的人。其中第二个义项是重新分析得出来的。

[例子1] 而在这份调查报告中显示出38%的7年级草莓族最向往当服饰精品店老板，也最希望能买到完美的恋情。（天极网游戏频道2004年7月22日）

[例子2] 东方女性有80%的属于混和性肌肤，冬天时天气干燥容易产生脱皮现象，到了夏天，闷闷热热的气候更让皮脂腺分泌过于旺盛，造成容易出油的状况，若代谢不佳，毛孔也会因此变得粗大并且容易阻塞，紧接着痘痘、粉刺不断来临，脸上的坑坑洞洞，让草莓族的称谓就这么降临在你身上！（HEALTH.SOHU.COM 2004年7月16日）

（3）“面霸”“会霸”“拒无霸”：凡校内演讲会都出席旁听的，为“听霸”；凡公司招人都投简历的，为“投霸”；凡投出简历都给笔试机会的，为“笔霸”；凡参加笔试都有面试通知的，为“面霸”；整个过程屡屡被拒、机会全无的，称“巨无霸”。

外来词词义的转移也发生在词的色彩义上，如：

（1）스포츠권（sports 圈）：本来“스포츠권”并无贬义，在借入韩国语后，在和同义的汉字词“운동권”的竞争与分工中，逐渐具有了“非正式的、不入流的”的感情色彩。

（2）绿色：在汉语的传统文化语义中表示“低微，下贱，不名誉”，而受西方文化和语言的影响，于是就有了“环保、无公害、无污染、可持续发展”的文化含义。

（3）流氓：该词在“流氓兔”的搭配中逐渐消去了贬义色彩。“流氓兔”是网络时代背景下产生的一个动漫形象，它带有隐喻的色彩。其中流氓是喻体，而兔是本体，它已经失去了“流氓”的贬义色彩，产生了新的感情色彩。

三、韩汉语外来词词汇语义的异同点

由以上讨论可以看出，2001—2005年度韩汉语外来词在词汇语义方面具有以下共同点：

（1）韩汉语外来词词义借入时均以单义为主，这和外来词借用的特性有关。因为外来词的借用主要是词义的空缺所驱动的，而且往往是在具体的语言环境下实现的。在具体的语言环境下，词语呈现单义性，因此，词语的借用往往借入外语词的某一个具体义项，同时借入多个义项的情况较少见。

（2）词义的变化仅仅体现在少部分词语。这主要是由词汇借入的时间所决定的。一般来说，词义的发展需要较长时间才能产生变化并被大众所接受。词语意义的变化还需要做进一步的观察和验证。

（3）韩汉外来词中均出现了大量的专业领域词汇，特别是科技、经济类的词汇大量增加。

第五章　韩汉语外来词借用的多视角解释

结构主义语言学认为，语言是一个层级系统，由语音、词汇、语法等各个子系统构成，各子系统之间互相影响、互相制约，共同完成交际功能。作为词汇一部分的外来词也必然受到语言其他子系统的影响。语言是人们用来进行思维和交际的工具，其面貌会受到人所处的社会状况、人的心理，以及人对语言的认识等因素的影响。本章将对韩汉外来词对比中出现的共性和差异，从多个不同的视角进行观察和解释。

在对韩汉语外来词借用中的各种因素进行解释之前，我们首先总结一下韩汉语外来词的主要异同点。

第一节　韩汉语外来词的异同

总结前面对韩汉语外来词在来源、方式、形态及语义上进行的描写和对比，我们把韩汉语外来词的共性和差异列表归纳如下：

属性 项目	共性	差异	
		韩国语	汉语
外来词占新词比例	新词中的一部分为外来词	比例较高	比例较低
借用来源	主要从英语中借词		
借用方式	兼有音译、意译和借形	音译为主，意译和借形为辅	意译为主，音译和借形为辅

续表

属性 项目		共性	差异	
			韩国语	汉语
词汇形态	音节长度	长度大于一般词汇；常常缩略；	音节相对较长	音节相对较短
	构词	利用外来语素构词；词族化		
	词法	以名词为主；形态省略		
词汇语义		单义为主；专业词汇渗透		

注：表中空白处表示该项目二者差别不大

由上表可以看出，韩汉语外来词在外来词占新词比例、借用方式和音节长度上差别较大，个性多于共性；而在外来词的借用来源、构词、词法特征，以及词汇语义方面无大的差别，共性多于个性。

第二节　韩汉语外来词的多视角解释

由于对外来词产生影响和制约的因素既有语音、词汇、语法、文字等语言内部因素，也有社会文化、个体心理等语言外部因素，因此，观察和解释外来词就不能仅仅从一个角度进行，而应该从多个视角全面进行考察和分析。

从不同的视角去观察一个事物，每一个视角的观察结果会有独到之处，同时也会有自身的局限。把不同视角观察的结果综合起来，就可以给外来词现象一个更完整和全面的解释。

一、语言类型学视角

语言类型学认为，世界语言的变异并不是无限制的，语言之间呈现很多共性。语言类型学通过跨语言的比较，揭示世界语言的共性、类型和结构相似性，并从语义、语用和认知角度来解释这些共性和类型。从语言类型学的视角来看，韩汉语词汇的类型表现为以下几个方面：

（一）语言类型

根据语言的句法大致可以将世界上的语言分成两类：综合型语言和分析型语言。综合型语言主要通过词汇本身的形态变化来表达语法意义，而分析型语言主要不是通过词汇自身的变化来表达，而是通过虚词、词序等手段来完成。英语总体上属于综合型，汉语属于分析型，而韩国语在词汇类型上处于中间状态，词的形态是在进入句子后附加的，且词和词尾间的界限清晰。如下图：

英语——————韩国语——————汉语

综合型　　混合型　　分析型

语言的不同形态特点反映在词语的内部结构上，就形成不同的构词方式。综合型语言多用派生法构词，而分析型语言多用复合法构词。派生构词的特点是结构关系明确、意义清晰，复合构词的特点是意义相对不透明。

（二）文字类型

世界上的文字大致可以分为象形文字、表意文字和表音文字。象形文字通过描摹事物的外部形象的方式记录和表达事物。但象形文字不能表音、不能准确表达词语，很难表达抽象的概念，交际效率较低。表意文字是介于象形文字和表音文字之间的一个阶段，它通过象征性的图形符号，表达语言中的词或语素的意义。表音文字通常使用少量的字母记录语言中的语音。

从语言和文字的联系来看，象形文字仅仅用来表意而不表音，表意文字既表音又表意，而表音文字仅仅表音而不表意。因此，严格说来，表意文字应该被称为意音文字。

世界上的大多数语言均使用表音文字，如英语、法语、日语、韩国语等均使用表音文字；而汉语文字则是表意文字。文字类型的不同，对于外来词的借用会产生直接的影响。

（三）语言类型学对韩汉语外来词借用方式的解释

韩汉语外来词在借用方式上区别最为明显。韩国语以音译为主，其他借用方式使用较少；而汉语则以意译为主，同时兼用其他借用方式。这主要是韩汉两种语言类型不同所造成的。韩汉语外来词借用方式的差别主要是二者语音系统和文字系统的不同所导致的。

1. 语音类型的影响

韩汉语音节的表意特性的差异造成了音译和意译的差别和外来词音节数的差异。我们知道，汉语的音节一般是表义的，而英语的音节一般是不表义的。韩国语的音节则分为两种情况：一是固有词汇由于多是多音节的，音节和意义的关系不紧密，很大程度上来看是不表义的；二是受历史及文化因素的影响，在韩国语中存在着占词汇总量一半以上的汉字词。这些汉字词主要来自汉语，以及和汉语关系密切的日语。因而这部分词汇中的音节和意义的关系就和汉语和日语中的汉字词的情形一样：音节和意义关系紧密，一般来说一个音节一个意义。韩国语在借入外来词时，既可以把外语词汇的音节看成无意义的表音符号进行声音转换，也可以用表意的单音节汉字进行意译。

韩汉语的音节表义特性的差别也造成了韩国语的词汇通常较汉语词汇长。而这个特点也影响到了外来词。如第三章的外来词词汇形态部分所显示的那样，韩国语外来词音节数最多的是4音节词，而汉语则为2音节词。

2. 文字类型的影响

文字类型相同的语言之间的词汇借用倾向于采取原形借用或者语音转写的方式，如英语中从法语、北欧系语言、拉丁语、希腊语等印欧语中借词即采取这种方式。同时，汉语和日语间通过汉字进行的词汇借用也属于这种情况。

文字类型的差别往往造成借用方式上的差异。如韩国语和汉语的主要借用来源是英语、日语等语言。二者在借入日语时可以直接借用汉字，而在借入英语等字母文字的语言词汇时，韩国语和汉语不同的文字体系，造成了韩汉语在外来词借用上的不同策略和趋势。

潘文国曾经就汉语造字构词的整体观发表观点，他认为汉字数量众多，记忆不便。为了克服这个困难，汉字在长期的发展过程中发展出了以形声字为主体，以部首来统率，所有的字以类相从的办法（转引自：朱一凡，2011）。而这种造字的方法也被用来构词，即先确定一个类属名，然后添加成分进行区分。如表示属于车一类的词汇有：汽车、火车、马车、三轮车。这是一种整体性的思维方式。

汉字是表义文字，其特点为“一字一音一义”。在长期的语言使用过程中，中国人形成了这样一种语言心理，即每个字都是有意义的，对于一个词语，往往会通过字义来寻求理解整个词语意义的线索。从认知心理的角度来看，就是形成了一种完形，中国人通过这种固定的模式来理解和使用语言，从而造成了中国人普遍的“顾名思义”“望文生义”的心理（朱一凡，2011）。

汉字系统对于外来词的引进和使用有着巨大的影响。主要表现在外来词书面记录的经济性上，即汉字的选择和外来词词长的限制上。由于汉字的笔画较多，结构复杂，其识记和书写都较拼音文字等困难，因而如果外来词音节较多，音译引进的外来词也包含多个汉字，这样的外来词对于阅读和书写是一个较大的负担。因而包含多个汉字的外来词，要么进行缩略，要么引进时采取较简单的书写形式（使用笔画较少，结构简单的汉字），要么采取字母词的形式引进（主要是英语原词位字母缩略形式的），要么引进外语原词的部分片段，要么放弃音译，而采用意译和其他手段。这造成了汉语倾向于使用意译词来翻译外来词，而较少使用音译词。

而韩国语文字属于表音文字，便于用来记音。且韩国文字笔画较少，书写方便，即使词语音节较多，在书写和识记上也不会造成太多的负担。因而韩国语倾向于音译。

文字体系的不同，造成借用方式的差别。汉语的外来词借用方式以意译为主，韩国语借用外来词则是音译为主。汉语在借入外来词时能够用汉语词汇系统固有材料翻译，且翻译的词汇使用上还算便利，对于语言交际没有大的的影响，一般不会再去音译。而且较长的意译词，在长期的使用过程中，还会通过缩略等形式增强其经济性。词语在缩略过程中可能会产生新的语素。如外来语素：吧、迪、的等。而韩国语由于音节和意义间的不对应关系，会倾向于音译。

借用策略的不同是导致韩汉语外来词数量差异的主要原因。比如，同为来源于英语的词汇，韩国语和汉语就采取了不同的借用策略。举例如下：

韩国语	英语	汉语
신에너지	New energy	新能源
실링팬	ceiling fan	吊扇
시디라이터	CD writer	刻录机
스트리밍	streaming	流媒体
슬러브	slurve	曲线球
스크린 세이버	screen saver	屏幕保护程序

续表

韩国语	英语	汉语
스크립트	script	脚本
스키드 마크	skid mark	刹车痕
스킨스 게임	skins game	逐洞赛；剥皮赛
섹터펀드	sector fund	板块基金；产业基金；行业基金
서포터	supporter	支持者
스트레이너	strainer	过滤器
맘 마케팅	mon marketing	以年轻母亲为对象的市场营销
걸리시 마케팅	girlish marketing	以青春期少女为对象的营销
도그시터	dog sitter	狗保姆
그레이칼라	gray collar	灰领
콜센터	call center	呼叫中心
코드셰어	code share	代码共享
커피바	coffee bar	咖啡吧，咖啡厅，咖啡店
카레이서	car racer	赛车
캐녀닝	canyoning	溪降运动；峡谷漂流
채팅룸	chatting room	聊天室
정크 메일	junk mail	垃圾邮件
인턴제	Intern–	实习制，见习制
잔디볼링	–bowling	草地保龄球；草地滚球戏
임퍼스네이터	impersonator	模拟艺人
음성다이얼	–dial	语音拨号
유닛	unit	单元
웹보드 게임	web board game	网络棋盘游戏
히트송	hit song	主打歌

汉语只有在很难找到本族语中的对应形式，或者需要解释性的翻译，形

式冗长，或者自造词的难度很大的情况下，才会寻求音译的形式引入一个外来概念。下面是韩国语和汉语都音译的例子：

韩国语	英语	汉语
유로화	Euro-	欧元
윔블던 현상	Wimbledon-	温布尔登现象
윈도키	window key	windows 键
이카드	ecard ← electronic+card	电子卡片
자마 게임	java game	java 游戏
카드빚	card-	卡债
커피바	coffee bar	咖啡吧，咖啡厅，咖啡店
히피풍	Hippie-	嬉皮风格

当然，韩国语也有用本来有的语言材料来对应外语词的情况，一般来说，由于汉字的构词能力强，构词限制小，韩国语的新词采用汉字构词的形式成为主流。如：

外来词	外语词	汉字译词	固有译词	汉语对应词
스트레이너	strainer	여과기		过滤器
스포츠화	sports-	운동화		运动鞋
스마트유리	Smart-	가변유리		智能玻璃，可变玻璃
세이프가드	safe guard	긴급수입제한		紧急进口限制
스트라이프	stripe		줄무늬	条纹

从以上我们看出，韩国语对外来词的借用策略主要是语音转写，而汉语则主要是语义对应。这就造成了一种结果，同样作为引进的外来概念，韩国语的外来词很容易看出其外来的身份，而汉语则不容易看出来。因而这种外来词可识别度的差别就造成了在新词收集过程中对外来词身份认定的差别，这是韩国语和汉语外来词数量差别的根本原因。

（四）语言类型学对韩汉语外来词词汇形态的解释

汉韩语外来词在词汇形态上的共性与韩汉语在词汇类型上的共性特征有关。由于韩国语的词汇在进入句子之前同孤立语的汉语基本相同，不附加任何成分，无形态的孤立语和词汇独立存在时一般不附加形态的黏着语在外来词借用时，一般要进行形态消减。反之则要增加。韩国语和汉语主要向英语借用词汇，词汇借用时必然出现语法形态的省略。如：

투잡（two jobs）在借入后，去掉了表示复数的标记“s”；

파파걸（papa's girl）消去了表示所有格标记“'s”；

서비스레지덴스（serviced residences）则去掉了过去时形态标记“ed”。

汉语的词语结构以复合构词为主，但受外来语言因素，特别是借用自日本汉字词的影响，汉语也出现了综合语的部分异质因素。如出现了部分新的词缀、类词缀，派生法构词增多。如：-化，-族，-吧，超-，后-等。

韩国语在构词上兼有典型综合语和典型孤立语的特点。但由于韩国语长期受汉语和汉字词的影响，其在构词上也同时体现出分析型的特点。

从以上分析来看，韩汉语在词语的类型特点基本相同，特别是受韩国语词汇中汉字词的影响，更是如此。因此，在韩国语和汉语在外来词的构词特征上显示出很强的一致性。这就可以解释二者在外来词的内部结构、词族的产生等的共性。

二、社会语言学视角

（一）语言与社会共变

美国社会语言学家布赖特（J · B · Pride）在其《社会语言学》中，提出“语言和社会结构共变（Covariance）”的理论：“当社会生活发生渐变和激变时，作为社会现象的语言毫不犹疑的随着社会生活进展的步伐而发生变化。”陈原曾经就语言和社会的共变关系指出：“人类社会的发展经历着分化、统一的过程，社会的分化常常引起语言的分化，而社会的统一总是要求语言的统一。语言是一个变数，社会是另一个变数。两个变数互相影响、互相作用、互相制约、互相变化，这就是共变。”①

① 陈原．社会语言学．北京：商务印书馆．2000.

语言的本质属性是其社会性，语言是人们思维和社会交际的工具，对人类社会的存在和发展起着不可替代的重要作用。语言的发展和变化有其内在的规律，但作为社会交际的工具，语言的发展变化，归根结底受到社会变化和发展的推动。张会森（1996：19）指出："语言随着社会的产生而产生，随着社会的变化而变化，又随着社会的发展而发展。"

语言是社会的一面镜子，语言如实地反映着社会生活的变化和发展。陈原（2000）指出："凡是社会上出现了新的东西，不论是新制度、新体制、新措施、新思潮、新物质、新概念、新工具以及新动作，总之，这些新的东西都一定会千方百计在语言中表现出来。"[①]

（二）外来词使用中的社会因素

语言的使用是一个复杂的现象。影响外来词借用的社会因素既有宏观因素，也有微观因素，宏观因素有科技的进步、经济的发展、社会的变化、信息的传播等，微观因素则包括语言使用者个体的语言心理、文化程度、认知水平、社会地位、所属阶层、职业、性别等。

不同的社会可能对外来词的借用产生不同的影响。如"文革"中的中国社会和改革开放的中国社会由于不同的经济社会发展水平、不同的社会氛围，以及个体语言使用者的不同的认知和社会心理的影响，外来词的面貌也有很大不同。

不同的社会人群在外来词的使用上有不同的偏好。教育水平较高、英语水平较好的大学生倾向于更多地使用外来词，以标新立异和彰显自身的个性和地位。而教育水平不高、未接受过英语教育的人则倾向于少使用外来词。

语言态度也对外来词产生着重要影响，其往往与特定的文化和价值相联系。语言态度对外来词借用的影响突出体现在对于字母词的态度上。要不要接受字母词其实是一种文化态度，而无关文字的优劣和民族的主体地位。事实证明，字母词在汉语中有着顽强生命力。尽管有固有词、意译词的内部竞争，同时还有语言规范的外部压力，字母词依然有着顽强的生命力。如：AA制，T恤，U型弯，T型台，S弯。

① 陈原．社会语言学．上海：学林出版社．1983.

（三）外来词的演变与社会选择

语言与社会环境关系密切。正如大自然的选择是生物进化的根本动力一样，社会的选择是语言演化发展的外部生态环境和根本动力。所谓“词竞众择，适者生存”。这种语言的社会选择学说被称为语言进化论。

物种的功能就是生存，而语言适应于社会环境所产生的功能则是交际，语言丧失了交际功能，也就会被社会所淘汰。因此，语言为了适应不断变化的社会环境，为了更好满足其交际的功能，也在不断进化。同时，语言并非机械地适应和反映社会，这是由于语言作为人类的本质特征之一，是人类认识世界的工具。因而语言是能动地适应和反映社会的。

在语言进化论的关照下，我们可以对语言结构、功能和使用有一个全新的认识。从微观上来看，社会是人的集合，语言进化的微观机制正在于语言使用者的选择。正是选择的力量造成语言的变异和规范。

（1）语言选择的主要表现形式就是使用频率、使用范围、使用时间。使用频率高、使用范围广、使用时间长的语言形式成为主流形式和基本形式。

（2）对新形式的追求和选择成为新词语和新的表达方式产生的主要动力。

（3）对外来文化和语言的选择成为外来语言形式借入的原动力。有人把外来词被借用和融入本族语的过程分为“接触”“接纳”“接续”三个阶段①，在包括三个阶段的整个同化过程中，选择的作用体现在各个方面。

（4）语言文化心理造成的选择是语言选择倾向性的来源。

（5）所谓的语言的自我调整机制，也正是为了满足交际的需要，广大的语言使用者对语言要素主动选择的结果。

在外来词的借用上，语言的社会选择体现在社会大众对外来词使用的选择上。虽然社会是由一个个的语言使用者组成，但从总体上来说，外来词的使用由于大多数人的选择呈现一种基本的趋势。

如在字母词的使用上，之所以韩汉语外来词中都出现了大量的字母词，是因为字母词满足了社会大众的交际需求，是人们主动选择的结果。在韩国语和汉语言学界，尽管有要求限制字母词使用的声音，但韩国语和汉语外来词的最终面貌，却是大众选择的结果。

① 方欣欣．语言接触三段两合论 [M]．武汉：华中师范大学出版社．2008.

又如从20世纪90年代初开始，韩国国立国语院针对泛滥的外来词推出了部分“纯化词”，通过国家语言机关向新闻媒体和公众推荐使用。但据我们对其中部分纯化词使用情况的调查显示，这种做法并未得到大众的认可。下表是出现于2001—2005年度的部分纯化词和对应音译词的使用频率对比情况[①]。

外语词	音译		纯化词		汉语释义
contents	콘텐츠	733966	꾸림정보	81	内容
emoticon	이모티콘	7449	그림말	73	表情符号表情图示
navigation	내비게이션	72963	길도우미	6174	导航
quick service	퀵서비스	11423	늘찬배달	28	快递快速服务
all in	올인	76794	다걸기	5103	（赌博中）全压上
ubiquitous	유비쿼터스	57134	두루누리	733	无所不在
drive	드라이브	127493	몰아가기	1917	驱动
color ring	컬러링	8969	멋울림	22	彩铃
mission	미션	176475	중요임무	500	使命
post–it	포스트잇	4550	붙임쪽지	96	便利贴；便签纸
span mail	스팸 메일	15728	쓰레기편지	2533	垃圾邮件
fighting	파이팅 / 화이팅	93317/ 37160	아자	6708	加油
screen door	스크린 도어	8006	안전문	445	安全门
condom	콘돔	9209	애필	68	安全套
hybird	하이브리드	121481	어우름	184	混合
roaming	로밍	23374	어울통신	290	漫游
slow food	슬로푸드	3614	여유식	35	（相对于快餐）慢餐
vanque assurance	방카슈랑스	23233	은행연계보험	67	银行促销的保险

① 表中的数字为在数据库中的出现频率。搜索数据库：www.naver.com 中的新闻数据库，搜索时间2013年4月9日）。

续表

外语词	音译		纯化词		汉语释义
moving walk	무빙워크	1619	자동길	28	自动扶梯
well-being	웰빙	147115	참살이	6264	绿色生活
clean center	클린 센터	1184	청백리마당	84	廉洁中心
commentator	코멘테이터	157	해설자	16326	评论员解说员
netizen	네티즌	910700	누리꾼	329314	网民
blog	블로그	298819	누리사랑방	81	博客

由上表可以看出，除了极少数的词，如“해설자”“누리꾼”之外，大部分的的纯化词使用频率远远低于音译词。

（四）社会语言学对韩汉外来词借用来源的解释

韩汉语外来词在借用来源上均以英语为主，比重达到了90%，来自其他语言的外来词合计不到10%，这主要是韩汉两种语言所处的时代背景和社会状况等社会因素的影响所致。

“语言与社会的共变”理论告诉我们，语言的变化总是与一定的社会形态和时代特征相联系，对于语言中最活跃的要素——词汇中的外来词现象，也应和具体的社会和时代相联系，才能给予合理解释。

总体上说来，社会和时代因素，是造成外来词整体面貌的决定性动因。对于韩国而言，韩美同盟的形成、历届韩国政府的亲美政策，再加上驻韩美军的长期驻扎等，使得韩国社会对美国等西方社会的认同感大幅上升，形成了容纳外来文化和语言的宽松的社会氛围。而中国于1978年实行改革开放后，热情拥抱和接纳世界先进文化，吸纳一切先进的文明成果。文化心态的开放，使得以语言为媒介的文化接触和交流频繁进行，这是韩国语和汉语借用外来词的共同的社会基础。

同时，随着冷战的结束，世界经济一体化、全球化、信息革命迅猛发展，人类进入了一个新的发展时期。美国成为全球唯一的超级大国，在政治、经济、文化、科技、军事上对全球发挥着巨大而深远的影响力。在这种背景下，英语成为最强势的语言，成了事实上的世界语言。处在这样的全球化和信息化时代，韩国和中国在语言上的主要表现就是词汇中的英语来源外来词数量的大量增加。

可以说，正是两国社会的开放氛围和美国作为世界超级大国的时代因素共同促成了韩国语和汉语中英源外来词的“一超”地位。

（五）社会语言学对韩汉语外来词单义性的解释

外来词的单义性，主要受社会因素的影响。因为外来词的产生，源于语言中存在的语义缺项，并在具体的交际环境中根据人们的需要借用而来的。首先，外来词是基于人们交际的需要，如果本语言存在某种概念，则不必从外部语言中借入。其次，在具体的语言环境中，词语的意义往往是确定和唯一的，体现为词语的一个义项。因此借用发生时，往往只借用具体语境中的某个义项，而不必把该词语的所有义项全部借用进来。外来词中的多义词，一般是通过多次借用，或者是在本语言的使用过程中产生。社会因素在外来词借用中的普遍性，是造成韩汉外来词基本呈现单义的深层原因。

（六）社会语言学对韩汉语外来词中专业词汇的解释

基于语言与社会的共变关系，社会在引起语言变动的同时，语言也在反应社会生活的变化。特定领域中外来词的数量折射了一个民族在该领域的社会生活的状况。比如韩国人喜爱棒球运动，韩国语中有部分来自棒球运动的外来词如“업슈트（upshoot）”“슬러브 slurve 曲线球”等，这和棒球在韩国人的生活中占有重要地位有关。

韩国语和汉语中都有大量的关于网络和信息技术的词汇，这也和进入20世纪90年代以来互联网和信息技术的发展息息相关。作为在以信息技术为代表的新的科技革命中后发的中国和韩国，在接受新事物的过程中，不可避免要借用相关领域的词汇。

特定的外来词还可以反映经济社会发展的水平。比如“커피타임”一词，其概念来自英语的“coffee time”，也可以说“Coffee Break”，中文的意思是“咖啡时间”，即每个工作日的上午9：30左右和下午3点左右，均有15分钟的喝咖啡时间。这是西方管理者独具匠心的管理方式，是其企业文化中人文关怀的一部分。韩国在引入这一企业文化的同时，自然而然就借入了这个词汇。

从语言和社会的关系来看，韩汉语外来词中出现大量的专业词汇，特别是经济、科技等专业术语的大量涌现，从一个侧面说明了人们的生活越来越专业化，经济和科技对人们的生活产生越来越大的影响力。

三、心理学视角

心理学在语言上表现为语言认知心理和语言社会心理。语言认知心理主要与人的认知活动有关，具有完型特征。语言社会心理主要指社会因素决定的语言使用心理。语言认知心理往往内化于个体的心理活动；而语言社会心理则更多地受到社会环境的影响。

（一）认知心理

语言中的认知心理主要是心理的类推机制。在长期的语言使用过程中，语言的自身特征使得语言使用者在语言的认知上存在着固定的模式，即“完型”。语言使用者把某种语言形式当作原型，通过类推认知和创造新的语言形式，这就是语言中的类推机制。

类推机制的典型表现就是词语中仿拟词的的产生，类推机制构成仿拟构词的心理基础。仿拟构词在已有词语结构的基础上，通过更换部分语素，从而实现了语言上的创新，这满足了人们求稳和求新的心理需求。一方面人们可以以已有的语言结构为基础，较能获得他人的认同；同时也满足了人们追求语言风格和独立个性的愿望，实现了心理安全和个性风格的张力平衡（张小平，2008）。

（二）社会心理

概括说来，语言中的社会心理包括求新、求雅、求趣、求尊严、求个性等心理。语言使用者的个体心理也影响了其在外来词上的态度。

外来词在使用过程还有凸显某种身份或者地位的功能，从而使得人们在交际过程中倾向于多使用或者少使用外来词。这反映了一定时期内社会对于外来词所代表的外来事物的态度，使用得多表明人们对于外来事物是认同和欣赏的，使用得少则表明人们对此不那么认同。从个体的交际过程来看，如果一个人刻意使用或者不使用外来词，则表明了他个人的态度。

1. 求新、求雅、求趣

人的心理特质之一就是喜新厌旧，总是喜欢标新立异，不落俗套，这是人创造的源泉和动力。语言使用者会倾向于使用新鲜的外来词来代替毫无新意的固有词表达。如：用“拜拜”而不用“再见”。用字母词来代替冗长的汉语翻译等。

2. 求尊严和个性心理

雷福德（Radford）认为，语言使用者从其他语言中借用词语的原因有两个，其中最为明显的原因应该是纯粹的需要（sheer neccessity），其次是威望（prestige）（Andrew Radford, et al, 1999：225）。麦克马洪（McMahon）也认为，借用词语最常见也最明显的原因是“纯粹的需要”，其次才是社会的原因，外来词的借用取决于对“威望”的认识（April M. S. McMahon，1994：201）。

人们通过选择具有“威望”的语言，从而满足自身被尊重的需要。如：移民到美国的人往往会选择使用英语而不是保持自己的母语，这很大程度是移民融入当地社会、获得尊重的心理需要。

人们还通过使用具有鲜明特色语言以彰显个性。如青少年通过使用流行的“网络语言”来获得某种身份认同，表现自身与众不同的特质。

（三）心理学对韩汉语外来词借用的解释

韩汉外来词中的一个突出现象就是仿拟构词和词族的产生。从上面的论述中可以看出，两种语言都会利用已有的语素，通过心理的类推机制来创制新词，而且部分语素形成的词由于契合了社会的需要，往往会变得能产性很强。通过仿拟构词形成的词往往构成一个词族。如：

甲A——假A

红客——纽约客

的哥——的姐，踏哥，蹬士

智商——情商，性商，睡商

电脑酒吧——水果酒吧

酒吧——网吧，街吧，餐吧，茶吧，话吧

白领——蓝领，金领，粉领，灰领，银领

水上的士——摩托的士、面包的士

韩汉两种语言中英源外来词的大量出现，和英语是国际强势语言，具有“威望”有关。也缘于语言使用者通过英语来源的外来词使用，满足自己追其自尊和彰显个性的心理需求。

同时，我们还要看到，人的语言心理是一个复杂的过程，在实际的语言使用过程中，可能掺杂着各种考量，渗透着多种心理。

四、经济性原则视角

追求经济的心理导致人类行为中的经济性原则。人作为社会性动物，其行为是符合经济性原则，即最小的投入获得最大的产出。用于语言交际行为，即用最小的语言交际成本，获得最大的语言交际效果。

语言中的经济性原则可以用心理上的可及性原理来揭示。可及性是一个来自认知心理学的概念，是指“一个人在说话时，从大脑记忆系统中提取一个语言或者记忆单位的便捷或难易程度，因而又可称为便取度”（贾晴，2009）。可及性越高，语言单位的提取越容易，意味着需要耗费的心理成本越低；反之，可及性越低，语言单位的提取越困难，需要耗费的心理成本越高。

（一）经济性原则对韩汉语外来词借用方式选择的解释

经济性原则在外来词上表现为：外来词的借用和使用通常遵循成本最低原则。

一般来说，在外来词借用可资采用的手段中，用本民族语言创造新词的“意译”难度是最高的，原样照搬的“借形”难度最低，其余借音、半借音等难度居中。严复曾有“一名之立，旬月踟蹰”的名言，这是感叹翻译之难。借用的难度越高，在借用过程中所要花费的“资源”也越多，因而成本也越高。

意译词因为要用本民族的语言材料，按照固有的构词规则创造新词，其内部形式是透明的、可推导的，因而在借用成本高的同时，其识记却很容易；而借形词虽然借用成本低，但由于词汇的内部形式不透明，很难通过词素推导词语的意义，在记忆和唤起上需要耗费较多心理资源，识记和使用难度很大。也就是说，词语的借用成本越高，其使用成本反而可能越低；词语借用的成本越低，其使用成本可能越高。

对于一个词语，韩国语只是简单地进行语音转写，借用的成本很低。韩国语中这类外来词的内部结构是不透明的，其理据性来自外语，不能通过构成词语的语素推导出来，或者提供理解词义的线索。这对于一个外语水平不高的人来说，要识记和运用这个外来词，其难度增加了，也就是说，词汇的使用成本增加了。

相对于韩国语，汉语在借入概念的时候，会倾向于用本民族的语言材料创造一个新词来指代外语词所表示的概念。如果很难造出这样的词汇，不得不进行语音转写的时候，也会尽可能选用与外语词的意义相关或者相近的字（语素），以提供通过词语的材料和结构理解词语含义的线索。比如："hacker"，韩国语和汉语在借入的时候，就采取了不同的策略。汉语翻译成"黑客"，让汉语使用者知道这个词表示对的一类人，而且做的事情不大"光明地道"，借助于汉字和汉字之间结合关系的帮助，我们就能很轻松地识记这个外来词了。而韩国语把"hacker"音译为"해커"，我们就很难从词语本身了解该词语的含义，从而增加了识记和在记忆中唤起的难度。

外来词的借用成本和使用成本呈现相反的趋势，体现了外来词在借用和使用中的相互制约和平衡，外来词的面貌是由这两种因素综合促成的。

（二）经济性原则对韩汉语外来缩略词和字母词的解释

经济性原则还造成了外来词的缩略。如韩国语中的外来词由于音节数较多，不符合经济原则，因而往往会进行缩略。韩国语中外来词的缩略现象要多于汉语。

맨지니어	mangineer ← magic+engineer	魔术工程师
로또팰리스	lottopalace ← lotto+towerpalace	乐透城堡
리플렉터폰	reflectorporn ← reflector+pomogngrphy	反射裸体照
마켓테인먼트	Markettainment ← Market+entertainment	购物娱乐
맨지니어	mangineer ← magic+engineer	魔术工程师
디파텔	dipatel ← digital+apartel	数字化公寓
라이수티컬	riceutical ← rice+pharmaceutical	大米制药
노스텔지어	northtalgia ← north+nostalgia	北方乡愁
가비네이터	govinator ← governer+Terminator	州长终结者
디지툰	digitoon ← digital+cartoon	数字动画，数字卡通

而韩汉语外来词中都存在着为数不少的字母词，字母词的使用则是符合经济性原则的。因为人们都希望以较少的语言表达较为丰富的意义，从信息

论的角度就是要用最少的编码来传递尽可能多的信息。而字母词则符合信息论的最优化编码规则，用最少的字母组合表达往往要多个词语才能表达的丰富的内涵。

以上我们分别从语言类型学视角、社会语言学视角、心理学视角和经济性原则视角分别探讨了影响和制约外来词借用的语言内外部因素，并对韩汉语外来词的共性和差异给出了解释。其中，语言类型学关注的是语言的内部要素与外来词借用的关系；社会语言学、心理学和经济视角则从语言外部观察影响和制约外来词借用的各种因素。

需要指出的是，这些观察外来词的不同角度并非孤立和毫无联系的，而是相互补充的。由于外来词现象的复杂性，单靠一种理论很难完全解释外来词借用中的所有问题，不同的观察角度为我们把握外来词的借用现象提供了尽可能全面和完整的参考。

结　语

外来词的借用是语言中普遍存在的现象，世界上的绝大多数语言中都存在着外来词的借用。同时，外来词的借用也是一个复杂的语言、社会、文化和心理现象，从总体来看，是各种因素综合作用的结果。因此，研究外来词现象，探讨外来词的借用规律就不能仅仅就一种语言、局限在语言内部进行研究，而应该通过跨语言的对比进行多视角的考察和研究，这样得出的结论才更可靠和具有更普遍的意义，才能在更大程度和范围上解释外来词的借用现象。本书以韩国语和汉语中的外来词为对象，选取了2001—2005共五个年度的外来词，通过考证分别建立了韩汉语2001—2005年度外来词词表，并进行分析和标注。在此基础上，从借用来源、借用形式、词汇形态和词汇语义等多个方面，描写和对比了2001—2005年韩国语和汉语外来词在借用上所具有的共同特点和主要差异，并分别从语言类型学、社会语言学、心理学和经济等视角对韩汉语外来词借用中的影响和制约因素进行了解释。本书的主要内容总结如下：

1. 外来词的概念

为了从理论的高度界定外来词的性质，我们分别从语言视角——词语的理据性和文化视角——后殖民主义两个方面对外来词进行了重新审视。

从词语的理据性出发更有利于我们认清外来词的性质。外来词的产生首先基于填补语义空缺的需要，语义空缺必然造成概念的借用。至于概念的借用采取何种形式进行，不同的语言和文化所采取的方式和策略可能大不相同，这要受到多种语言和非语言因素的影响和制约。

从词语的理据性来看，外来词是理据在外语词的词语。这种理据性可以表现在词语的形式上，如词语的语音和词形；也可表现在词的内容上，如词语的意义，只要是理据在外语词的词语都可以认为是外来词。根据词语的理据性，我们认为，音译外来词的理据在于外语词的语音和语义；意译外来词的理据在于外语词的语义；借形外来词的理据在于外语词的词形。

我们还从文化上的后殖民主义视角分析了造成外来词界定上诸多争论和分歧的根源。我们认识到，在外来词的概念界定和判断标准的把握上，不同的观点和认知更多的是基于一种文化上的价值判断，而非客观的学理和逻辑上的推衍。因而，不同的文化和价值观、对语言和文化关系的不同认知和立场，对于界定外来词的性质和类型起着举足轻重的作用。

由于不同的文化取向和价值观在外来词界定中的影响，我们认为外来词的界定依据研究目的和对象的不同，可以采取不同的标准：宽式标准和严式标准。宽式标准着眼于外来词所体现的文化接触和交流，认为只要发生了借用，不管是词语的语音、语义，还是词形，都应看作是外来词。严式标准则着重外来词的借用对民族语言带来的影响和冲击，从民族语言主体性的视角，强调外来词借用中的形式标记和特征。

本书中对外来词的界定坚持宽式标准，这和本书的研究对象的特点和特定的研究目的有关。本书的研究目的在于通过韩汉两种语言中一定时期内外来词的对比研究，考察不同语言在外来词借用上有哪些共性和个性，并解释造成这些共性和个性的语言内部和外部因素。由于韩国语和汉语在外来词借用上的不同倾向性，导致韩国语中的外来词借用主要体现为音译词，而汉语则主要体现为意译词。如果坚持外来词界定的严式标准，则研究对象很难反映汉语对外来文化借用的全貌，从而使得研究结论的可靠性降低。

本书中对外来词的界定为：词语的语音、语义或者词形理据性在外语词，经过一定程度同化的、在本语言中普遍使用的词语。基于该定义，本书中外来词的外延涵盖如下几种类型：

（1）音译转写词，如德比、舍宾、粉丝等。

（2）借形词（包括数字词、字母词、外来汉字词），如9 · 11、IT、职场等。

（3）意译词（包括完全意译词和仿译词），如街舞、解码、带宽、灰领等。

（4）包含有外来语素的词语，如奥校、K 歌，U 形台、波波族等。

2. 语料的考证与整理

不管是韩国语还是汉语，市面上均没有出版专门的2000年以后的外来词词典，因此作为本书的研究基础，首先是要建立2001—2005年度韩汉语外来词词表。

词表中的外来词来自韩国语和汉语公开出版的新词词典。韩国语的外来词均选自韩国国立国语院出版发行的2001—2005年新词集；汉语外来词则主要选自宋子然版的《新词新语年编（2001—2002）》以及《新词新语年编（2003—2005）》。同时为了弥补多年编词典在收词方面的疏漏，参考了邹嘉彦、游汝杰编纂的《21世纪华语新词语词典》和亢世勇、刘海润编的《新词语大词典》。

依据书中对外来词的界定标准，同时利用相关数据库对外来词的出现时间进行验证，本书建立的韩汉外来词词表的规模分别为韩国语1361条，汉语578条。

3. 韩汉语外来词的共性和个性

本书的第三、第四章通过韩汉语外来词在借用来源、借用方式、词汇形态和词汇语义的描写和对比，对于韩汉语外来词的共性和个性总结如下。

韩汉语外来词的共性：

（1）在借用的来源上均以英语为主。

（2）韩汉语外来词的音节数较一般词语多；存在一定的词族化倾向；外来词基本为名词，在向有形态语言借用外来词时，要进行形态省略。

（3）借用以单义为主，词义的变化不明显。

韩汉语外来词在以下方面存在着明显的差别：

（1）外来词的数量和在新词中的比重不同，韩国语中外来词更多，外来词占新词的比重更大。

（2）在外来词的借用方式上，韩国语倾向于音译，汉语倾向于意译。

（3）韩国语外来词的音节数要多于汉语外来词。

4. 对于韩汉语外来词借用差异性的解释

本书认为：（1）导致外来词数量差异的一个重要原因就是不同语言在外来词借用上的成本差异。语言类型的差异造成了不同语言在外来词借用上的不同倾向性。

（2）音译词在韩汉两种语言中的差别主要是韩国语和汉语的音节和意义的对应关系不同造成的。韩国语由于音节和意义不是一一对应的，因而和英语等外来词源词的音节存在同构性；而汉语的音节则往往和意义结合紧密，所谓的“一字一音一义”，造成汉语和作为主要外来词来源上的英语的音节的不对应。

（3）意译词在汉语中的大量存在，可以有两种解释：一是汉语语音和文字系统的制约，造成了汉语使用者“望文生义”的语言心理；二是从主要借用来源看，汉语主要从英语中借用意译词，这些从英语借用的意译词多数是以仿译词的形式存在。仿译词的存在佐证了汉英两种语言词汇结构的共通性。

（4）字母词在韩国语和汉语中均大量存在，而且使用越来越广泛，有其语言、社会和心理的基础。首先从语言上来看，中韩两国语言生活中字母的存在是字母词的物质基础；其次，年轻人甚至一般人崇尚英语、开放务实的文化心态造成了字母词的大量使用；同时，字母词所具有的词形简单、高度浓缩的词语特点也符合语言经济性的要求。

（5）在外来词的借用和使用过程中，经济性原则均起作用。在外来词的借用过程中，由于语言和文字类型的不同，词语借用和使用成本也不同。原形借用和语音转写成本最低，而意译词的成本最高。但在使用过程中，意译词成本最低，而借形词成本最高，音译词其次。借用和使用的成本呈现反向相关关系。外来词的面貌是借用成本和使用成本综合平衡的结果。

5. 本书的特色及不足

本书具有以下特色：

（1）本书系统考察了20世纪90年代以来的韩国语和汉语新词搜集和整理情况，建立了2001—2005年韩国语和汉语外来词词表。

（2）相对于以往韩汉外来词对比研究中定性为主的研究路径，本书重视从定量的角度，通过大量的统计和图表，力图为定性的结论提供清晰和可靠的数据支撑。

（3）本书在外来词的界定中，尝试从词汇的理据性和文化上的后殖民主义的视角重新审视外来词，并给出了本书对外来词的定义。

由于学识及研究范围的限制，本书还存在着不足与缺憾。一是对比范围还不够。要探讨外来词的借用规律，最好是进行多语种的对比研究，限于所学和资料，本书只能通过韩汉语外来词的对比来管中窥豹，对比还不够全面，结论的代表性还不够强。二是对比内容还不够全面。本书偏重于韩汉外来词共时层面的对比，而历时的对比部分限于篇幅和资料未能深入进行。另外，本书的结论还存在可补充和完善的地方，这需要以后对比更多的语种，搜集更大范围的外来词语料来进行对比研究。

参考文献

著作类

[1]Andrew Radford et al.Linguistics：An introduction[M]. Cambridge University Press.1999.

[2]April M. S. McMahon.Understanding language change[M]. Cmabridge University Press.1994.

[3]Carl James.contrastive analysis[M]. 青岛：青岛出版社 .2005.

[4]Sylviane Granger，Jacues Lerot，Stephanie Pttch-syson.corpus-based approaches to contrastive linguistics and translation studies[M]. 北京：外语教学与研究出版社 .2007.

[5] 贝罗贝，徐丹 . 汉语历史语法与类型学 [A]. 中国社会科学院语言研究所《历史语言学研究》编辑部 . 历史语言学研究（第二辑）［ C ］. 北京：商务印书馆 .2009.

[6] 曹聪孙 . 汉语外来词的结构变化取向 [A]. 词汇学新研究 [C]. 北京：语文出版社 .1995.

[7] 曹日昌 . 普通心理学，上册 [M]. 北京：人民教育出版社 .1964.

[8] 曹炜 . 现代汉语词汇研究 [M]. 北京：北京大学出版社 .2003.

[9] 曹炜 . 现代汉语词义学 [M]. 上海：学林出版社 .2001.

[10] 岑麒祥 . 汉语外来语词典 [M]. 北京：商务印书馆 .1990.

[11] 常柳 . 社会语言学视角的俄语外来词研究 [M]. 南京师范大学 硕士本

书 .2008.

[12] 陈光磊 . 汉语词法论 [M]. 上海：学林出版社 .1994.

[13] 陈光磊 . 改革开放中汉语词汇的发展 [M]. 上海：上海人民出版社 .2008.

[14] 陈建民 . 普通话对港台词语的取舍问题 [A]. 词汇学新研究北京：语文出版社 .1995.

[15] 陈原 . 社会语言学 [M]. 北京：商务印书馆 .2000.

[16] 词汇学理论与应用编委会 . 词汇学理论与应用（三）[M]. 北京：商务印书馆 .2006.

[17] 词汇学新研究编辑组 . 词汇学新研究 [M]. 北京：语文出版社 .1995.

[18] 方欣欣 . 语言接触问题的三段两合论 [D]. 华中师范大学 博士本书 .2004.

[19] 方欣欣 . 语言接触三段两合论 [M]. 武汉：华中师范大学出版社 .2008.

[20] 冯志伟 . 现代术语学引论（增订本）[M]. 北京：商务印书馆 .2011.

[21] 俘颖 .《现代汉语词典》中的外来词研究 [D]. 华中师范大学 硕士本书 .2006.

[22] 符淮青 . 现代汉语词汇 [M]. 北京：北京大学出版社 .1985.

[23] 符淮青 . 词义的分析和描写 [M]. 北京：外语教学与研究出版社 .2006.

[24] 高名凯，刘正琰 . 现代汉语外来词词典 [M]. 上海：上海辞书出版社 .1984.

[25] 高名凯，刘正琰 . 现代汉语外来词研究 [M]. 北京：文字改革出版社 .1958.

[26] 葛本仪 . 汉语词汇论 [M]. 济南：山东大学出版社 .1997.

[27] 葛本仪 . 汉语词汇研究 [M]. 济南：山东教育出版社 .1985.

[28] 葛本仪 . 现代汉语词汇学 [M]. 济南：山东人民出版社 .2001.

[29] 顾江萍 . 汉语中日语借词研究 [D]. 厦门大学 博士本书 .2007.

[30] 顾亦瑾，吴国华 . 语言与文化 [M]. 郑州：河南人民出版社 .1991.

[31] 郭伏良 . 新中国成立以来汉语词汇发展变化研究 [M]. 保定：河北大学出版社 .2001.

[32] 韩品夫 . 新词语的性质和范围 [A]. 词汇学新研究 [C]. 北京：语文出

版社 .1995.

[33] 韩淑红 . 基于《现代汉语词典》的英源外来词研究 [D]. 鲁东大学 硕士学位本书 .2008.

[34] 何善芬 . 英汉语言对比研究 [M]. 上海：上海外语教育出版社 .2007.

[35] 侯敏，周荐 .2007 汉语新词语 [M]. 北京：商务印书馆 .2008.

[36] 侯敏，周荐 .2008 汉语新词语 [M]. 北京：商务印书馆 .2009.

[37] 胡双宝 . 汉语 · 汉字 · 汉文化 [M]. 北京：北京大学出版社 .1998.

[38] 胡晓清 . 外来语 [M]. 北京：新华出版社 .1998.

[39] 胡兆云 . 语言接触与英汉借词研究 . 济南：山东大学出版社 .2001.

[40] 黄勇 . 英汉语言文化比较［M］. 西安：西北工业大学出版社 .2007.

[41] 贾晴 . 基于数据库的韩汉对话语篇指称研究 . 华东师范大学 博士本书 .2009.

[42] 解海江，章黎平 . 汉语词汇比较研究 [M]. 北京：中国社会科学出版社 .2008.

[43] 金其斌 . 英汉语新词研究与翻译 [M]. 武汉：武汉大学出版社 .2012.

[44] 亢世勇 . 现代汉语新词语计量研究与应用 [M]. 北京：中国社会科学出版社 .2008.

[45] 李伯纯 .《现代汉语词典》科技条目编写和标准外来语问题 [A]. 吕叔湘、胡绳,《现代汉语词典》学术讨论会本书集 [C]. 北京：商务印书馆 .1996.

[46] 李谷城 . 中国大陆改革开放新词语 [M]. 香港：中文大学出版社 .2006.

[47] 李彦洁 . 现代汉语外来词发展研究 [M]. 山东大学 博士本书 .2006.

[48] 李艳，施春宏 . 外来词语义的汉语化机制及相关问题 [A]. 第五届全国语言文字应用学术讨论会本书集 [C]. 北京：教育部语言文字应用研究所 .2007.

[49] 梁盟 .《现代汉语词典》中的外来词研究 [D]. 辽宁师范大学 硕士本书 .2006.

[50] 林从刚 . 韩国语词汇学 [M]. 哈尔滨：黑龙江人民出版社 .1998.

[51] 林从纲 . 新编韩国语词汇学 [M]. 北京：北京大学出版社 .2006.

[52] 林伦伦，朱永揩，顾向欣 . 现代汉语新词语词典（1978—2000）［M］. 广州：花城出版社 .2000.

[53] 林志伟，何爱英 . 现代汉语新词语词典 [M]. 北京：商务印书馆 .2005.

[54] 刘吉艳 . 汉语新词群研究 [M]. 上海：学林出版社 .2010.

[55] 刘宓庆 . 汉英对比研究与翻译 [M]. 南昌：江西教育出版社 .1991.

[56] 刘叔新 . 汉语描写词汇学 [M]. 北京：商务印书馆 .2005.

[57] 刘一玲 .1993 汉语新词语 [M]. 北京：北京语言学院出版社 .1994.

[58] 刘一玲 .1994 汉语新词语 [M]. 北京：北京语言学院出版社 .1996.

[59] 刘中富 . 关于《现代汉语词典》收释外来词的几个问题 [A]. 李如龙，词汇学理论与实践 [C]. 北京：商务印书馆 .2001.

[60] 罗常培 . 语言与文化 [M]. 北京：北京出版社 .2004.

[61] 吕冀平，戴昭明 . 语言规范问题琐议 [A]. 汉语论丛 [C]. 上海：华东师大出版社 .1990.

[62] 吕叔湘 . 通过对比研究研究语法 [A]. 杨自检，英汉对比研究本书集 [C]. 上海：上海教育出版社 .1990.

[63] 马西尼著，黄河清译 . 现代汉语词汇的形成——十九世纪汉语外来词研究 [M]. 上海：汉语大词典出版社 .1997.

[64] 潘文国，谭慧敏 . 对比语言学：历史与哲学思考 [M]. 上海：上海教育出版社 .2006.

[65] 潘文国，叶步青，韩洋 . 汉语的构词法研究 [M]. 上海：华东师范大学出版社 .2004.

[66] 曲伟、韩明安 . 当代汉语新词词典 [M]. 北京：中国大百科全书出版社 .2004.

[67] 萨丕尔著，陆卓元译 . 语言论 [M]. 北京：商务印书馆 .1985.

[68] 申小龙 . 汉语与中国文化 [M]. 上海：复旦大学出版社 .2008.

[69] 沈孟瓔 . 再谈汉语新的词缀化倾向 [A]. 词汇学新研究 [C]. 北京：语文出版社 .1995.

[70] 沈仪琳 . 韩文汉译实用技巧 [M]. 北京：社会科学文献出版社 .2006.

[71] 实用百科全书编委会 . 实用百科全书 [M]. 北京：开明出版社 .1993.

[72] 史有为 . 汉语外来词 [M]. 北京：商务印书馆 .2000.

[73] 史有为 . 异文化的使者——外来词 [M]. 吉林：吉林教育出版社 .2003.

[74] 宋书杰 . 现代俄汉语外来词同化现象对比研究 [D]. 解放军外国语学

院 硕士本书 .2003.

[75] 宋子然 . 汉语新词新语年编（1995—1996）[M]. 成都：四川人民出版社 .1997.

[76] 宋子然 . 汉语新词新语年编（1997—2000）[M]. 成都：四川人民出版社 .2002.

[77] 宋子然 . 汉语新词新语年编（2001—2002）[M]. 成都：四川人民出版社 .2004.

[78] 宋子然 . 汉语新词新语年编（2003—2005）[M]. 成都：巴蜀书社 .2006.

[79] 宋子然，杨小平 . 汉语新词新语年编：2009-2010[M]. 成都：巴蜀书社 .2011.

[80] 孙会军 . 普遍与差异 [M]. 上海：上海译文出版社 .2005.

[81] 汤志祥 . 当代汉语词语的共时状况及其嬗变 [M]. 上海：复旦大学出版社 .2001.

[82] 陶炼 . 形式描写与功能阐释 [M]. 徐州：中国矿业大学出版社 .2008.

[83] 万红 . 当代汉语的社会语言学观照 [M]. 天津：南开大学出版社 .2007.

[84] 王福祥，吴汉樱 . 现代语言学及其分支学科 [M]. 北京：外语教学与研究出版社 .2007.

[85] 王均熙 . 当代汉语新词词典 [M]. 汉语大词典出版社 .2003.

[86] 王均熙 . 汉语新词词典：2005-2010[M]. 上海：学林出版社 .2011.

[87] 王均熙 . 新世纪汉语新词词典 [M]. 上海：汉语大词典出版社 .2006.

[88] 王小捷，常宝宝 . 自然语言处理技术基础 . 北京：北京邮电大学出版社 .2002.

[89] 王远新 . 语言学理论和语言学方法论 [M]. 北京：教育科学出版社 .2006.

[90] 温端政 . 汉语语汇学 [M]. 北京：商务印书馆 .2006.

[91] 吴礼权 . 词汇学理论与应用 [M]. 北京：商务印书馆 .2006.

[92] 吴未未 . 基于认知语言学视角的日语外来语研究 [M]. 北京：光明日报出版社 .2010.

[93] 夏征农 . 大辞海 [M]. 上海：上海辞书出版社 .2003.

[94] 夏中华 . 中国当代流行语全览 [M]. 上海：学林出版社 .2007.

[95] 修刚 . 外来词汇对中国语言文化的影响 [M]. 天津：天津人民出版社 .2011.

[96] 许威汉 . 二十世纪的汉语词汇学 [M]. 太原：书海出版社 .2000.

[97] 许余龙 . 对比语言学 [M]. 上海：上海外语教育出版社 .2002.

[98] 杨丰宁 . 英汉语言比较与翻译 [M]. 天津：天津大学出版社 .2006.

[99] 杨惠中 . 语料库语言学导论 [M]. 上海：上海外语教育出版社 .2002.

[100] 杨锡彭 . 汉语外来词研究 [M]. 上海：上海人民出版社 .2007.

[101] 叶蜚声，徐通锵著，王洪君，李娟修订 . 语言学纲要（修订版）[M]. 北京：北京大学出版社 .2010.

[102] 游汝杰 . 汉语的文化透视——汉语与中国文化 [M]. 沈阳：沈阳出版社 .1997.

[103] 于根元 .1991 汉语新词语 [M]. 北京：北京语言学院出版社 .1992.

[104] 于根元 .1992 汉语新词语 [M]. 北京：北京语言学院出版社 .1993.

[105] 张会森 . 九十年代俄语的变化与发展 [M]. 北京：商务印书馆 .1999.

[106] 张小平 . 当代汉语词汇发展变化研究 [M]. 济南：齐鲁书社 .2008.

[107] 张志毅，张庆云 . 词汇语义学 [M]. 北京：商务印书馆 .2005.

[108] 张志毅，张庆云 . 词汇语义学与词典编纂 [M]. 北京：外语教学与研究出版社 .2007.

[109] 中国社会科学院语言研究所词典编辑室《现代汉语词典》第 5 版 [M]. 北京：商务印书馆 .2005.

[110] 中国社会科学院语言研究所词典编辑室《现代汉语词典》第 6 版 [M]. 北京：商务印书馆 .2012.

[111] 钟吉娅 . 汉语外源词——基于语料库的研究 [D]. 华东师范大学 博士本书 .2003.

[112] 周红红 .A Sociolinguistics Study on Chineses Loanwords[M]. 北京：北京交通大学出版社 .2009.

[113] 周红红 . 从功能的视角考察外来词的生存规律 [D]. 北京师范大学 博士本书 .2007.

[114] 周荐 .2006 汉语新词语 [M]. 北京：商务印书馆 .2007.

[115] 周荐 . 汉语词汇结构论 [M]. 上海：上海辞书出版社 .2004.

[116] 周荐.二十世纪现代汉语词汇论著指要[M].北京：商务印书馆.2004.

[117] 邹嘉彦，游汝杰.21世纪华语新词语词典[M].上海：复旦大学出版社.2007.

[118] 강성애.한중외래어대조연구[D].부산외국어대학교 석사논문.2007.

[119] 강신항.현대국어 어휘사용의 양상[M].서울: 태학사.1991.

[120] 국립국어연구원.새국어생활 1998 제8권제2호 여름[M].서울: 국립국어연구원.1998.

[121] 김문창.외래어연구[A].인하대 논문집11[C].인하대 인문과학연구소.1985.

[122] 김미라.영어 외래어 연구[D].단국대학교 석사논문.2003.

[123] 김미성.현대 한어 신조어 연구[D].조선대학교 석사논문.2004.

[124] 김민수.국어정책론[M].서울：탑출판사.1984.

[125] 남기심.2001년 신어[M].서울: 국립국어연구원.2001/12.

[126] 남기심.2002년 신어[M].서울: 국립국어연구원.2002/12.

[127] 남기심.2003년 신어[M].서울: 국립국어연구원.2003/12.

[128] 남기심.2004년 신어[M].서울: 국립국어원.2004/12.

[129] 남기심.2005년 신어[M].서울: 국립국어원.2005/12.

[130] 배양서.한국어외래어사전[M].미상，자비출판.1970.

[131] 심재기.1994년 신어[M].서울：국립국어연구원.1994/12.

[132] 심재기.1995년 신어[M].서울국립국어연구원.1995/12.

[133] 심재기.2000년 신어[M].서울국립국어연구원.2000/12.

[134] 심태갑.중국어 음역 외래어 연구[D].경기대학교 석사논문.2003.

[135] 여준기.한일 양국의 외래어 사용에 관한 연구[D].경상대학 석사논문.2006.

[136] 원경희.영어 외래어의 음운 형태 의미변화에 대한 연구[D].금오공과대학교 석사논문.2006.

[137] 이익섭.사회언어학[M].서울：민음사.1994.

[138] 장흥권.일반사회언어학[M].심양: 료녕민족출판사.2000.

[139] 황조원.한일 외래어 비교 연구[M].한남대학교 석사논문.2004.

本书类

[1]E.Haugen，杜书武译 .Linguistics and language planning［J］. 国外语言学 .1984. 第3期 .

[2] 陈建民 . 改革开放以来中国大陆的词汇变异［J］. 语言文字应用 .1996年 . 第11期 .

[3] 陈榴 . 汉语外来语与汉民族文化心理［J］. 辽宁师范大学学报 .1990. 第5期 .

[4] 程工 . 论构词规则的有限能产性［J］. 解放军外国语学院学报 .2004年 . 第3期 .

[5] 戴静 . 关于外来词字母化［J］. 贵阳师专学报 .2001. 第3期 .

[6] 戴昭明 . 规范语言学和研究刍议［J］. 语文建设 .1989. 第3期 .

[7] 戴昭明 . 规范化——对语言变化的评价和抉择［J］. 语文建设 .1986. 第6期 .

[8] 董秀梅 . 关于改革开放以来汉语吸收外来词的思考［J］. 聊城师范学院学报 .2001. 第1期 .

[9] 高燕 . 外来词与汉民族语言心理［J］. 松辽学刊 .2001. 第2期 .

[10] 耿二岭 . 外来词的语义平面［J］. 天津大学学报 .2001. 第4期 .

[11] 韩敬体 .《现代汉语词典》修订工作概述［J］. 辞书研究 .1997年 . 第1期 .

[12] 胡宝华 . 现代汉语英源外来词的译借［J］. 重庆工学院学报 .2009年 . 第9期 .

[13] 黄河清 . 汉语外来词研究中的若干问题［J］. 词库建设通信（香港）.1995. 第7期 .

[14] 梁学薇 . 韩国语汉字词的双音化现象［J］. 解放军外国语学院学报 .2002年 . 第1期 .

[15] 卢卓群 .“望文生义”的语言心理和汉语音译外来词［J］. 语言教学与研究 .1998. 第4期 .

[16] 史有为 . 外来词：两种语言文化的融合［J］. 汉语学习 .1991. 第6期 .

[17] 史有为 .“外来语”和“外来概念词”“外来影响词”之回应［J］. 香港：

词库建设通信 .1996/6. 总第8期 .

[18] 体颖 . 议“现代汉语词典”中外来词的翻译方式［J］. 术语标准化与信息技术 .2009. 第2期 .

[19] 王宝红 . 汉语外来语音意兼译方式及其文化心理探讨［J］. 西藏民族学院学报 .2001.3月刊 .

[20] 王铁琨 . 汉语新外来语的文化心理透视［J］. 汉语学习 .1993. 第1期 .

[21] 魏慧萍 . 汉语外来词素初探［J］. 汉语学习 .2002. 第1期 .

[22] 伍铁平 . 论比较和语言接触学——为《汉语学习》创刊十周年而作［J］. 汉语学习 .1990年 . 第5期 .

[23] 伍玉蝉 . 浅谈新词语中外来词的特点［J］. 广西政法管理干部学院学报 .2001.3月刊 .

[24] 许余龙 . 对比功能分析的研究方法及其应用［J］. 外语与外语教学 .2005. 第11期 .

[25] 张会森 . 苏联解体后的俄语Ⅱ［J］. 中国俄语教学（季刊）.1996. 第1期（总第70期）.

[26] 张会森 . 苏联解体后的俄语Ⅲ［J］. 中国俄语教学（季刊）.1996. 第4期（总第71期）.

[27] 张铁文 . 字母词探源［J］. 词库建设通信（香港）.2007. 总第88期 .

[28] 张志毅，张庆云 . 新时期新词语的趋势与选择［J］. 语文建设 .1997. 第3期 .

[29] 赵霞 . 现代日语外来词吸收方式的变化及其原因［J］. 湖北大学成人教育学院 .2006. 第6期 .

[30] 郑燕萍，曹炜 . 外来词义的移植［J］：现代汉语非派生式新义探源——兼谈《现代汉语词典》在词的比喻义收释中存在的不足［J］. 扬州大学学报（人文社会科学版）.2007. 第4期 .

[31] 郑竹群 . 词竞人择 适者生存［J］. 外国语言文学 .2006. 第4期 .

[32] 朱一凡 . 汉语对外来借词同化的机制和动因［J］. 西安外国语大学学报 .2011年 . 第19卷第1期 .

[33] 朱永谐，林伦伦 . 二十年来现代汉语新词语的特点及其产生渠道［J］. 语言文字应用 .1999. 第2期 .

[34] 강신항 . 근대화 이후의 외래어 유입 양상 [J] . 국어생활 .1983.2.

[35] 김 원 . 외래어 차용의 유형과 원인 [J] . 독일어문학 .2003.23.

[36] 김세종 . 외래어 표기의 문제점 [J] . 신문연구 통권 .1997. 제64호 .

[37] 김세중 . 외래어의 개념과 변천사 [J] . 새국어생활 .1998.8 (2) .

[38] 손경옥 . 현대중국어의 외래어연구 [J] . 고대중국어문연구회 .2002.

[39] 송철의 . 외래어의 개념과 변천사 [J] . 새국어생활 .1998. 제8권2호 .

[40] 이광호 . 외래어 요소가 포함한 단어 형성 연구 [J] . 관악어문연구 .1997.

[41] 이승명 . 외래어 수용 양태에 대한 어휘 의미론적 연구 [J] . 수련어 논문집 .1982. 제9집 .

[42] 이정자 . 한국어와 중국어 외래어 차용에서 본 문화적 차이 [J] . 한중인문과학연구회 .2004.

[43] 정호성 . "표준국어대사전" 수록 정보의 통계적 분석 [J] . 한힌샘 주시경 연구 .2000.10 (1) .

附　录

附录 1　2001—2005 年度韩国语外来词表[①]

外来词	源词	来源语种	解释	来源词典
가비네이터	govinator← governer+ Terminator		州长终结者，指施瓦辛格	2003 年新词
가상체험폰	假想體驗 phone		虚拟仿真手机	2005 年新词
가위슛	-shoot		剪刀式射门	2004 年新词
가제트족	gadget 族		饰品族	2002 年新词
간선 급행 버스	幹線急行 bus		干线直达大巴	2004 年新词
간선 버스	幹線 bus		干线大巴	2004 年新词
개그운서	gaguncer←gagman+ announcer		娱乐主持人	2001 年新词
갤러리 직장인	gallery 職場人		无责任意识员工	2001 年新词
갤러리촌	gallery 村		画廊村，绘画村	2002 年新词
갭이어	gap year		空档年（源自英国，指学生离开学校一段时间，经历一些学习以外的事情）	2004 年新词

① 由于韩国语中的外来词90% 以上为英语来源外来词，在附录1中凡是未注明来源的外来词，均为英语来源外来词。

续表

外来词	源词	来源语种	解释	来源词典
건실맨	健實 man		坚定实在男	2003 年新词
건테크	건강 +technology		健康小窍门	2005 年新词
걸리시 마케팅	girlish marketing		以青春期少女为对象的营销	2003 年新词
걸잡지	girl 雜志		以 10 多岁女孩为对象的杂志	2003 年新词
게임론	game 論		游戏论	2004 年新词
게임머니깡	game money わりかん	일본어	游戏币套现	2005 年新词
게임폰	game phone		游戏手机	2003 年新词
겜광	←game 狂		游戏迷	2003 年新词
겜소모	game 消耗		游戏消费	2001 年新词
경품맨	景品 man		赠品男	2003 年新词
고래버거	←-+hamburger		鲸鱼肉汉堡	2005 年新词
고시파식 베팅법	高試派式 betting 法		考试赌博法	2005 年新词
고층빌딩족	高層 building 族		住在高层一族	2005 年新词
고카페인	高 caffein		高咖啡因含量	2004 年新词
골뒤풀이	goal-		= 골세리머니 goal ceremony，进球庆祝	2003 年新词
골드깡	gold わりかん	일본어	黄金套现	2002 年新词
골드칼라	golden collar		金领	2001 年新词
골드키위	gold kiwi		金色猕猴桃	2002 年新词
골반팬티	骨盤 panties		包臀内裤	2004 年新词
골프 아빠	golf-		高尔夫爸爸	2003 年新词
골프가방	golf-		高尔夫挎包	2001 年新词
골프위도	golf widow		高尔夫寡妇	2002 年新词
골프폰	golf phone		高尔夫手机	2005 年新词
공기캔	空氣 can		新鲜空气罐	2004 年新词

续表

外来词	源词	来源语种	解释	来源词典
공포학번	空 four 學番		04 级	2002 年新词
과파라치	← 課外 +paparazzi		举报非法补习	2003 年新词
관광조깅	-jogging		跑步观光	2005 年新词
광스토리지	光 storage		光存储	2002 年新词
교육 정보 시스템	教育情報 system		教育信息系统	2003 年新词
구골	googol		10 的 100 次方	2003 年新词
구골플렉스	googolplex		古戈尔普勒克斯（后面带 10 的 100 次方个零的数目）	2004 年新词
구구데이	九九 day		9 月 9 日	2003 年新词
구글하다	google-		通过因特网进行检索	2003 年新词
구부바지	九 bu[分]-	일본어	九分裤	2001 年新词
구석기폰	舊石器 phone		古董手机	2004 年新词
구이데이	九二 day		9 月 2 日	2003 年新词
구일일 테러	911terror		911 恐怖袭击	2002 年新词
국제족	cosmocrats		国际人	2002 年新词
국회타임	國會 time		国会时间（讽国会议员没有时间观念）	2004 年新词
궁녀센스	宫女 sense		宫女时尚（杂志名称）	2004 年新词
귀차니스트	← 귀찮다 +nist		怕麻烦者	2003 年新词
귀차니즘	← 귀찮다 +ism		怕麻烦主义	2003 年新词
그라운드 골프	ground golf		地面高尔夫	2004 年新词
그레이칼라	gray collar		灰领	2004 年新词
그린 주차제	green 駐車制		绿地停车制	2005 年新词
그린존	green zone		안전지대，安全地带；绿色地带	2004 年新词

续表

外来词	源词	来源语种	解释	来源词典
그림말	← emoticon		이모티콘（emoticon）的纯化词，表情符号；表情图示	2004 年新词
그물 마킹	-marking		（博彩中）撒网式投注	2005 年新词
글로리맵	glory map		立体展示板	2001 年新词
글로머레이션	glomeration←global+conglomeration		全球化集聚	2004 年新词
글로비시티	golbesity←global+obesity		全球性肥胖	2004 年新词
글리벡	Glivec		基利克；甲磺酸伊马替尼	2001 年新词
금깡	金わりかん	일본어	黄金套现	2003 年新词
금테크	金 tech		黄金投资	2003 年新词
급성 호흡기 증후군	←SARS←severe acute respiratory syndrome		사스（SARS）的意译，非典	2003 年新词
기가플롭스	gigaflops		吉浮点	2001 年新词
기절 게임	氣絶 game		窒息游戏	2001 年新词
기펜족	Giffen 族		吉芬族	2003 年新词
길도우미	←navigation		navigation 的纯化词，导航	2004 年新词
김치가스	- ガス	일본어	泡菜烤肉	2002 年新词
김치우드	← 김치 +hollywood		泡菜坞，仿好莱坞造词，指韩国电影界	2004 年新词
김치치즈가스		일본어	泡菜烤肉	2002 年新词
깅엄팬츠	gingham pants		条纹裤	2001 年新词
깔때기 홀	깔때기 -hole		漏斗形球洞	2005 年新词
깡통 아파트	- apartment		铁罐公寓，指负资产公寓	2004 年新词
껌치기	←-gum-		以口香糖为手段进行偷窃	2005 年新词
꾸림정보	←contents		콘텐츠（contents）的纯化词，内容	2004 年新词

续表

外来词	源词	来源语种	解释	来源词典
나노테크	nano tech←nano technology		纳米技术	2003 年新词
나노팹	←nano+fabrication		纳米工艺，纳米制造	2002 年新词
나이스	NIES←National Education Information System		国家教育信息系统	2003 年新词
나이톨로지	←night+ology		关于夜晚的学问	2004 年新词
나이트 댄스	night dance		在夜店跳的舞	2003 年新词
나이트쿠스	nightcus		夜猫子	2003 年新词
나이트쿠스족	nightcus 族		夜猫子一族	2003 年新词
나포	NAPO←no action plan only		只计划不行动	2004 年新词
나홀로 티켓	-ticket		单独票	2003 年新词
난코스	難 course		艰难线路	2001 年新词
남한 드림	-dream		韩国梦	2002 年新词
내비게이션	navigation		＝길도우미，导航	2004 年新词
냉트럭	冷 truck		冷藏卡车	2005 年新词
넘버값	number-		分值	2001 年新词
네이스	NIES←National Education Information System		国家教育信息系统	2003 年新词
네일숍	nail shop		美甲店	2001 年新词
네카시즘	netizen+McCarthyism		网络麦卡锡主义	2005 年新词
네타티즘	← 네 탓 +-ism		都是你的错主义	2003 年新词
네팅 제너레이션	netting generation		网络一代	2002 年新词
네파라치	netizen+paparazzi	이탈리아어	网民打假	2002 年新词
넥소블리안	nexoblian←next+noblian		下一代贵族	2003 年新词

续表

外来词	源词	来源语种	解释	来源词典
넷키즈	network+kids		网络打假	2002 年新词
넷파이	network+spy		网络间谍	2002 年新词
넷포터	netporter←netizen+reporter		网民记者	2004 年新词
노노스	nonos←No Logo，No Design		无商标、无标识	2004 年新词
노노스족	nonos 族 ←No Logo，No Design		Nono 族，指的是绝不使用带有明显商标的物品或任何人一眼就能看出牌子的商品的一类人	2004 年新词
노매드족	nomad 族		数码潮人	2003 年新词
노블레스 노매드	noblesse nomad	프랑스어	数码贵族	2003 年新词
노블리안 레저족	noblian leisure 族		休闲工作族	2003 年新词
노스텔지어	northtalgia←north+nostalgia		北方乡愁	2003 年新词
노타이용	←no tie 용		用于不系领带的	2001 年新词
노테크	老 tech		老年智慧	2003 年新词
노파라치	노래방 +paparazzi	이탈리아어	歌厅打假	2002 年新词
노플레이션	noflation		无通胀	2004 年新词
노피아	← 盧 +Mafia	이탈리아어	指卢武铉亲信	2004 年新词
녹차카페족	녹차 café 族	프랑스어	泡绿茶吧一族	2005 年新词
누드닭	nude-		赤裸鸡	2002 年新词
누리꾼	←ntizen		网民	2004 年新词
누벅	nubuck		牛皮鞋面	2001 年新词
누브라	nubra←nude+brassiere		无肩带文胸	2004 年新词
누애그라	-+viagra		以蚕为原料制作的男性助性药	2001 年新词
뉴텔러리즘	new terrorism		新恐怖主义	2001 年新词

续表

外来词	源词	来源语种	解释	来源词典
늘찬배달	←quick service		퀵서비스（quick service）的纯化词，快速服务；快递	2004 年新词
능력맨	能力 man		能力男	2002 年新词
니트	NEET←Not in education，Employment or Training		啃老	2004 年新词
니트족	NEET←Not in education，Employment or Training 族		啃老族	2004 年新词
닛폰필	にほん［日本］+feel	일본어	日本范儿	2003 年新词
다걸기	←all in		올인（all in）的纯化词，（赌博中）全压上	2004 年新词
다운시프트족	downshift 族		降档族	2004 年新词
다이닝바	dining bar		餐饮吧	2001 年新词
다이버	diver		跳水者	2001 年新词
다이아몬드주	diamond 酒		钻石炸弹酒	2003 年新词
다이어트 컨설턴트	diet consultant		= 체형관리사，体型管理师 减肥顾问	2003 年新词
다이어트 프로그래머	diet programmer		= 체형관리사，体型管理师；减肥顾问	2003 年新词
다이어트폰	diet phone		减肥手机	2004 年新词
다중커플	-couple		多重情侣	2005 年新词
다큐테인먼트	docutainment←documentary+entertainment		纪实娱乐	2003 年新词
다톡스법	detox←detoxification 法		体内排毒法	2004 年新词
담파라치	← 담배 +paparazzi	이탈리어	香烟打假	2002 年新词
당뇨폰	糖尿 phone		可测量糖尿病的手机	2004 年新词

续表

外来词	源词	来源语种	解释	来源词典
대기벨트	-belt		为防止大气污染限制开发的区域	2005 年新词
대파라치	← 대선 +paparazzi	이탈리아어	大选打假	2002 年新词
대포폰	大砲 phone		以别人名义开通的移动电话	2003 年新词
대표팀	代表 team		代表团	2001 年新词
대학 쇼핑 현상	大學 shopping 現象		大學购物現象	2001 年新词
댄커스	dance-ciucus		杂技舞蹈	2002 年新词
더블 라이프	double life		双重生活	2004 年新词
더블라이프족	double life 族		双重生活一族	2004 年新词
더블엘족	double L（leports+luxury）族		双 L 族	2002 年新词
더블유 세대	world 世代		世界杯一代	2002 年新词
더비 매치	derby match		德比赛，德比战	2003 年新词
더피족	duppie 族		临时工一族	2003 年新词
덕트	duct		输送管，导管	2002 年新词
덤핑기름	dumping-		油料尾货	2001 年新词
덧글시트콤	- sitcom		跟帖连载故事	2004 年新词
데비곡	debut 曲	프랑스어	出道歌曲	2001 年新词
데스 코디네이터	death coordinator		余生规划	2005 年新词
덱사스	Texas		= 사창가 / 사창굴，红灯区的俗称	2001 年新词
델리오네르	Dellionaire←Dell+millionaire		戴尔式百万富翁	2003 年新词
도그시터	dog sitter		狗保姆	2003 年新词
도끼 피칭	--pitching		（棒球中）斜劈式投球	2005 年新词
도미노주	domino 酒		多米诺酒	2002 年新词

续表

外来词	源词	来源语种	解释	来源词典
도심 호텔 휴양족	-hotel		城市旅馆休养族	2005 年新词
동북공정	东北工程	중국어	东北工程	2004 年新词
된장메달	- medal		大酱金牌	2004 年新词
두루누리	←ubiquitous		유비쿼터스 ubiquitous 的纯化词，无所不在	2004 年新词
듀크족	DEWK←Dual Employed With Kids 族		双职工家庭	2002 年新词
드라이브	drive		驱动，驱使	2004 年新词
드라이브감	drive 感		操控感	2004 年新词
드라이브인족	drive in 族		车内生活族	2001 年新词
드라툰	dratoon←drama+cartoon		动画连续剧	2004 年新词
드레스카페	drees café	프랑스어	提供服装以供摄影的场所	2005 年新词
드로어즈	drawers		内裤	2002 年新词
드립페인팅	drip painting		滴画，滴墨画	2002 年新词
디렉터스컷	direcror's cut		导演剪辑版	2001 年新词
디브이디오디오	DVD audio		DVD 音乐	2003 年新词
디스크도그	disc dog		飞盘狗	2004 年新词
디아르	DR←Depository receipt		= 예탁증권，存托凭证	2001 年新词
디엠비	DMB←digital multimedia broadcasting		数字多媒体广播	2004 年新词
디자인하다	design		设计（动）	2001 年新词
디젠더리즘	degenderism		非性主义	2004 年新词
디지털 도둑	digital -		数字达人	2003 年新词
디지털 사진관	digital 寫眞館		数字照相馆	2002 年新词
디지털 영화방	digital 映畫房		数字影院	2002 年新词
디지털 치매	digital 치매		电脑白痴	2004 年新词

续表

外来词	源词	来源语种	解释	来源词典
디지털 코쿤족	digital cocoon 族		数码宅一族	2005 年新词
디지털 키드	digital kid		数字儿童	2004 年新词
디지털노매드족	digital nomad 족		数字游骑兵族	2003 年新词
디지털스쿨족	digital school 族		网校族	2004 年新词
디지툰	digitoon←digital+cartoon		数字动画，数字卡通	2003 年新词
디찍병	digital camera+ 찍 + 병		数码照相癖	2003 年新词
디카	←digital camera		数码相机	2003 年新词
디카족	←digital+camera 族		数码相机一族	2002 年新词
디카짱	←digital camera-		常用数码相机照相的人	2004 年新词
디캠	digital camcoder		数码摄像机	2003 年新词
디톡스	detox←detoxification		体内排毒	2003 年新词
디파텔	dipatel←digital+apartel		数字化公寓	2003 年新词
딘스족	DINS←double income no sex 族		双薪无性夫妻	2003 年新词
딩펫족	DINK pet 族 Double Income No Kids+pet 族		丁克宠物族	2001 年新词
땅테크	-tech		通过买卖土地牟利的人	2004 年新词
땅팅	← 땅 +meeting		地下聚会	2004 年新词
땅파라치	← 땅 +paparazzi	이탈리아어	土地违法举报	2003 年新词
떡버거	-hamburger		打糕汉堡	2002 年新词
떡샌드위치	-sandwich		打糕三明治	2002 年新词
뚜벅이투어	-tour		市区旅行	2001 年新词
라나다라송	- song		韩语字母歌	2004 年新词
라메니스트	ラーメニスト（Ramen+ist）	일본어	拉面族	2003 年新词
라미네이트	laminate		薄片制品；层压制件	2001 年新词

续表

外来词	源词	来源语种	解释	来源词典
라섹	LASEK←LASer Ephitehlial Keratomileusis		准分子激光上皮下角膜磨镶术	2002 年新词
라스트펄롱	last furlong		最后的福隆	2004 年新词
라이브리그	live league		联赛直播	2004 年新词
라이수티컬	riceutical←rice+pharmaceutical		大米制药	2003 年新词
라이스캔디	rice candy		糯米糖	2005 年新词
라이팅폰	linghting phone		有手电功能的手机	2004 年新词
라이프 스타일 의약품	life style 醫藥品		提高生活品质的药品	2001 年新词
래핑	wraping		捆绑减肥法	2001 年新词
래핑 버스	wrapping bus		广告公交车	2002 年新词
랜드로버풍	landlover 풍		Landlover 风格	2001 年新词
램프광	lamp 狂		台灯收藏者	2001 年新词
랩어카운트	wrap account		托管账户	2001 年新词
랭귀지 디바이드	language divide		语言分化	2003 年新词
러너업 슬램	runner-up slam		大满贯	2004 年新词
러치투어족	lunch tour 族		午餐观光族	2001 年新词
런치투어	lunch tour		利用午餐时间观光	2001 年新词
런티켓	runtiquette		跑步时应遵守的礼仪	2001 年新词
레드 세대	Red 世代		红色一代，世界杯一代	2002 年新词
레드 플레어	red flare		（飞机的）红色尾烟	2002 年新词
레이 증후군	Reye 症候群		雷氏症候群	2003 年新词
레이디라이크룩	ladylike look		淑女范儿	2003 年新词
레이싱룩	racing look		赛车范儿	2003 年新词
레이어드식	layered 式		分层式	2001 年新词
레일바이크	rail bike		铁轨自行车	2004 年新词

续表

外来词	源词	来源语种	解释	来源词典
레저용	leisure 用		休闲用	2001 年新词
레즈	Reds		红魔	2002 年新词
레캉스	←leisure+vacnace	프랑스어	休闲	2002 年新词
레토르트밥	retort-		无菌包装食品	2002 年新词
레트로스포티브룩	retro sportive look		复古运动装束	2004 年新词
레티놀	retinol		维生素 A 醇	2001 年新词
레플리카	replica		复制品；复制物	2003 年新词
렉티비즘	←lack+activism		母亲哺乳运动	2005 年新词
렌즈 플레어	lens flare		镜头光晕；透镜光晕；镜头光斑；眩光	2002 年新词
렙업	lever up		= 레벨업，升级	2003 年新词
로고 포스트	logo poster		商标海报	2004 年新词
로또	lotto	이탈리아어	乐透	2003 年新词
로또공화국	lotto 共和國	이탈리아어	乐透共和国，指韩国	2003 年新词
로또복권	lotto 福券	이탈리아어	乐透，彩票	2003 年新词
로또팰리스	lottopalace←lotto+towerpalace	이탈리아어	乐透城堡	2003 年新词
로라이즈진	low rise jiean		低腰牛仔裤	2004 年新词
로밍폰	roaming phone		漫游电话	2002 年新词
로티즌	lotizen←lotto+netizen		网络彩民	2003 年新词
로틴범죄	low teen 犯罪		低龄犯罪	2001 年新词
로퍼	loafer		皮便鞋，懒人鞋	2001 年新词
롤리건	←rolig+hooligan	덴마크어	丹麦文明球迷	2002 年新词
롱디커플	←long distance couple		两地分居情侣	2005 年新词
루미셔츠	roomy shirts		宽松衬衫	2001 年新词

续表

外来词	源词	来源语种	解释	来源词典
룰리건	←rule+hooligan		文明球迷	2002 年新词
룸시어터	room theater		家庭影院	2002 年新词
류브	LUV←Luxury Utility Vehicle		豪华休旅车	2001 年新词
류브	LUV←Luxury Utility Vehicle		豪华休旅车	2003 年新词
리권	rhythm+ 跆拳		韵律跆拳道	2003 年新词
리드	lead		冰间水道	2003 年新词
리디노미네이션	redenomination		重定货币单位	2004 年新词
리마 증후군	lima 症候群		利马综合征	2003 年新词
리모델링 컨설턴트	remodeling consultant		房屋改造顾问	2001 年新词
리버스블점퍼	reversible jumper		两面穿的衣服	2001 年新词
리본형	ribbon 형 /ribbon 型		条形，带状	2001 年新词
리어럴리즘	liberalism		= 자유주의，自由主义	2001 年新词
리조트	risotto	이탈리아어	意大利调味饭	2001 年新词
리치레이디룩	rich lady look		贵妇相	2003 年新词
리클라이너	recliner		活动躺椅，安乐椅	2002 年新词
리포매틱	lipomatic		一种抽脂手术器具	2001 年新词
리프브 상품	←refurbished 商品		翻新商品	2001 年新词
리플렉터폰	reflectorporn←reflector +pomogngrphy		反射裸体照	2003 年新词
리플릿	leaflet		宣传册	2003 年新词
리플족	reply 族		回帖族	2002 年新词
리필족	refill 族		添汤族，回碗族	2005 年新词
립버전	rip version		精简版	2002 年新词
마드라스 체크	Madras check		马德拉斯条子细布	2001 年新词

续表

外来词	源词	来源语种	解释	来源词典
마스컨 키	master controller key		主控钥匙	2003 年新词
마우스포테이토족	mouse potato 族		鼠标薯条族	2001 年新词
마운틴보드	mountain board		滑板	2003 年新词
마이너스 이 교시	minus 이교시		负 2 课时	2004 年新词
마이너스 일 교시	minus 일교시		负 1 课时	2004 年新词
마일리지	mileage		里程数，英里数	2001 年新词
마켓테인먼트	markettainment←market entertainment		购物娱乐	2003 年新词
마켓포폼	market perform		시장수익률，市场收益率	2002 年新词
맘 마케팅	mon marketing		以年轻母亲为对象的市场营销	2003 年新词
맞춤버스	-- 버 bus		高峰增开公交车	2004 年新词
맛캉스	-vacance	프랑스어	美食旅行，品尝美食之旅	2004 年新词
매니	manny←man+nanny		男保姆	2003 年新词
매스클루시비티	massclusivity←mass+exclusivity		精英消费	2004 年新词
매스티지	masstige←mass+prestige		大众品牌	2004 年新词
매스티지족	masstige←mass+prestige 族		大众品牌一族	2004 年新词
매지션	magician		= 마술사，魔术师	2003 年新词
맥가이버주의	macgyver 主義		和平主义	2004 年新词
맥월드	Mcworld←McDonald+world		麦当劳世界；麦世界；麦克世界	2003 年新词
맥잡	Mcjob←McDonald+job		麦当劳工作；普通乏味而又低薪的工作	2003 年新词
맨지니어	mangineer←magic+engineer		魔术工程师	2003 年新词

续表

外来词	源词	来源语种	解释	来源词典
머스	murse←man+nurse		男护士	2003 年新词
머추리어리즘	maturialism		成熟主义	2004 年新词
머피아	←mother+mafia	이탈리아어	黑手妈，喻指为孩子倾尽心血的妈妈	2004 年新词
멀티 히트	multi hit		（棒球中）多次安打	2004 年新词
멀티네팅	multi netting		多边净额	2002 年新词
멀티딥	multi-dip		经济长期低谷	2003 年新词
멀티메이션	multimation←multilalyerd animation		多层动画	2003 年新词
멀티잡	multi-jop		兼职	2003 年新词
멀티족	multi 族		兼职族	2003 年新词
멀티즌	multizen←multimedia citizen		多媒体用户	2001 年新词
멋울림	color ring		= 컬러링（color ring），彩铃	2004 年新词
멍커턴	monkey turn		飞艇急转弯	2003 年新词
메가베스트셀러	mega+best seller		最畅销书	2004 年新词
메디컬 체크	medical check		= 검진，医学检查；医疗检查	2001 年新词
메링게	meringue	에스파니아어	调合蛋白（蛋白拌糖打硬后置于饼或蛋糕上）	2001 年新词
메모판용	memo 板用		用于记事板	2001 年新词
메신저 세대	messenger 世代		信使一代	2002 年新词
메카트로닉스	mechatronics		机电一体化；机械电子学	2004 年新词
메타 내셔널	meta national		超越国籍的	2002 年新词
메타내셔널 기업	meta national 企業		= 다국적기업，跨国企业	2002 年新词
메탈 포토	metal photo		铜板照片	2002 年新词
메테오르	meteor	독일어	一种密码破解程序	2001 年新词

续表

外来词	源词	来源语种	解释	来源词典
메트로섹슈얼	metrosexual		男性阴柔美	2003 年新词
메틸화	methyl 化		甲基化	2001 年新词
명사 강연 매니저	-- manager		主办名人演讲的人	2004 年新词
명품깡	名品わりかん	일본어	利用名牌套现	2002 年新词
모던 식플 밥	modern simple pop		古典流行	2003 年新词
모맹	←mobile 盲		手机盲	2005 年新词
모모스	momos		보보스的仿造词，崇尚负债和假名牌的人	2003 年新词
모바일 게임	mobile game		手机游戏	2002 年新词
모바일오피스족	mobile office 族		移动办公族	2002 年新词
모블로그	moblog		手机微博	2003 年新词
모압탄	MOAB←mother of all bombs		炸弹之母	2003 年新词
모잉	moeng←mobile einglish		手机英语	2003 年新词
모잉족	moeng←mobile einglish 族		手机学英语一族	2003 年新词
모자이크족	mosaic 族		马赛克族，指渴望与人沟通交流一族	2005 年新词
모즈룩	mods←moderns look		现代范儿	2003 年新词
모터츠라이얼	motor←motocycle trail		摩托障碍赛	2003 年新词
모티즌	motizen←mobile+netizen		无线网民	2001 年新词
모티켓	motiquette←mobile+etiquette	프랑스어	使用手机的礼仪	2004 年新词
목소리벨	-bell		语音铃声	2002 年新词
목청맨	-man		大声加油男	2005 年新词
몰카족	← 몰래 +camera 族		偷拍族	2003 年新词

续表

外来词	源词	来源语种	解释	来源词典
몰카형	-ca 型		惯于暗中观察的人	2001 年新词
몰폰카	-phoneca← phone+camera		照相手机	2004 年新词
몸비 시즌	-- season		（电影上映）旺季	2004 年新词
무비오케	movie+ からオケ	일본어	电影模仿秀	2004 年新词
무빙 바스켓볼	moving basketball		移动篮球	2003 年新词
무인뱅크	-bank		无人值守银行	2001 年新词
묻지마 테러	-terror		（针对不确定对象的）恐吓	2003 年新词
물버스	-bus		水上公共汽车，指船	2001 年新词
물벨트	-belt		为防止水污染而限制开发的区域	2005 年新词
물카	-ca		킹카 / 퀸카的仿造词，相貌平平	2001 年新词
뮤티즌	mutizen← music+netizen		音乐网民	2003 年新词
뮤페라	mupera← musical+opera		音乐歌剧	2003 年新词
미니갈비집	mini-		可以只点一份食品的排骨店	2005 年新词
미니룸	mini room		网上个人空间	2004 年新词
미니홈페이지	mini homepage		迷你主页；个人主页	2004 年新词
미니홈피	←mini homepage		미니홈페이지的缩略词，迷你主页；个人主页	2004 年新词
미션	mission		使命；任务	2004 年新词
미시부대	missy 部隊		年轻主妇粉丝	2002 年新词
미트바	meat bar		肉店	2001 年新词
미팅호스트	meeting host		会议主持；聚会负责人	2001 年新词
믹스트존	mixed zone		混合采访区	2002 年新词

续表

外来词	源词	来源语种	解释	来源词典
민텔	민박 +hotel		家庭旅馆；个人旅馆	2004 年新词
밀리스포츠	milisports← military+sports		军体风	2003 年新词
밀리언셀러	million seller		白金商品（书、唱片等），指销量达百万的商品	2001 年新词
밀리유닛	milliunit		百万单位	2004 年新词
바게트백	baguette bag	프랑스어	肩包	2003 年新词
바나나보트족	banana boat 족		香蕉船一族	2004 年新词
바리스타	barista	이탈리아어	咖啡师；咖啡吧员	2002 年新词
바테풀	bathe pool		按摩池	2004 年新词
바텐더 로봇	bartender Robot		酒吧间销售酒精饮料的机器人	2005 年新词
박스폰	box phone		未拆封手机	2004 年新词
박탄주	←Bacchus- 爆弾酒		酒神炸弹酒	2005 年新词
박테리오세러피	bacteriotherapy		细菌疗法	2002 年新词
반테러	反 terror		反恐	2001 年新词
발칸 신드롬	Balkan syndrone		巴尔干综合征	2001 年新词
밥터디	-study		就餐时间组织的学习聚会	2005 年新词
밥터디족	←-study		边吃边学族	2005 年新词
방카스팅	vacanceting← vacance+meeting	프랑스어	意在寻找度假同伴的约会	2003 年新词
방캉스 스트레스	vacance stress		休假焦虑	2004 年新词
방캉스주	vacance 族	프랑스어	旅游相关股票	2001 年新词
배드빙	bad-being		well-bing 的仿造词，因经济条件而处境艰难	2004 年新词
배스	bass		鲈鱼	2001 年新词

续表

外来词	源词	来源语种	解释	来源词典
배터리족	battery 族		充电族	2005 年新词
배풍팬	排風 fan		排風扇	2001 年新词
밴도톱	bandeau top		无带文胸	2004 年新词
밴드왜건 효과	bandwagon-		从众效应	2004 年新词
밴드형	band 型		条型；带型	2001 年新词
밸런스 보드	balance board		平衡板；健身平衡盘	2004 年新词
밸런치킨데이	valenchiken← valentine+chicken day		2 月 14 日	2004 年新词
버기카트	buggy cart		小型马车	2004 年新词
버디무비	buddy movie		伙伴电影	2001 年新词
버블티	bubble tea		泡沫红茶；珍珠奶茶；泡泡茶	2002 年新词
버스 종합 사령실	bus-		公交综合指挥室	2004 年新词
버스터	buster/burster		破坏者	2001 年新词
버짓	←budget prices		= 특가，特价	2003 年新词
버추얼 머신	virtual machine		仿真程序	2001 年新词
버터맨	butter man		嫌恶之人	2003 年新词
버퍼	buffer		缓存	2001 年新词
버퍼링	buffering		缓冲	2001 年新词
버프링하다	buffering-		缓冲（动）	2001 年新词
번개쇼핑	-shopping		快速购物	2004 年新词
벌키니트	bulky knit		蓬松针织物	2001 年新词
베스트셀링	bset selling		最畅销	2003 年新词
베이비채소	baby 菜蔬		蔬菜嫩叶	2004 年新词
베이크트 아웃	baked out		烘烤新建筑物以去除异味	2004 年新词
베이퍼웨어	vaporware		设想产品	2003 年新词

续表

外来词	源词	来源语种	解释	来源词典
베지밀족	vegimil 族		指消费奢侈的一般家庭孩子	2003 年新词
베타족	beta 族	그리스어	试用一族	2003 年新词
벨리 댄서	belly dancer		肚皮舞演员	2003 年新词
보더	boarder		= 스노보더（snow board），滑雪板	2003 年新词
보드	board		滑板	2001 年新词
보드게임	board game		棋盘游戏	2003 年新词
보드러너	boardrunner		滑板爱好者	2004 年新词
보드북	board book		纸板书；硬纸板书	2002 年新词
보드웨이	boardway		滑板	2002 年新词
보디 보딩	body boarding		卧板冲浪	2003 年新词
보디 플라워	body flower		人体彩绘	2003 年新词
보디업	body up		（棒球，高尔夫球中）挺身	2004 年新词
보로드밴드	broadband		宽带	2001 年新词
보보	Bobo← Bourgeois+Bohemians		波波族	2001 年新词
보보스	BOBOS← Bohemian+bourgeois		보보（BOBO），波波族	2002 年新词
보습팩	保濕 pack		保湿套装	2001 年新词
보이스카우트매듭	boy scouts-		童子军式围巾打结	2001 年新词
보트 슈즈	boat shoes		乘船时穿的鞋子	2003 年新词
보트네크	boat neck		= 보트네크라인（boat neckline），一字形领口	2001 年新词
보파라치	보조금 +paparazzi	이탈리아어	补助金打假	2004 年新词
보행벨트	-belt		步行区；步行街	2004 年新词

续表

外来词	源词	来源语种	解释	来源词典
볶음짬뽕	-ちゃんぽん	일본어	杂拌炒面	2002 年新词
볼스태프	ball staff		球童，球场员工	2002 年新词
부기카	boogie car/buggy car		单驾马车	2004 年新词
부랜드칩	brand chip		著名公司股份	2002 年新词
부르카	burqa		波卡；布卡；罩袍	2002 年新词
부비댄스	-dance		贴面舞	2005 年新词
부비댄스족	-dance 族		贴面舞一族	2005 年新词
부셔이즘	← 부쉬 +ism		布什主义	2003 年新词
부스	booth		隔间	2001 年新词
부시스럽다	Bush-		强权的；强势的	2003 年新词
부시즘	bushism		布什主义	2003 年新词
부파라치	← 부동산 +paparazzi		房产打假	2005 年新词
북크로싱	book crossing		传阅看书	2004 年新词
불도장	佛跳墙	중국어	佛跳墙	2001 年新词
불렉	break		切！	2003 年新词
붙임쪽지	post-it		포스트잇（post-it）的纯化词，便利贴；即时贴；便条	2004 年新词
뷔페족	buffet 族	프랑스어	轮流就餐族	2003 年新词
뷰로	bureau		办公桌	2003 年新词
뷰직쇼	viewsic←view+music show		视觉动感音乐	2004 年新词
브리지폰	bridge phone		来路不明的手机	2004 年新词
브릭	birck		（演出道具用）塑料砖头或木头	2004 年新词
브릭스	BRICs		金砖国家	2003 年新词
브이디티증후군	VDT←Visual display terminal 症候群		视频显示终端综合征	2003 年新词

续表

外来词	源词	来源语种	解释	来源词典
브이브이아이피	VVIP ←very very important person		非常重要的人物	2004 年新词
브이엠	VM←Virtual Machine		虚拟机	2001 年新词
브이자형	V 字形		V 字形	2001 年新词
블랙 디스크	black disk		黑色圆盘	2004 年新词
블렌딩위스키	blending whiskey		调制威士忌	2001 年新词
블로거	blogger		博主	2003 年新词
블로그	blog←web+log		博客	2003 年新词
블록딜	block deal		一揽子交易	2002 年新词
블루데이	blue day		指 6 月 14 日	2002 年新词
비걸	B←Breakdance girl		霹雳女	2003 年新词
비니	beanie		无檐便帽；女式圆帽	2004 年新词
비디오버스	video bus		影像租赁车	2002 年新词
비디지털	非 digital		非数字	2001 年新词
비르투오시티	virtuosita	이탈리아어	精湛技巧	2003 年新词
비보이	B←Breakdance boy		霹雳男	2003 年新词
비보잉	B←Breakdance boying		霹雳男	2003 年新词
비비비 서비스	BBB（Before Babel Brigade）service		电话翻译服务	2002 年新词
비아그라주	viagra 酒		炸弹酒的一种	2003 年新词
비아르티	BRT←bus rapid transit		公交快运	2004 年新词
비아이비	BIB←branch in branch		银行内设的证券业务窗口	2004 年新词
비에이치에스	BHS ←Baggage Handling System		行李处理系统	2001 年新词
비엔날레군	biennale	이탈리아어	美术双年展的重量级人物	2003 年新词

续表

外来词	源词	来源语种	解释	来源词典
비엠에스	BMS←Bus management system		公交管理系统	2004 年新词
비조트	business resort		商务度假酒店	2004 年新词
비주얼 노이즈	visual noise		视觉噪音	2004 年新词
비주얼자키	visual jockey		视觉主持	2001 年新词
비즈니스용	business 用		商业用，商用	2001 年新词
비투비족	B2B←back to bedroom		啃老族	2003 年新词
비포 모델	befor model		演示模特	2004 年新词
비화폰	秘話 phone		保密通话手机	2005 年新词
빅맨	big man		能人，重量级人物	2005 年新词
빈티지하다	vintage-		复古	2003 年新词
빌딩타기	building-		（隐语）到大厦里推销	2002 年新词
빌리건	Billigan←bill mulligan		克林顿式打球	2003 年新词
빌트인 키친 시스템	built-in kitchen system		内置式厨房系统	2001 年新词
빗장풀기	codefree		코드프리 codefree 的纯化词，无地区码限制的	2004 年新词
빠스	拔丝	중국어	拔丝	2003 年新词
뽈노	porno←pornography		色情文学；色情描写	2003 年新词
뽕주		일본어	混合酒	2004 年新词
사디바리	sita bari	일본어	跟班，手下	2001 年新词
사르바이트	cyber+arbeitt	독일어	网络兼职	2003 年新词
사면 게이트	赦免 gate		赦免门	2001 年新词
사브	SAV←sports activity vehicle		运动型车	2004 年新词
사스	SARS←severe acute respiratory syndrome		非典；萨斯	2003 年新词
사이	cyworld		指互联网公司 cyworld	2004 年新词

续表

外来词	源词	来源语种	解释	来源词典
사이버 설계사	cyber 設計士		网络保险销售	2002 年新词
사이버 중독자	cyber 中毒者		网瘾患者	2002 年新词
사이버 패밀리	cyber family		网络家庭	2002 年新词
사이버 폭력죄	cyber 폭력죄		网络暴力罪	2005 年新词
사이버거지	cyber-		网络乞丐	2001 年新词
사이버깡	cyber わりかん	일본어	网络套现	2002 年新词
사이버세러피	cybertherapy		网络疗法	2002 年新词
사이버콘드리아	cyber chondria		网上乱求医族	2004 年新词
사이버팸	←cyber+family		网络家庭	2002 年新词
사이버표	cyber 票		网票	2001 年新词
사이벡스	cybex		网络性爱	2002 年新词
사이질	cyworld-		上网维护个人主页	2004 年新词
사이처	←cyber+teacher		网络教师	2002 年新词
사이콤	psycom←psycho+sitcom		心理情景剧	2003 年新词
사이홀릭	cyholic←cyworld+holic		微博控	2004 年新词
산모택시	産母 taxi		产妇专用出租车	2005 年新词
살라피스	salafis	이탈리아어	沙拉菲；沙拉菲派	2004 年新词
삼겹살이데이	三 -day		指 3 月 3 日	2003 年新词
상품코디네이터	商品 coordinator		产品协调员	2003 年新词
새틀라이트가족	satellite 家族		卫星家庭	2003 年新词
샐러던트	saladent←salaried man+student		上班学习族	2003 年新词
생태터널	生態 tunnel		生态通道	2001 年新词
생활 스터디	生活 study		培养规划生活的习惯	2005 年新词
생활기스	生活ぎす	일본어	电器等使用痕迹	2003 年新词

续表

外来词	源词	来源语种	解释	来源词典
샤머니즘적	shamanism 的		萨满教的	2001 年新词
샤오쯔	小资	중국어	小资	2003 年新词
샥스핀	shark's fin		鱼翅	2001 年新词
샷클락	shot clock		（限定进攻时间的）投篮计时表，投篮时限钟	2003 年新词
섀기커트	shaggy cut		蓬松的发型	2003 年新词
서브리미널 효과	subliminal effect		潜意识影响	2002 年新词
서비스드오피스	serviced office		即用办公室，服务式办公室	2003 年新词
서비스레지던스	serviced residences		服务公寓	2002 年新词
서울라이트	seoulite← 서울 +ite		首尔人	2004 年新词
서울시파라치	- 서울시 paparazzi	이탈리아어	首尔市打假	2005 年新词
서클렌즈	circle lens		美瞳	2002 年新词
선다우너	sundowner		喜欢观赏落日的人	2004 年新词
선다운	sundown		= 일몰，日落	2004 年新词
선덱	sun deck		阳光露台	2002 年新词
선팅	← 맞선 + 紹介 ting		相亲	2003 年新词
선파라치	← 선거 +paprazzi		= 표파라치，选举舞弊举报	2003 年新词
성파라치	性 paparazzi	이탈리아어	举报非法性交易	2004 年新词
세그웨이	segway		赛格威（一种电动代步车）	2003 年新词
세금포인트제	稅金 point 制		纳税积分制	2004 年新词
세다이어트	세 diet		减轻税负	2005 年新词
세라믹 두드락	ceramic -rock/ 樂		陶瓷打击乐	2005 年新词
세라믹침	ceramic 針		陶瓷针	2005 年新词

续表

外来词	源词	来源语种	解释	来源词典
세라피스트	therapist		临床医学家；治疗学家	2001 年新词
세레나 슬램	Serena Williams+grand slam		小威廉姆斯式大满贯	2003 年新词
세피아	← 税 +mafia		税收黑手党（调侃美国财政部官员）	2003 年新词
섹시녀	sexy 女		性感女子	2002 年新词
섹티즌	←sex+netizen		经常浏览黄色网站的网民	2002 年新词
셀슈머	sellsumer←seller+consumer		网上物品交易者	2004 年新词
셀카	←self+camera		自拍	2004 年新词
셀카족	←self+camera 族		自拍族	2004 年新词
셀카하다	←self+camera		自拍（动）	2004 年新词
셀프작명소	self-		自助取名网站	2005 年新词
셀프카폰	←self camera phone		自拍手机	2005 年新词
셔츠슈트	shirt suit		衬衫套装	2001 年新词
셔터 찬스	shutter chance		快门时机	2004 年新词
셔틀런	shuttle run		往返跑	2002 年新词
셰이퍼	shaper		（快速减肥时防止皮肤松弛的）定形物；固定物	2001 年新词
셰프	chef	프랑스어	大厨	2004 年新词
소콜	← 燒酒 +cola		白酒可乐	2002 年新词
소호몰	SOHO（smalll offcie home office）mall		＝사이버몰，网上商城	2002 年新词
솔로부대	solo 部隊		独身族	2004 年新词
쇼콜라티에	chocolatier	프랑스어	巧克力制造商	2004 年新词
쇼핑폰	shopping phone		购物手机	2005 年新词
숍캉스족	shopcance←shopping+vacance	프랑스어	购物休闲族	2002 年新词

续表

外来词	源词	来源语种	解释	来源词典
수브	SUV←Sports Utility Vehicle		SUV，城市越野；运动多功能车	2003 年新词
수중 뮤지컬	水中 musical		水中音乐会	2005 年新词
순대렐라	← 淳 -+Cinderella		影视剧中的平凡女孩形象	2005 年新词
쉐이빙디자이너	shaving designer		胡须设计师	2001 年新词
슈케이스족	suitcase 族		手提箱一族	2004 年新词
슈파라치	suparazzi← supermarket+paparazzi	이탈리아어	超市打假	2003 年新词
슈퍼닷컴	super dotcom		大型互联网公司	2003 年新词
슈퍼슈퍼노트	super super note		超超级假币	2002 年新词
슈퍼전파자	super 傳播者		超级传染者	2003 年新词
슛 온 골	shoot on goal		射进球门	2003 年新词
슛발	shoot-		脚热（连续得分），气势如虹	2002 年新词
슛터링	shoot+centering		胶底运动鞋	2002 年新词
스노족	snow 族		冰雪族	2005 年新词
스노클	snorkel		斯诺克	2001 年新词
스니커 양말	sneakers 洋襪		袜式胶底运动鞋	2002 年新词
스데이 오피스족	stay office 族		办公室留守族	2004 年新词
스마트 소비	smart 消費		聪明消费	2003 年新词
스마트몹	smart mob		聪明行动族；聪明暴民；聪明群众	2003 年新词
스윙커페이션	swingcopation← swing+syncopation		摇摆变调	2003 年新词
스와핑	swapping		①交换配偶游戏②互换股份	2003 年新词
스카이서핑	sky surfing		空中滑板	2003 年新词
스켈레톤	skeleton		俯式冰橇	2002 年新词

续表

外来词	源词	来源语种	解释	来源词典
스쿨 폴리스	school police		学校警察；学校门卫	2005 年新词
스크린 피자	screen pizza		烤制披萨	2001 年新词
스키켓	skiquette← ski+etiquette	프랑스어	滑雪礼仪	2003 年新词
스키피족	skippie 族		跳跃族（指美国十多岁青少年）	2003 年新词
스타지수	STAR 指數		韩国股市的一种指数	2004 年新词
스탠딩 코미디	standing comedy		单人喜剧表演	2003 年新词
스터디 카페	study café	프랑스어	学习酒吧	2001 年新词
스테레오폰	stereo phone		立体声手机	2003 年新词
스텔스 번호판	stealth 番號板		隐形牌照	2003 年新词
스토캐스틱	stochastic		随机指数	2002 年新词
스톡홀름 증후군	Stockholm 증후군		斯德哥尔摩综合征	2003 年新词
스트라이프	stripe		条纹	2001 年新词
스트랭글 매도	strangle 賣渡		宽跨式期权	2001 年新词
스트레스성 적혈구 증가증	stress 性赤血球增加症		压力型红血球增多症	2001 年新词
스트레스폰	stress phone		可测量压力指数的手机	2004 年新词
스트리밍	streaming		流媒体技术	2001 年新词
스트리트 보드	street board		T 形滑板	2004 年新词
스틱 마우스	stick mouse		盲人用长条形鼠标	2002 年新词
스틸 리베	←style liberation	프랑스어	法国《解放报》的风格	2003 年新词
스파이스하다	spice-		加香料	2001 年新词
스팸 메시지	spam message		垃圾短信	2002 年新词
스팸폰	spam phone		骚扰电话	2002 年新词
스펙	←specification		规格，指求职者的各项能力	2004 年新词
스펙족	←spec 族		考证族	2005 年新词

续表

外来词	源词	来源语种	解释	来源词典
스포츠 살인	sports 殺人		运动杀人	2002 年新词
스포츠권	sports 圈		= 운동권，体育圈	2004 年新词
스포츠카폰	sports car phone		赛车形手机	2005 年新词
스포츠화	sports 靴		运动鞋	2003 年新词
스포츠화	sports 靴		= 운동화，运动鞋	2001 年新词
스포티브 룩	sportive look		运动风格	2003 年新词
스폰 매니저	←sponsor manager		淫媒，为性交易牵线搭桥的人	2005 年新词
스폰남	←sponsor 男		要求提供性服务的男性	2005 年新词
스폰녀	←sponsor 女		要求提供性服务的女性	2005 年新词
스폰카페	←sponsor café	프랑스어	介绍性交易的网站	2005 年新词
스폿 아이템	spot item		短暂热销商品	2002 年新词
슬라이드폰	slide phone		滑盖手机	2003 年新词
슬러브	slurve		曲线球	2001 年新词
슬로비족	slobbie（slow but better working）族		慢生活一族	2004 年新词
슬리밍 센터	slimming center		瘦身中心	2001 年新词
슬림화하다	slim 化 -		瘦身化	2001 年新词
승전골	勝戰 goal		결승골 决胜球	2002 年新词
시디라이터	CD writer		刻录机	2001 年新词
시럼	serum		血清	2001 年新词
시리얼 킬러	serial killer		连环杀手	2004 年新词
시뮬레이션 액션	simulation action		假摔	2002 年新词
시뮬레이션 피칭	simulation pitching		（棒球中）模拟投球	2003 年新词
시범맨	示范 man		模范，榜样	2003 年新词
시비드	CVID←Complete，verifiable，irreversible dismantlement		完全、可核查、不可逆的的方式弃核	2004 年新词

续表

外来词	源词	来源语种	解释	来源词典
시비오 펀드	CBO←Collateralized Bond Obligation fund		担保债券基金	2001 年新词
시스루	see through		透视	2001 年新词
시시오	CCO←Chief Communication Officer		首席宣传总监，首席宣传官	2001 年新词
시아르브이	CRV←Corporate Restructuring Vehicle		企业重组投资公司	2001 年新词
시저스 발리슛	scissors volley shoot		剪刀式凌空抽射	2004 年新词
시큐	CQ←Culture Quotient		文化商数	2005 年新词
시큐리티 에티켓	security etiquette	프랑스어	（互联网）安全规范	2003 年新词
시테크형	時 tech 型		时间效率型	2004 年新词
시티아이	CTI←Computer Telephony Intergration		电脑电话整合	2001 年新词
식물스테롤	植物 sterol←plant sterol/phytosterol		植物胆固醇	2001 年新词
식파라치	← 食 +paparazzi	이탈리아어	食品打假	2002 年新词
신파라치	新聞 paparazzi	이탈리아어	新闻打假	2005 年新词
신팬픽 문화	← 신 fan fiction 문화		新偶像小说文化	2005 年新词
실버	silver		指即将退休的老年人	2001 年新词
실버 세대	silver 世代		指老年阶层	2003 年新词
실버 시터	silver sitter		老人护理员	2002 年新词
실버골제도	silver goal 制度		银球制度	2004 年新词
실버뮤지컬	silver musical		以老年观众为对象的音乐会	2005 年新词
실버택시	silver taxi		20 年以上无事故出租车	2005 年新词
실버폰	silver phone		老人手机	2003 年新词
실축볼	失蹴 ball		踢飞的球	2004 年新词

续表

外来词	源词	来源语种	解释	来源词典
실크팁	silk tip		人工指甲	2001 年新词
실파파치	← 失業 paprazzi	이탈리아어	失业打假	2005 年新词
십이 초 룰	十二秒 rule		십이초촉진룰 12 秒规则	2004 年新词
십이초 촉진 룰	十二秒促進 rule		（棒球中）十二秒促进规则	2004 年新词
싱글	single		单曲碟	2003 年新词
싱글마마	single mama		单身母亲，单身妈妈	2003 年新词
싱글몰트	single malt		纯麦芽威士忌	2001 年新词
싱커족	thinker 族		年轻时多挣钱，老年时生活优裕一族	2005 年新词
싱킹 현상	sinking 現象		沉淀现象	2002 年新词
싸가지송	-song		flash 动画歌曲	2004 年新词
쌀깡	- わりかん	일본어	大米套现	2002 年新词
쌀캔디	-candy		米花糖，糯米糖	2005 年新词
쌀파라치	쌀 paparazzi	이탈리아어	大米打假	2005 年新词
쌍둥이폰	-phone		共用号码手机	2004 年新词
쓰레기 편지	spam mail		spam mail 的纯化词，垃圾邮件	2004 年新词
쓰파라치	← 쓰레기 +paparazzi	이탈리아어	举报乱丢垃圾现象	2002 年新词
아나털	←analogue+digital		模拟数字一代	2002 年新词
아날로그족	analogue 族		模拟一族（拒绝数字产品一族）	2003 年新词
아디 / 에이디아이	ADI←aging，disability，independence		指老龄化，障碍，独立的合写	2004 年新词
아르 세대	R←red 世代		红色一代	2002 年新词
아르 세대	R[←Rush/Résistance/Revolution] 世代	프랑스어	突进、抵抗、革命一代	2002 年新词

续表

外来词	源词	来源语种	解释	来源词典
아르브이	RV←Recreational vehicle		休闲车	2003 年新词
아르에프아이디	RFID←radio frequency identification		无线射频识别	2004 年新词
아르피족	RP		精打细算度假	2004 年新词
아르피족	RP 族		精明度假族	2004 年新词
아리족	←avatar life 族		= 아바타 라이프족（avatar life 族），影子生活一族	2004 年新词
아바타 엠디	avata MD←Merchandising Director		网络形象商品导购	2001 年新词
아방고	avant go	프랑스어	先锋派	2001 年新词
아스콘	ascon←asphalt+concrete		柏油水泥路	2001 年新词
아웃트로	outtro←outdoor metro		户外装	2004 年新词
아이디스타	id star		网上明星	2004 年新词
아이스크림콘 캐치	ice-cream cone catch		冰淇淋式抓球	2004 年新词
아이언우드	iron wood		硬质高尔夫球杆	2004 年新词
아이티	IT←Information Technology		信息技术	2001 年新词
아이티계수	IT 係數		信息指数	2001 年新词
아쿠아 치료	aqua 治療		水疗	2003 年新词
아쿠아슈즈	aqua shoes		涉水用鞋子	2004 年新词
아쿠아워킹	aqua walking		水中行走	2004 年新词
아쿠아짐	aqua gym		水中行走运动	2004 年新词
아트몰	art ←mogol	프랑스어	艺术巨匠	2001 年新词
아트웨어	artware		工艺品；实用工艺美术品	2002 年新词
아티즌	← 아줌마 +netizen		上网主妇	2002 年新词

续表

外来词	源词	来源语种	解释	来源词典
아파스텔	apartment+officetel		公寓办公楼	2002 年新词
아파트장	apartment 場		小区内市场	2004 年新词
아프로킹	Afroking←Afrobeat+king		黑人音乐	2003 年新词
악의 축	axis of evil		axis of evil 的意译词，邪恶轴心	2002 年新词
악티즌	← 惡 +netizen		恶意网民	2003 年新词
악플러	惡 pl←reply+er		网上恶评者	2004 年新词
악플족	惡 pl←reply 族		网上恶评一族	2004 年新词
악플폐인	← 惡 +reply 廢人		热衷网上恶意留言一族	2005 年新词
안방펀드	- 房 fund		在家就可以办理的基金	2005 年新词
안심택시	安心 taxi		放心出租车，女性驾驶的出租车	2005 年新词
안전투	安全套	중국어	安全套	2003 年新词
안티 화이트데이족	anti white day 族		反情人节一族	2005 年新词
안티즌	antizen←anti+netizen		안티팬（antifan），网上反对者	2003 年新词
알레아토릭	aleatorik	라틴어	任意性，偶然性	2004 年新词
알파메일	alpha male		大男子主义者	2005 年新词
암레스트	arm rest		靠手，扶手	2004 年新词
애견 카페	愛犬 café	프랑스어	爱犬酒吧	2002 年新词
애교걸	愛嬌 girl		撒娇女	2003 年新词
애국베팅	愛國 betting		爱国赌局	2005 年新词
애어로바틱	aerobatic		高空滑板	2005 年新词
애프터 모델	after model		展示商品使用后效果的模特	2004 年新词
애필	←condom		콘돔 condom 的纯化词，安全套	2004 年新词
액션퀸	action queen		武打皇后	2004 年新词

续表

外来词	源词	来源语种	解释	来源词典
액션피겨	action figure		可动人型；玩具人；活动人	2004 年新词
액티즌	actizen←act+citizen		活动积极市民	2004 年新词
앵클스트랩슈즈	ankle strap shoes		踝带鞋	2003 年新词
야마카시	yamakasi	일본어	跑酷	2003 年新词
야스족	YAS 族 ←Young Adult Smoker 族		青年吸烟者，年轻烟民	2001 年新词
야오이	やおい	일본어		2002 年新词
약알칼리성	弱 alkali 性		弱碱性	2001 年新词
약팀	弱 team		弱队	2001 年新词
양자 컴퓨터	量子 computer		量子计算机	2001 年新词
어그부츠	ugg boots		羊毛长筒靴	2004 年新词
어울통신	←roaming		로밍（roaming）的纯化词，漫游	2004 年新词
언니즘	-ism		언니주의	2004 年新词
언더도그	underdog		失败者，受压迫者	2004 年新词
언더도그 형상	underdog		同情失败者的现象	2004 年新词
얼렌증후군	irlen 症候群		娥兰症	2004 年新词
얼리어답터	early adopter		早期使用者	2003 年新词
얼쑤이즘	←earth+ism		全球化主义	2003 年新词
얼짱폰	-phone		美化面部拍摄的照相手机	2003 年新词
엄브렐러 펀드	umbrella fund		伞型基金；雨伞基金	2002 年新词
업글	←upgrade		업그레이드（upgrade）的缩略词，升级	2003 年新词
업글병	←upgrade-		升级强迫症	2003 年新词
업슛	up shoot		跃起投球	2002 年新词
에고서프	egosurf		自我搜索	2005 年新词
에고서핑	egosurfing		自我搜索	2005 年新词

续表

外来词	源词	来源语种	解释	来源词典
에너지 워터	energy water		能量水	2002 年新词
에너지 집착증	energy 執着症		能源焦虑症	2005 年新词
에디드 타임	added time		加时	2002 年新词
에스더블유에스	SWS←Sudden wealth syndrone		暴富综合征	2003 年新词
에스보드	S-board		s 形滑板	2004 年新词
에스세대	S 世代		S 一代	2001 年新词
에스에이시디	SACD←Super Audio Compact Disk		SACD，超级音乐 CD	2003 年新词
에스엔에스	SNS←Saturday night skating		周六滑冰	2004 年新词
에스컬레이터족	escalator 族		转学族	2005 年新词
에스큐	SQ←Science Quotient		科学商数	2003 年新词
에어컨옷	←air conditioner-		空调衣	2004 年新词
에이매치	A match		国家代表队比赛	2001 年新词
에이지퀘이크	agequake←age+ earth quake		老龄化地震	2003 年新词
에이치디 디브이	HD←High Definition TV		高清电视	2001 年新词
에이티브이	ATV←all terrain vehicle		全地形车辆	2004 年新词
에코뷰티	Eco beauty		生态美化	2004 年新词
에프 세대	F←finger 世代		拇指一代	2002 年新词
에프큐	FQ←Financial Quotient		财商	2003 年新词
에피포플레이어	MP4←MPEG four player		MP4，视频播放器	2002 年新词
엑스게임	X game		极限运动	2003 年新词
엑스스포츠	X-sports		极限运动	2003 年新词
엔딩	ending		结尾，剧终	2001 年新词

续表

外来词	源词	来源语种	解释	来源词典
엔로니티스	Enronitis←Enron as it is		安龙式公司	2003 年新词
엔시엔디	NCND←neither confirm nor deny		不承认也不否认	2004 年新词
엔조이족	enjoy 族		乐享族，乐享一族	2001 年新词
엔터테인먼트자키	entertainment jockey		이제이（EJ），娱乐节目支持人	2004 年新词
엘에프	LF←last furlong		最后 200 米	2004 年新词
엘유브이	LUV←luxury Utility Vehicle		豪华越野车	2003 年新词
엘커머스	L←Location commerce		手机位置服务	2003 年新词
엘케이렌즈	LK←Lucid Korea lens		醒目镜片	2002 年新词
엘파라치	LPG+paparazzi	이탈리아어	液化气打假	2005 年新词
엠비즈니스	M←mobil business		移动商务	2002 年新词
엠이피	MEP←most entertaining player		最有趣选手	2004 年新词
엠커머스	M←mobil commerce		移动商业	2002 年新词
여티즌	← 女 +netizen		女网友，女性网民	2002 年新词
역다이어트	逆 diet		逆节食	2003 年新词
역회전볼	逆回轉 ball		棒球中反向旋转球	2004 年新词
연기랩	演技 rap		模仿说唱	2004 年新词
염색바	染色 bar		染色吧	2003 年新词
엽기즌	獵奇 +citizen		城市猎奇族	2001 年新词
영퇴족	young 退族		青年跳槽族	2005 年新词
영품족	young 品族		年轻品牌族	2005 年新词
영하다	young-		年轻	2004 年新词
오개닉쿠킹	organic cooking		绿色烹饪	2002 年新词
오개닉푸드	organic food		绿色食品	2002 年新词

续表

外来词	源词	来源语种	解释	来源词典
오공일데이	五空一 day		五一节，劳动节	2004 年新词
오그	←ogg vorbis		ogg vorbis 的缩略词，ogg 格式	2004 年新词
오그 보비스	ogg vorbis		ogg vorbis，一种音乐格式	2004 年新词
오노스럽다	Ohno-		不讲廉耻和信用	2002 年新词
오락실 밸리	娛樂室 valley		실리콘 밸리的仿造词，娱乐谷	2005 年新词
오럴해저드	oral hazard		语言惹祸	2002 年新词
오바타리안	おばさん+バタリアン	일본어	中年女性	2004 年新词
오버그라운드	overground		商业艺术	2003 年新词
오버셔츠	over← shirt		罩衫	2001 年新词
오브로모프병	Oblomov 病		奥勃洛莫夫病	2005 年新词
오삼데이	오삼 day		5 月 3 日	2005 年新词
오스탤지어	ostalgia←Ost+nistalgia	독일어	前东德人缅怀过去	2003 年新词
오아르비	orb		球形能量体	2004 年新词
오에이이	OAE←Oto Acoustic Emissions		= 이음향 방사，耳声发射法	2003 年新词
오이데이	五二 day		黄瓜日，指 5 月 2 日	2003 年新词
오일테크	oil+technology		节油诀窍	2005 年新词
오존 학번	ozone 學番		指代 2003 年新词级大学生	2002 年新词
오지지	←ogg vorbis		ogg 格式	2004 年新词
오컬트족	occult 族		神秘一族	2002 年新词
오타쿠	お宅 おたく	일본어	宅	2002 年新词
오팔족	OPAL←old people with active life 族		老有所为一族	2003 年新词
온 그린	on green		（高尔夫中）球到达洞口附近	2001 年新词

续表

外来词	源词	来源语种	解释	来源词典
온달콤플렉스	溫達 complex		满月情节	2004 年新词
온라인 우표제	on-line 郵票製		在线邮票制	2002 年新词
올빼미 투어	-tour		周末旅行	2004 年新词
올빼미 헬스족	--health 族		夜晚健身族	2005 年新词
올짱	all-		全能，多面手	2004 年新词
올챙이송	--song		蝌蚪歌	2004 年新词
와이너리	winery		葡萄酒庄	2003 年新词
와이브로	←wireless broadband internet		无线宽带互联网	2004 年新词
와이어 액션	wire action		（演员的）钢丝绳动作	2001 年新词
와이어 크레인	wire crane		钢缆起重机	2003 年新词
와인 냉장고	wine 冷藏庫		贮藏红酒用冰箱	2002 年新词
와인 세대	WINE←well integrated new elder 世代		45—64 岁人群	2004 年新词
왁스	wax		发胶	2003 年新词
요신	-scene		= 베드신（bed scene），床戏	2003 年新词
요칼슘	尿 calcium		尿钙	2001 年新词
요파라치	← 料 +paprazzi	이탈리아어	食品打假	2002 年新词
욕티즌	辱 +netizen		恶评网民	2003 年新词
욘겔 계수	ようん +engul 係數	일본어	裴勇俊系数	2004 年新词
욘사마	ようん [勇] さま	일본어	日语中裴勇俊的尊称	2004 年新词
욘플루엔자	ようん +engul 係數	일본어	裴勇俊旋风	2004 年新词
우니쉬	unish		韩国世宗大学开发的一种世界语	2001 年新词
우리나라리즘	-rism		贬指韩国人的狭隘的民族主义	2005 年新词

续表

外来词	源词	来源语种	解释	来源词典
우머니스트	woman+ist		女权主义者	2004 年新词
우프	WWOOF←Willing Workers On Organic Farms		农场志愿工人	2003 年新词
울트라럭셔리	ultra luxury		超豪华	2004 年新词
울트라페미니즘	ultrafeminism		超女权主义	2011
워르가슴	wargasme←war+orgasme	프랑스어	战争高潮	2003 年新词
워크테인먼트	worktainment←work+entertainment		工作休闲	2003 年新词
워킹가이드	walking guide		前台，接待	2001 年新词
워킹용	walking 用		行走用	2004 年新词
워터파크	water park		水上公园	2004 年新词
원기리 전화	one+ぎり電話	일본어	响一声电话	2002 年新词
원샷족	←one shot 族		1. 干杯族；2. 比喻做事不考虑好就行动的人	2002 年新词
원숄더톱	one shoulder top		露单肩上衣	2003 年新词
원츄송	want you song		网上动画歌曲之一	2004 年新词
원투 펀치	one two punch		首发强强组合	2002 年新词
원플러스 전략	one-plus 戰略		1+ 战略，指美国在进行一场战争的同时有能力应付其他威胁的战略	2001 年新词
월드컵 베이비	world cup baby		世界杯婴儿	2003 年新词
월드컵 세대	world cup 世代		世界杯一代	2002 年新词
월드컵 위도	world cup widow		世界杯怨妇	2002 年新词
월드컵 학번	world cup 學番		世界杯一届	2002 年新词
월드컵족	world cup 族		世界杯一族	2002 年新词
월드컵주	world cup 酒		世界杯酒	2003 年新词
웨딩 플래너	wedding planner		婚礼设计师，婚礼策划师，婚礼统筹师	2001 年新词

续表

外来词	源词	来源语种	解释	来源词典
웨딩킬러	wedding killer		婚姻杀手	2003 年新词
웨이버 공시	waiver 公示		（运动员）弃权公示	2001 年新词
웨이블릿	wavelet		小波变换	2001 年新词
웨지샷	wedge shot		阻攻	2004 年新词
웰루킹	well-looking		扮靓族	2004 年新词
웰루킹족	well-looking 族		扮靓族	2004 年新词
웰변	well 便		大小便通畅	2004 年新词
웰빙	well-being		幸福；康乐	2003 年新词
웰빙족	well-being 族		幸福族；康乐族	2003 年新词
웰빙파마	well-being permanent		绿色烫发	2004 年新词
웰피트족	well-fit 族		= 웰루킹족，扮靓族	2004 年新词
웹동	web 同		网上志趣相投者	2004 年新词
웹보드 게임	web board game		网络棋盘游戏	2001 年新词
웹서점	web 書店		网上书店	2002 年新词
위버섹슈얼	ubersexual		男性美	2005 年新词
위크엔드룩	weekend look		周末服装	2004 年新词
위키사전	WIKI 辭典		维基词典	2004 年新词
위키위키	wikiwiki		维基网站	2004 年新词
위피	WIPI←wireless internet platform for interoperability		无线互联网交互平台；无线互联网互用平台	2004 年新词
윈텔	wintel←windows+intel		微软英特尔联盟	2003 年新词
유니버설 플레이어	universal plaer		通用播放器	2003 年新词
유라시아니즘	Eurasianism		俄国内的亚洲优先主义	2005 年新词
유로화	Euro 貨		欧元	2001 年新词
유비쿼터스	ubiquitous		随时在线	2004 年新词

续表

外来词	源词	来源语种	解释	来源词典
유비쿼터스 시대	ubiquitous 時代		＝유비컴시대，普适计算时代	2003 年新词
유비쿼터스 컴퓨팅	ubiquittous computing		普适计算	2003 年新词
유에이	UA←Unit of action		＝행동부대，行动单位	2004 年新词
유커머스	U←Ubiquitous/ unbounded commerce		无线互联电子商务	2002 年新词
유티즌	utizen←ubiquitous+citizen		随时在线一族	2004 年新词
유포터	←Ubiquitous+reporter		指随时在线的网民记者	2005 年新词
육아데이	育兒 day		指每月的 6 日	2005 年新词
융단 마케팅	絨緞 marketing		大众营销	2004 年新词
은둔형 방콕족			隐匿型御宅族	2002 年新词
의파라치	← 醫 +paparazzi	이탈리아어	医疗打假	2002 年新词
이국민	E←electronic 國民		信息化国民	2001 年新词
이기자	E←electronic 記者		网络记者	2002 年新词
이디안 월	indian wall		印度华尔街，指印度的金融市场	2003 年新词
이러닝	E←electronic learning		网络学习	2002 年新词
이름 브랜드	-brand		姓名商标	2002 年新词
이메디픽	Imedific		伊梅尔达欺诈	2003 年新词
이미지걸	image girl		形象大使，形象代言人	2004 年新词
이미팅	E←electronic meeting		＝전자회의，电子会议	2002 年新词
이벤트카	event car		活动用车辆	2002 年新词
이브이디오	EVDO←evolution data only		无线网络服务	2002 年新词
이슈걸	issue girl		话题女孩	2003 年新词
이슈퍼	E←electronic+ supermarket		网上超市	2002 年新词

续表

外来词	源词	来源语种	解释	来源词典
이스터에그	easter egg		复活节彩蛋	2003 年新词
이와이이아르 세대	（2Y2R 世代 ←too Young to Retire 世代		退休不逢时一代	2001 年新词
이제이	EJ←Entertainment jockey		娱乐节目主持人	2004 年新词
이지걸	easy girl		随便的女孩	2003 年新词
이천사 학번	e 天使學番		2004 年新词级韩国大学生	2004 年新词
이청첩장	e←electronic 請牒狀		电子请帖	2004 年新词
이코노미증후군	economy 症候群		= 일반석 증후군，经济舱综合征	2001 年新词
이티에프	ETF←exchange traded fund		交易型开放式指数基金	2002 年新词
이티즌	E←electronic+netizen		网民	2002 年新词
인 실리코	in silico	이탈리아어	仿真实验	2002 年新词
인라인스케이트족	in line skate 族		溜冰一族	2002 年新词
인뽕	←in-line skate-		滚轴溜冰鞋之毒害	2005 年新词
인저리 타임	injury time		伤停补时	2002 年新词
인터넷 앵벌이	internet-		网上乞讨	2002 年新词
인터넷송	internet song		网络歌曲	2004 年新词
인터넷주	internet 주		网络股	2001 年新词
인터미션	intermission		幕间休息；暂停；中断	2003 年新词
인테나폰	←in+antenna phone		内置天线手机	2003 年新词
인텔리데이팅	intellidating		高智商约会	2005 年新词
일 퍼센트 마케팅	一 percent marketing		1% 营销	2003 年新词
일빙	ill-being		身心俱疲	2004 年新词
일인미디어	一人 media		指博客	2004 年新词

续表

外来词	源词	来源语种	解释	来源词典
일톱삼박	←一 top 三 box		指主要新闻、头版新闻和花边新闻	2003 年新词
임금 피크제	賃金 peak 制		酬金封顶制	2003 年新词
임퍼스네이터	impersonator		模拟艺人	2001 年新词
잉크 충전방	ink 充電房		补充油墨的地方	2002 年新词
자이갠티즘	gigantism		以大为美	2004 年新词
자파라치	← 自販機 +paparazzi	이탈리아어	自动售货机打假	2002 年新词
잔디볼링	-bowling		草地保龄球；草地滚球戏	2001 年新词
잔토휴몰	xanthohumol		黄腐酚	2005 年新词
잡노매드	job nomad		工作游民	2002 年新词
재퍼니메이션	japanimation←Japan+animaion		日本动漫	2001 年新词
전세버스	專貰 bus		租赁巴士；租赁公共汽车	2001 年新词
점술카페	占術 café	프랑스어	算命咖啡店	2002 年新词
젓가락데이	--day		筷子日，指 11 月 11 日	2005 年新词
제트보드	jet board		喷气式滑雪板或滑橇	2004 年新词
졸부증후군	←SWS		에스버더유에스（SWS）的意译，暴富综合征	2003 年新词
좀비	ZOMBIE←Zany+Ostentatious +Monocular+Blowzy + Intriguing +Ernotional		僵尸	2001 年新词
종합 아동 센터	綜合兒童 center		综合儿童中心	2004 年新词
주골야독	晝 golf 夜讀		白天打高尔夫，晚上读书	2002 年新词
주파라치	← 株 paparazzi	이탈리아어	股市打假	2002 年新词
줌마렐라	아줌마 +cinderella		中年妇女一族	2005 年新词

续表

外来词	源词	来源语种	解释	来源词典
중고폰족	-phone 族		古董手机族	2005 年新词
중앙 버스 전용 차로	中央 bus 專用車路		中央公交专用车道	2004 年新词
중앙 버스 전용 차로제	中央 bus 專用車路制		中央公交专用车道制度	2004 年新词
중증 급성 호흡기 증후군	←SARS←severe acute respiratory syndrome		사스（SARS）的意译，非典	2003 年新词
지르가슴	←- 지르 +orgasme	프랑스어	购物快感	2005 年新词
지선 버스	支線 bus		支线公交	2004 年新词
지아르티	GRT←guided rapid transit		有轨公交	2005 年新词
지파라치	← 지하철 +paparazzi		地铁打假	2005 年新词
지피	zippie		指印度年轻人	2004 年新词
지피에스폰	GPS←global positioning system phone		GPS 手机	2004 年新词
지피족	zippie 族		指印度年轻人	2004 年新词
직테크	← 織 technology		求职技巧	2005 年新词
직테크족	職 +technology 族		善于求职一族	2005 年新词
진라이크	jean like		类似牛仔的	2003 年新词
진지맨	眞摯 man		真挚男	2003 年新词
짬뽕주	ちゃんぽん酒	일본어	日本一种混合酒	2004 年新词
쭉티	-T←T-shirts		紧口 T 恤	2004 年新词
찜질팩	-pack		冷敷包 / 热敷包	2001 年新词
차깡족	車わりかん族	일본어	汽车套现	2003 年新词
차브	chav		傻帽；衣着通俗没文化的年轻人；教育程度不高并有反社会或者不道德行为倾向的人	2004 年新词
차파라치	← 車 paparazzi	이탈리아어	= 카파라치，汽车打假	2002 年新词

续表

外来词	源词	来源语种	解释	来源词典
찬호니모시티	Chanhonimosity←Chanho+annimosity		对朴赞浩的敌意	2003 年新词
참살이	←well-being		well-being 的纯化词，健康生活	2004 年新词
책팅	← 冊 +meeting		读书会	2002 年新词
챔프전	champ 戰		= 챔피언 결정전（champion 決定戰），冠军战，决赛	2001 年新词
처치테인먼트	churchtainment←church+entertainment		信教娱乐	2003 年新词
천사데이	天使 day		天使日	2003 年新词
첨부 파일	添附 file		附件	2001 年新词
청계천 조깅족	-jogging 族		清溪川慢跑族	2005 年新词
청와대 고스톱	← 青瓦臺 go stop		青瓦台扑克	2002 年新词
체리 피커	cherry picker		指不刷卡只享受折扣和服务的人	2003 年新词
체인지족	change 族		夫妇角色互换一族	2005 年新词
체테크	← 體 +technology		自我健康管理	2005 年新词
초미니폰	mini phone		超迷你手机	2005 年新词
초슬림폰	超 slim phone		超薄手机	2005 年新词
초피	choppie		指熟练使用筷子的韩国人	2004 年新词
초피족	choppie 族		= 초피（choppie），熟练使用筷子的韩国人	2004 年新词
총명파스	← 聰明 pasta	독일어	聪明面团	2004 年新词
최강팀	最强 team		最强队	2001 年新词
추가골	追加 goal		追加球	2004 年新词
추다르크	← 秋愛美 +Jeanne d'Arc	일본어	秋贞德（日本议员秋爱美的别称）	2003 年新词

续表

外来词	源词	来源语种	解释	来源词典
추리닝족	training 族		锻炼一族	2001 年新词
추어데이	-day		7 月 5 日	2005 年新词
추어탕데이	鰍魚湯 day		7 月 5 日	2005 年新词
치안센터	治安 center		경찰 파출소 治安中心，派出所	2003 年新词
치어플	←cheer placard		加油标语	2004 年新词
치우미	球迷	중국어	球迷	2002 年新词
치킨데이	chicken day		9 月 9 日	2004 年新词
칩안테나	chip antenna		晶片型天线；片式天线；芯片型天线	2002 年新词
카놀라유	canola 油		菜籽油	2003 年新词
카드 마감일 증후군	card- 日症候群		信用卡还款日综合征	2003 年新词
카드권	card 權		牌权	2003 年新词
카드복권	card 福券		信用卡彩票	2003 年新词
카드테크	←card technology		用卡技巧	2002 年新词
카레이서	car racer		赛车	2001 年新词
카르복시세러피	carboxy therapy		碳化治疗；二氧化碳化脂疗程	2004 年新词
카메라폰	camera phone		照相手机	2002 年新词
카브보드	carve board		俯卧式滑板	2004 年新词
카시어터	car theater		车内影院系统	2003 年新词
카시트	car seat		儿童座椅，儿童安全座椅	2001 年新词
카오스모스	chaosmos←chaos+cosmos	그리스어	混乱中的秩序	2004 年新词
카이트보드	kite board		风筝滑水	2003 年新词
카이트보드족	kite board 族		风筝滑板族	2004 年新词
카지노세	casino 稅	이탈리아어	博彩税	2003 年新词

续表

外来词	源词	来源语种	解释	来源词典
카케팅	carketing←car+marketing		利用汽车进行营销	2004 年新词
카테크	←car+technology		用车技巧	2005 年新词
카파라치	←car paparazzi		车辆违章举报	2002 年新词
카폭	car 暴		= 카폭족，汽车暴走族	2003 年新词
카폭족	car 暴族		汽车暴走族	2003 年新词
카피품	copy 品		= 복제품，复制品	2002 年新词
칵테일자봉	←cocktail zamboa	프랑스어	混合火腿	2004 年新词
캐릭터 하우스	character house		个性住宅	2003 年新词
캐주얼풍	casual 風		休闲风	2001 年新词
캐포츠	casual+sports		运动休闲装	2002 年新词
캐포츠룩	caports←casual+ sports look		运动休闲风格	2002 年新词
캐피털	capital		= 캐피털사（capitalt 社），投资公司；担保公司	2001 年新词
캔들족	candle 族		享受慢节奏安静生活一族	2005 年新词
캔디렐라	Candyrella←candy+ cinderella		甜美灰姑娘	2004 年新词
캠발	←camera-		照相效果	2002 年新词
캠버전	←camcorder+version/ digital camera+version		非法录制视频	2002 年新词
캠코더폰	camcorder phone		摄像手机	2003 年新词
캠퍼스 모라토리엄족	campus moratorium 族		推迟毕业一族	2003 年新词
캠폰	camcorder phone		摄像手机	2003 年新词
캠핑족	camping 族		野营族	2002 年新词
캡처꾼	capture-		以上传艺人窘照为乐的人	2005 年新词
커닝게이트	cunning gate		作弊门	2004 年新词

续表

外来词	源词	来源语种	解释	来源词典
커리어 코치	career coach		职业顾问	2003 年新词
커터	cutter		强力投球，强力球	2001 年新词
커팅콜	cutting call		停拍命令	2003 年新词
커플데이	couple day		双数日子	2002 年新词
커피바	coffee bar		咖啡吧，咖啡厅，咖啡店	2001 年新词
컨테이너촌	container 村		居住用集装箱形成的村子	2003 年新词
컬러링	coloring		彩铃	2002 年新词
컬러바	color bar		1. 彩条信号，标准色表（电视信号调节用）2.（染发用）彩色条	2001 年新词
컬러폰	color phone		彩屏手机	2002 年新词
컴캥	←computer-		不屑于电脑的人	2002 年新词
컴포트슈즈	comfort shoes		= 건강신발，健康鞋	2001 年新词
케거진카페	magazine+café	프랑스어	杂志咖啡馆	2002 年新词
케어 매니저	care manager		健康护理	2004 年新词
케이보드	←K←kick+boardway		脚踏式滑板	2002 年新词
케이티엑스부부	KTX 夫妇		高铁夫妇	2005 年新词
케이티엑스통근족	KTX-		高铁上班族	2005 年新词
케피스룩	caffice←casual+office look		日常工作服	2004 年新词
코드가 맞다	code-		心意相通	2003 年新词
코드셰어	code share		代码共享	2001 年新词
코드인사	code 人事		任用同类的人	2003 年新词
코드정치	code 政治		同党政治	2003 年新词
코드프리	code free		无地区码限制的	2002 年新词
코드프리되다	code free-		无地区码限制	2002 年新词

续表

外来词	源词	来源语种	解释	来源词典
코드프리하다	code free-		无地区码限制的	2002 年新词
코레니즘	Corenism		韩流的英译候选词之一	2005 年新词
코리아 디스카운트	korea discount		韩国折扣	2002 年新词
코리안 리거	korean leaguer		（美国棒球联赛中的）韩籍球员	2003 年新词
코리안 패러독스	korean paradox		韩国悖论	2003 年新词
코리우드	koran+hollywood		＝김치우드，韩国好莱坞	2004 年新词
코보스	←korean+bobos		韩国波波族	2002 年新词
코보스족	Kobos←korean+bobos 族		韩国波波族	2003 年新词
코스튬 파티	costume party		化妆舞会；化装舞会	2003 年新词
코시	KOCE kind，order，clean，etiquette	프랑스어	亲切、秩序、清洁、礼节	2004 年新词
코얼리어답터	kolyadopter←Korean+early ddopter		韩国新品族	2003 年新词
코이마 지수	KOIMA←Korean importers association 指數		韩国进口指数	2004 年新词
코즈메슈티컬	cosmeceutical←cosmetic+pharmaceutical		化妆药品	2004 年新词
코즈모크래츠	cosomocrates		国际人	2002 年新词
코쿤피스	←cocoon+office		胶囊办公室	2002 年新词
콘돔주	condom 酒		安全套酒	2003 年新词
콘텐츠 엠디	contents MD←Merchandising Director		内容总监	2001 年新词
콘트라섹슈얼족	contra sexual 族		反性别一族	2005 年新词
콜	call		通，个	2004 年新词
콜리건	←korean+hooligan		韩国球迷	2002 年新词

续表

外来词	源词	来源语种	解释	来源词典
콜센터	call center		呼叫中心	2001 年新词
콤팩트판	compact 版		타블로이드판（tabloid 版）浓缩版；摘要版	2004 年新词
콴도	kwando		搏击	2002 年新词
쿠리	←kuri（苦力）	중국어	苦力，劳工	2001 年新词
쿠폰깡	←coupon わりかん	일본어	赠品变现族	2005 年新词
쿼터족	quarter 族		指反应迅速的新一代	2001 年新词
쿼터파이프	quarter pipe		单面墙 U 形池	2003 年新词
퀘스텍 시스템	questec system		（棒球中）进球判定系统	2003 年新词
퀴저	quizer		知识竞赛参加者	2002 年新词
퀵주	quick 酒		快递酒	2003 年新词
큐	queue		队列，排队	2001 年新词
큐비트	qubit←quntum bit		量子比特	2001 年新词
큐시트	cue sheet		提示表，节目进行表	2001 年新词
큐오엘 의약품	QOL← Quality Of Life 醫藥品		= 해피 메이커 의약품（happy maker 醫藥品），提高生活品质的药品	2001 年新词
큐팩	Q-pack		（铁或木制）易拉罐	2004 年新词
크레디슈랑스	credisurance←credit+ assurance		信用卡保险	2003 年新词
크레디트 뷰로	credit bureau		信用咨询公司；信用资料社	2002 年新词
크레디파라치	←credit card+paparazzi	이탈리아어	信用卡打假	2002 年新词
크림색	cream 색		奶油色	2001 年新词
클러버	clubber		俱乐部会员	2002 年新词
클럽룩	club look		夜店装束	2002 年新词
클레릭셔츠	←cleric shirt		白领白袖白竖条纹衬衫	2004 年新词

续表

外来词	源词	来源语种	解释	来源词典
클레이 에니메이션	clay animation		黏土动画	2001 年新词
클릭주	click 酒		点击酒	2003 年新词
클린센터	clean center		公务员举报中心	2004 年新词
클린타임제도	clean time 制度		清廉期制度	2005 年新词
키네택패션	kinetic fashion		动力时尚	2001 年新词
키덜트족	kidult 족		童心未泯的成人	2002 年新词
키핑	keeping		代为保管	2001 年新词
키핑하다	keeping-		代为保管	2001 年新词
킷	kit		工具箱	2001 年新词
타이거 슬램	Tiger slam		老虎大满贯	2002 年新词
타이어 몰드	tire mold		轮胎模具	2002 年新词
타이태닉주	Titanic 酒		泰坦尼克酒	2003 年新词
타이틀곡	title 曲		主题曲	2001 年新词
타투이스트	tattooist		纹身者	2004 年新词
탁시노믹스	Thaksinnomics←Thanksin+ecnomics		他信经济	2003 年新词
탈강남 러시	탈강남 rush		逃离江南	2005 年新词
탈메틸화	脱 methyl 化		去甲基化	2001 年新词
태극 마크를 달다	태극 mark-		挂太极图标	2001 年新词
태보	taebo← 跆拳道+boxing		跆拳搏击	2003 年新词
태보댄스	taebo← 跆拳道+boxing dance		跆拳舞	2003 年新词
택숙자	←taxi 숙자		边睡边等客人的出租车司机	2004 年新词
탤런페서	←talent+professor		演员教授	2004 年新词
터프가이	tough guy		硬汉，铁汉	2001 年新词

续表

外来词	源词	来源语种	解释	来源词典
테니스 아빠	tennis-		网球老爸	2003 年新词
테러증후군	terror 症候群		恐怖袭击综合征	2004 年新词
테이블 게임	table game		= 보드 게임，棋盘游戏	2003 年新词
테크노 뽕짝	techno-		（韩国）电子民谣	2002 年新词
텍사스 웨지 샷	Texas wedge shot		（高尔夫球中）德克萨斯推杆	2004 年新词
텐인텐	ten in ten		十年之内挣 10 亿	2004 年新词
텐인텐질	ten in ten-		十年之内挣 10 亿	2004 年新词
텔개우먼	←talent+gag woman		女喜剧演员	2002 年新词
텔레매틱스	←telecommunication+informatics		通信与信息处理一体化	2002 年新词
텔레벤절리즘	television+evangelism		电视传教	2004 年新词
텔레코즘	telecosm		遥观宇宙	2004 年新词
템포감	tempo 感		快节奏感	2001 年新词
템플스테이	temple stay		寺庙寄宿；寺庙住宿；寺院寄宿	2002 年新词
토마피	tomato+piment	프랑스어	番茄多香果	2005 年新词
토빈세	tobin 税		托宾税	2001 年新词
토이카메라	toy comera		玩具相机	2004 年新词
토이카메라족	toy comera 族		玩具相机族	2004 年新词
토털 뷰 기법	total view 技法		全景技法	2001 年新词
토폐인	←TOEIC 廢人		托业痴迷族	2004 年新词
토피스	TOPIS←Transport operation and information service		交通信息系统	2005 年新词
톱블레이드	top blade		刀锋陀螺	2002 年新词
통플스테이	← 統一 +temple stay		住在寺庙为统一祈祷	2005 年新词
투잡	two job		= 투잡스，兼职	2003 年新词

续表

外来词	源词	来源语种	解释	来源词典
투잡스	two jobs		兼职	2003 年新词
투폰족	two phone 族		双手机族	2004 年新词
튜닉셔츠	tunic←shirt		束腰衬衫	2001 年新词
트래직 넘버	tragic number		悲剧数字	2004 年新词
트렁크족	trunk 族		旅行族	2002 年新词
트레이	tray		储物盒	2001 年新词
트렌드 워처	trend watcher		趋势观察家	2003 年新词
트로트학과	trot 學科		慢跑学	2005 年新词
트로피 남편	trophy 男便		家庭妇男	2004 年新词
트로피 아내	trophy-		花瓶妻子	2004 年新词
트리가슴	trigasme←tri_orgasme		（性交中）三次高潮	2003 年新词
트리플딥	triple dip		（经济的）多次探底	2003 年新词
트릭	trick		花招，技巧	2001 年新词
트릭 플레이	trick play		欺骗对手	2004 年新词
트림	trim		汽车分级	2004 年新词
트림명	trim 名		等级名	2004 年新词
트윅스터	twixter←betwixt+er		啃老族	2005 年新词
트파라치	tparazzi←trend+ paparazzi		善于捕捉趋势的人	2003 年新词
틈새폰	-phone		细分市场手机	2005 年新词
티머니	T-money		交通卡	2004 年新词
티머니 카드	T-money card		交通卡	2004 年新词
티보드	T-baord		T 形滑板	2004 年新词
티브이셀러	TV←television seller←best seller		受电视影响的畅销产品	2003 年新词
티브이슈랑스	TV ←television+ assurance		电视推销保险	2004 年新词

续表

外来词	源词	来源语种	解释	来源词典
티브이폰	TV phone		电视手机	2002 年新词
티에이치엑스	THX←Tomlinson holman experiment		THX 标准	2003 年新词
티엠아이	TMI←text message injury		过度使用拇指来输入手机的短信所造成的一种重复性压力伤害	2004 年新词
티자주	T 字酒		三色酒	2003 年新词
티쳐보이	teacher boy		过度依赖补习班而无法自主学习的孩子	2004 年新词
티커머스	T←television commerce		电视购物	2002 年新词
티티테인먼트	tittytainment←titty entertainment		啃老族	2003 年新词
티피에스	TPS←triple play service		三网合一服务	2004 年新词
틴팅	tinting		太阳膜	2002 年新词
팀칼러	team color		团队个性	2001 年新词
파세이브	par save		获得标准杆	2003 年新词
파우더 스키	powder ski		野地滑雪	2003 年新词
파우치	pouch		化妆袋	2003 年新词
파이데이	pi day	그리스어	3 月 14 日	2003 年新词
파일보기폰	file-phone		可查阅文档手机	2005 年新词
파카족	parka 族		夏季皮衣族	2003 年新词
파티플래너	party planner		晚会策划者	2002 年新词
파파걸	papa's girl		离不开爸爸的女儿	2003 年新词
파파데이	papa day		指 8 月 8 日	2005 年新词
팜파라치	←pharmacy+paparazzi	이탈리아어	医疗打假	2002 年新词
팝계	pop 界		流行乐坛	2001 年新词

续表

外来词	源词	来源语种	解释	来源词典
팝데스크	pop desk		接入画面	2001 年新词
패널스럽다	panel-		有专家风范的	2003 年新词
패닉룸	panic room		安全房	2002 年新词
패러글라이딩족	paragliding 族		高崖跳伞运动族	2003 年新词
패러싱글족	para←parasite single 族		啃老族	2004 年新词
패럴림픽	paralegia+Olympic		残奥会，残疾人奥运会	2001 年新词
패밀리맨	family man		家庭好男人	2002 年新词
패셔니스타	fashionista		疯狂追求时髦与流行的人	2003 年新词
패스트패션	fast fashion		对穿衣时尚敏感的人	2004 年新词
패치용	patch 用		补丁用	2004 年新词
팩션	faction←fact+fiction		纪实小说	2004 年新词
팬생팬사	fan 生 fan 死		为粉丝生为粉丝死，极度重视粉丝	2004 年新词
팬숍	fan shop		球迷商店	2003 年新词
팬시소설	fancy 小說		幻想小说	2001 年新词
팬아트	fan art		球迷艺术	2003 年新词
팬페이지	←fan+homepage		粉丝主页	2002 年新词
팬픽	fan+fiction		同人小说；粉丝小说	2002 年新词
퍼널리스트	fundmanager+analyst		基金经理兼分析师	2003 年新词
퍼머	펌 +er		发布资料的人	2004 年新词
퍼뮤니케이션	← 펌 +comunication		网络共享	2004 年新词
퍼플골드	purple gold		紫金	2002 年新词
펀데이	fun day		同乐日	2003 年新词
펀듀랑스	fundurance←fund+ assurance		证券保险联合推销	2003 年新词
펀약킹	funyaking←fun+ kayaking		趣味独木舟	2003 年新词

续表

外来词	源词	来源语种	解释	来源词典
펌킨족	펌 +KIN 族		热衷网络共享一族	2004 年新词
펌플족	펌 +reply 族		粘贴回帖族	2004 年新词
펑키호러	funky horror		时髦恐怖	2004 年新词
페로티시즘	←feminism+eroticism		女性视角的色情	2004 年新词
페미클린룩	femiculine←feminine+ masculine		中性风格	2002 年新词
페이소스	pathos		＝비애，悲哀	2001 年新词
페트 신드롬	pet syndrome		宠物综合征	2003 年新词
퍼션 누드	fashion nude		时装裸体	2003 年新词
포스트디지털세대	post digital 世代		后数字一代	2005 年新词
포인트 포워드	point forward		控球前锋；组织前锋	2004 年新词
포크로어	folklore		＝민속악，民俗乐	2004 年新词
포피스	four-piece		（衣服）四件套	2002 年新词
폭탄 사이트	爆彈 site		炸弹网站	2001 年新词
폰빌	phone bill		手机支付	2002 年新词
폰사진	phone 寫眞		手机照片	2004 年新词
폰카	phoneca←phone+ camera		照相手机	2003 年新词
폰카메라	phone camera		照相手机	2002 年新词
폰카족	phoneca←phone+ camera 族		手机照相族	2003 年新词
폰카짱	phone carema-		手机照相能手	2004 年新词
폰티즌	phone+citizen		手机族	2004 年新词
폰파라치	←phone+paparazzi	이탈리아어	用手机偷录名人隐私	2002 年新词
폰페이지	phone+homepage		手机网页	2002 年新词
폴리테인먼트	politainment←polictics+ entertainment		趣味政治	2003 年新词

续表

外来词	源词	来源语种	解释	来源词典
폴백	fallback		备用，后备	2001 年新词
폴사인제	pole sign 製		油品专卖制	2001 年新词
표파라치	←票 +paparazzi	이탈리아어	举报投票舞弊	2002 年新词
푸드스타일리스트	food stylist		食品造型师	2001 年新词
푸라면		일본어	辛拉面的别称	2003 年新词
풀카트	pull cart		（高尔夫中的）无动力拖车	2004 年新词
풋밤	foot balm		护足霜	2004 年新词
풋아웃	put out		자살 刺杀	2003 年新词
풋프린팅	foot printing		印足迹	2003 年新词
퓨어몰트	pure malt		纯麦芽酒	2001 年新词
퓨전식	fusion 食		混合食品	2004 年新词
퓨전화	fusion 靴		混合风格鞋子	2002 年新词
프로기즘	frogism		井蛙主义	2005 年新词
프리터룩	free+arbeiter look	독일어	自由打工族	2003 年新词
프리터족	freeter←free+Arbeiter 族		自由打工族	2002 年新词
프린트 수표	print 手票		打印支票	2001 年新词
프티스카프	petit scarf	프랑스어	小围巾	2004 年新词
플라노	flano		法兰绒	2003 年新词
플라노 아트	flano art		法兰绒艺术	2003 年新词
플라이	vlei		沼泽；池塘	2004 年新词
플라이가이	fly guy		充气玩偶	2002 年新词
플라이피시	fly-fish		飞鱼运动	2004 年新词
플래너	panner		策划者	2003 年新词
플래시	flash		flash 软件或者动画	2002 年新词

续表

外来词	源词	来源语种	解释	来源词典
플래시 크라우드	flash crowd		突发攻击流	2003 年新词
플래시몹	flash mob		快闪聚会	2003 年新词
플랩북	flap book		翻翻书	2002 年新词
플렉시테리언	flexitarian←flexible+ vegetarian		灵活素食者	2004 年新词
플록시비리티	floxibility←flock+ flexibility		群体灵活性	2003 年新词
플리바게닝	plea bargaining		认罪求情协议	2001 年新词
플몹	flmob←flash+mob		플래시몹 快闪聚会	2003 年新词
피겨	figure		= 액션피겨 action figure, 玩具人；可动人形	2004 年新词
피디언	pidian		P D A 使用者	2002 年新词
피세대	P←participation/ passion/ potential power 세대		新生代（参与、热情、潜在力量一代）	2003 年新词
피시	PC←Product Coordinator		产品协调员	2003 年新词
피시방 증후군	PC 房症候群		网吧综合征	2004 年新词
피싱	phishing←private data+fishing		个人隐私钓鱼	2004 年新词
피아이	PI←Personal identity		个人形象管理	2003 年新词
피엠시	PMC←Private Miltary Company		私人军事公司	2004 年新词
피이에이폰	PDA phone		智能手机	2002 年新词
피케이	PK←plyer killing		PK 对决	2002 年新词
피타야	pitaya		火龙果	2004 年新词
피토스테롤	phytosterol		식물스테롤, 植物甾醇	2001 年新词
피팅감	fitting 感		适合感	2001 年新词
핀홀법	pin hole 法		针刺疗法	2005 年新词

续表

外来词	源词	来源语种	解释	来源词典
필카	film camera		胶卷相机	2004 年新词
핑거탑	finger top		指套	2001 年新词
핑크 비아그라	pink Vigra		伟姐，女用伟哥	2002 年新词
핑크빛	pink-		= 핑크，粉色	2001 年新词
하아구이	海龟	중국어	海龟	2003 年新词
하우스	house		= 온실，温室	2001 年新词
하우스제배품	house 栽培品		温室产品	2001 年新词
하이일드 펀드	high yield fund		高收益基金	2001 年新词
하이파이프	high pipe		月牙滑雪道	2003 年新词
하이퍼리치			富豪	2005 年新词
하이퍼스타	hyper star		超级明星	2004 年新词
하이퍼인플레이션	hyperinflation		= 초인플레이션 超通货膨胀	2002 年新词
하이퍼파워	hyperpower		超强力量	2003 年新词
하프파이프	half pipe		月牙滑雪道	2003 年新词
하한쭈	哈韩族	중국어	哈韩族	2002 年新词
할리족	harley 族		哈雷族	2003 年新词
할바	한나라당 알바 ←Arbeit	독일어	大国家党支持者的贬称	2004 年新词
할인깡	割引わりかん	일본어	折扣套现	2003 年新词
할인마트	割引 mart		大型折扣店	2001 年新词
핫스팟	hot spot		（网络）热点	2001 年新词
해비타트 운동	habitat 運動		栖息地运动	2001 年新词
해킹국	hacking 國		黑客国家	2002 年新词
핸들러	handler		（犬马等的）训练者	2003 年新词
행잉램프	hanging lamp		吊灯	2001 年新词

续表

外来词	源词	来源语种	解释	来源词典
허무송	虛無 song		虚无歌（网上歌曲之一）	2004 年新词
허브족	hub 族		接口族	2003 年新词
헐크	hulk		庞然大物	2001 年新词
헤드레스트	head rest		（汽车用）头枕	2004 年新词
헤드셋	headset		耳机	2001 年新词
헤드페인팅	head painting		额头作画	2002 年新词
헤딩라인 뉴스	heading line news		头条新闻	2004 年新词
헤어매니큐어	hair manicure		润泽头发，润泽头发的化妆品	2003 年新词
헤어진단기	hair 診斷機		= 모발 진단기，毛发诊断仪	2001 年新词
헬기스키	←helicopter 機 ski		直升机滑雪	2003 年新词
헬기택시	helicopter 機 taxi		直升机的士	2003 年新词
헬리보드	heliboard←helicopter+board		直升机滑板	2003 年新词
헬스	health		健身	2001 年新词
헬스로빅	healthrobic←health+aerobic		健康有氧运动	2004 年新词
헬프 디펜스	help defence		协防	2004 年新词
헴	hem		摺边布匹	2003 年新词
현대이즘	-ism		现代生产方式	2005 年新词
현물깡	現物わりかん	일본어	现货套现	2004 年新词
호니팟	honey pot		蜜罐技术（一种诱捕黑客的技术）	2001 年新词
호러팬	horror fan		恐怖片影迷	2002 年新词
호모 디카쿠스	homo dica←digital camera+cus		数码摄影一族	2004 年新词
호모 텔레포니쿠스	Homo telephonicus	라틴어	时刻打电话的人	2002 年新词

续表

外来词	源词	来源语种	解释	来源词典
호모 핸폰쿠스	homo hanphon←hand phone+cus		手机照相一族	2004 年新词
호모테인스	homo tains	라틴어	人类追求快乐的本性	2003 年新词
호보백	hobo bag		休闲包款式；肚囊包	2003 年新词
호스질	hose-		用软管浇水	2001 年新词
호젤	hosel		高尔夫杆的插鞘	2003 年新词
혼테크족	婚 tech 族		通过婚姻获得最大利益的一族	2004 年新词
홈런타	home run 打		本垒打	2003 年新词
홈런팬	home run fan		= 이승엽족，李承烨粉丝	2003 年新词
홈브루	home-brew		自酿啤酒	2002 年新词
홈브루어	home brewer		自酿啤酒的人	2002 年新词
홈슈랑스	homesurance←home+assurance	프랑스어	网上保险	2003 年新词
홈처치 펠로십	home church fellowship		家庭教会团契	2003 年新词
홍가포르	hongapore←hongkong+singapore		香港与新加坡	2005 年新词
화상 채팅	畫像 chatting		视频聊天	2001 年新词
화상전화폰	畫像電話 phone		视频通话手机	2003 年新词
회사채깡	會社わりかん	일본어	公司债套现	2002 年新词
후순위채 펀드	後順位債 fund		= 시비오 펀드（CBO fund），担保债券基金	2001 年新词
훅업	hook-up		一夜情	2001 年新词
훌리건화	hooligan 化		足球流氓化	2002 年新词
훌리건화하다	hooligan 化 -		足球流氓化	2002 年新词
휘핑보이	whipping boy		= 태동（苔童），替罪羊	2001 年新词
휴대폰깡	携帶 phone わりかん	일본어	手机套现	2004 年新词

续表

外来词	源词	来源语种	解释	来源词典
휴대폰료	携帶 phone 料		手机费	2001 年新词
휴대폰스팸	携帶 phone spam		垃圾短信，骚扰电话	2002 年新词
휴머니언스	humanience← human+science		人道科学，人性科学	2003 年新词
휴먼 인디케이터	human indicator		人类指数	2005 年新词
휴테크	休 tech		休闲创意	2003 年新词
히딩크 스코어	Hiddink score		希丁克比分	2002 年新词
히딩크학	Hiddink 學		希丁克学	2002 年新词
히띵스	He thinks		喻指有创造才能的人	2002 年新词
히트작	hit 作		大作，力作，主要作品	2001 年新词
히팅골프	hitting golf		撞球高尔夫	2003 年新词
히프색	hip sack		挎在后背的包袋	2004 年新词
힐리스	heelys		= 롤러슈즈（roller shoes）， 暴走鞋；飞行鞋	2003 年新词
힐리스족	heelys 族		暴走鞋一族；飞行鞋一 族	2003 年新词
힙후퍼	hiphop hooper		街头篮球族	2003 年新词
힙후프	hiphop hoop		街头篮球	2002 年新词

附录 2　2001—2005 年度汉语外来词表①

外来词	源词	来源 语言	解释	来源词典
2D	-2D		二维	新词语

① 附录2来源语言一栏中，凡是未注明来源的外来词均为英语来源的外来词。另：来源词典一栏中，2001—2002指的是《汉语新词新语年编（2001—2002）》；2003-2005指的是《汉语新词语年编（2003—2005）》；21世纪指的是《21世纪华语新词语词典》；新词语指的是《汉语新词语大辞典》。

续表

外来词	源词	来源语言	解释	来源词典
3+X	-X		高考模式之一，语文、外语、数学加上一门综合课考试	2001-2002
3166	日语沙扬拉拉的谐音	日语	再见	2003-2005
3C 认证	China Compu lsory Certification		中国强制性产品认证制度的简称	2001-2002
3D	-dimension		三维	21 世纪
3F 现象	-F		浮躁、浮浅和浮夸的现象	2001-2002
3G	-G		第三代移动通信	2003-2005
9·11	9·11		9·11 恐怖袭击	新词语
AA 制	AA-		意思是各人平均分担所需费用，通常用于饮食聚会及旅游等场合	21 世纪
AA 制家庭	AA-		实行 AA 制的家庭	新词语
ABC	American Born Chinese		美国出生的华人	2003-2005
ABS	anti-lock braking systerm		制动防抱死装置	2001-2002
AB 角	AB-		就是 A 角和 B 角之间形成一种独特的工作机制	21 世纪
ace 球	ace-		网球运动的术语，直接发球得分的一种	21 世纪
ADSL	Asymmetrical Digital Subscriber Loop		全称为非对称性数字用户线路，是利用现有电话线进行 IP 传输的技术	2001-2002
APEC 方式	Asia-Pacific Economic Cooperation-		全体达成共识，成员自愿执行的方式	2003-2005
API 指数	Air Pollution Index，API		空气污染指数	新词语
AQ	Adversity Quotient		逆商，指人们面对逆境时的反应方式	新词语
ATM 机	Automatic Teller achine		自动柜员机	21 世纪

续表

外来词	源词	来源语言	解释	来源词典
AV	Adult Video		成人影片	21 世纪
a 货	A-		指精仿产品	21 世纪
bbs	Bulletin Board System		电子公告板	21 世纪
BF	boy friend		男朋友的英文首字母缩写	2001-2002
BIG5	BIG-		又称为大五码，是使用（繁体）中文字社群中最常用的电脑汉字字符集标准	21 世纪
BOBO 族	Bohemien+ ourgeoisie		新中产阶级	2001-2002
BT	BitTorrent		是一个基于互联网的文件传输协议，它能够实现点对点的文件分享技术	21 世纪
CDMA	Code division Multiple Access		联通手机类型之一	2001-2002
CDR	CDR		CorelDraw 软件使用中的一种图形文件保存格式	21 世纪
CEO	Chief Executive fficer		首席执行官，企业中负责日常营运的最高行政人员	21 世纪
CI	Corporate image		企业形象设计	2001-2002
CIO	Chief lnformation Officer		首席信息官	2003-2005
CKO	Chief Knowledge Officer		首席知识官	2003-2005
CMMS	Current Matter Manage System		工程物流管理系统	2001-2002
CPI	Consumer Price Index		居民消费价格指数	21 世纪
CS	counter strike		一种名叫反恐精英的游戏	2001-2002
CS 工程	Customer Satisfaction		以顾客满意度为核心的公司管理行动	2001-2002
CTO	Chief Technology Officer		技术总监	2003-2005

续表

外来词	源词	来源语言	解释	来源词典
CXO	Chief X Officer		一种职务的全新称谓，意为某某执行官	2003-2005
DHA	DHA		即脑黄金，学名二十二碳六烯酸	2001-2002
DIY	do it yourself		自己动手	21 世纪
DM	Direct Mail		直投信件或者电子词典	2003-2005
DV	Digital Video		数码摄像机	2003-2005
DVD	Digital Video Disc		数字视频光盘	21 世纪
ED	Erectile dysfunction		男性勃起功能障碍	2001-2002
EMBA	Educate Master of Business Administration		教育管理硕士学位	2001-2002
EPD	environment population development		联合国教科文组织环境人口与可持续发展教育项目	2003-2005
EQ	Emotional Quotient		情感智商的简称，也被称为社会智商或心理智商	21 世纪
ERP	Enterprise Resource Planning		一种管理软件	2003-2005
ETF	Exchange Traded Fund		指交易所买卖基金简单地说，是指在交易所买卖的指数化开放式基金	2001-2002
EVD	Enhanced Versatile Disk		高密度数字激光视盘系统	2003-2005
e 毒	e-		离不开因特网的心理疾病	2001-2002
e 化	e-		世界因为因特网而变化	2001-2002
E 教育	E-		利用因特网进行的教育	2003-2005
e 网	e-		指因特网	2001-2002
e 夜情	e-		因特网上的一个征友栏目，一种进化的男女交往方式	2001-2002
F4	F4		指凭借《流星花园》一炮走红的四个男孩：周渝民、言承旭、朱孝天和吴建豪	2001-2002

续表

外来词	源词	来源语言	解释	来源词典
GB	Gigabyte/guó biāo		①千兆字节②国标，中华人民共和国国家标准	21 世纪
GF	Girl Friend/Good Friend		女朋友或好朋友	2001-2002
HDTV	High Definition Television		高清晰度电视	21 世纪
HIV	human immunodeficiency virus		艾滋病毒	2003-2005
IBM	Internatioal Big Mouth		国际大嘴巴	2001-2002
IC	integrated circuit		集成电路	21 世纪
ICQ	ICQ		一款网络即时信息传呼软件	21 世纪
IC 卡	IC-		又称集成电路卡，它是在大小和普通信用卡相同的塑料卡片上嵌置一个或多个集成电路构成的	21 世纪
IF 一族	international freeman		即国际自由人	2001-2002
ing	ing		正在进行中	2003-2005
IOU	I Love You		我爱你	2001-2002
IPO	Initial public offerings		首次公开募股，指某公司首次向社会公众公开招股的发行方式	21 世纪
IP 电话	Internet Protocol-		网络电话	21 世纪
IP 卡	Internet Protocol-		网络电话卡	21 世纪
IQ	Intelligence Quotient		智商，智力商数	21 世纪
ISP	Internet Service Provider		互联网接入业务运营商	2003-2005
IT	Information Technology		信息科技和产业	21 世纪
JJ	JJ		姐姐	2001-2002

续表

外来词	源词	来源语言	解释	来源词典
KITTY 猫	Hello Kitty		本的 Sanrio 公司所创造的卡通形象之一	21 世纪
KTV	Karaok TV		卡拉 OK	21 世纪
K 粉	K-		即氯胺酮，是一种毒品	2003-2005
K 歌	K-		到 KTV 等娱乐场所唱歌	21 世纪
LCD	Liquid Crystal Display		液晶显示器	21 世纪
LOF	Listed Open-Ended Fund		上市型开放式基金	2001-2002
MBO	management buyout		管理层收购，把国有企业卖给私人	2003-2005
MD	mini disc		迷你光碟	2001-2002
MM	MM		妹妹	2001-2002
MP3	Motion Picture Experts Group 1，audio layer 3		把 CD 中的音轨 track 压缩成计算机纯声音文件 wav 的技术或者一种音频格式	2001-2002
MP4	MP4		一个能够播放 MPEG——4 文件的设备	2003-2005
MPH	Master of Public Health		公共卫生专业硕士学位	2001-2002
MRPII	Manufacturing Resource Planning		制造资源计划	2003-2005
N 次	N-		多次	2001-2002
OEM	original equipment manufacturer		贴牌出口或者接单生产	2003-2005
OL	Office Lady		办公室女孩	2003-2005
OTC	Over The Counter		非处方药，是 “Over The Counter（可在柜台上卖的药）” 的缩写，指不需凭医生处方即可自行购买和使用的药品	2003-2005
PCP	Pneumocystis Carinii Pneumonia		病毒性肺炎	2001-2002

续表

外来词	源词	来源语言	解释	来源词典
PCR	Polymerase Chain Reaction		临床基因扩增检验	2003-2005
PDA	Personal Digital Assistant		个人数字协理或者个人数字助理	2003-2005
PETS	Public English Test System		即全国英语等级考试（Public English Test Sys-tem，简称 PETS）	2003-2005
PF	PF		佩服	2003-2005
PK	Player Killer		游戏中玩家们互相攻击，切磋武艺	2003-2005
PK	Plyer Killer		对决	21 世纪
PLMM	PLMM		漂亮妹妹	2001-2002
PMP	PMP		拍马屁	2001-2002
PP	PP		漂亮	2001-2002
QF Ⅱ	Qualified Foreign Institutional Investors		指“合格境外机构投资者”，它是在资本项目尚未完全开放的国家和地区，实现有序、稳妥开放证券市场的一种过渡性制度安排	2001-2002
QQ	QQ		腾讯推出的一款免费即时通信软件	21 世纪
QQ 族	QQ 族	日语	喜欢 QQ 聊天的人	2003-2005
QS	Quality Standard		食品准入制质量安全的标志	2003-2005
Q 版	Cute-		可爱版	21 世纪
Q 哥	Q-		喜欢 QQ 聊天的年轻男性	2003-2005
Q 妹	Q-		喜欢 QQ 聊天的年轻女性	2003-2005
Q 言 Q 语	Q-		在 QQ 上使用的语言	2003-2005
R&B	R&B		蓝调	21 世纪
RAP	RAP		说唱，饶舌	21 世纪

续表

外来词	源词	来源语言	解释	来源词典
SARS	SARS		非典	2003-2005
SCM	Supply Chain Management		供应链管理	2003-2005
SIM 卡	Subscriber Identity Model-		智能卡、用户身份识别卡	21 世纪
SMS	Short Messaging Service		短消息服务	2003-2005
SOD	Super Oxygen Dehydrogenises		超氧化物歧化酶	2003-2005
SP	service provider		服务提供商 “service provider” 的英文缩写，指的是在电信运营商提供的平台下通过提供短信息、彩信等手机增值服务盈利的机构	2003-2005
SPA	SPA		指用水来达到健康	21 世纪
T 形台	T-		指模特走秀的台子	21 世纪
USB	Universal Serial Bus		通用串行总线	21 世纪
U 形台	U-		U 形的台子	21 世纪
VISA 卡	VISA card		维萨国际组织发行的信用卡	21 世纪
VOD	Video-On-Demand		视频多媒体点播	2003-2005
VS	versus		①表示体育比赛的双方 ②表示两个对立的事物	21 世纪
WAP	Wireless Application Protocol		手机上网	2003-2005
WCBA	WCBA		全国女篮联赛	2001-2002
XO	XO		白兰地中的专业术语，表示“贮藏期”	21 世纪
爱普	APIEL		国际考生英语专项考试	2003-2005
肮脏弹	dirty bomb		脏弹又称放射性炸弹，是一种大范围传播放射性物质的武器	21 世纪

续表

外来词	源词	来源语言	解释	来源词典
奥林匹克花园	olimpic-		一种以奥林匹克为主题的花园	2003-2005
奥校	olimpic-		与国际学科奥林匹克竞赛内容有关的课程培训	2001-2002
奥运经济	olimpic-		因为奥运会而产生的经济行为和经济效益	2001-2002
巴迪熊	buddy		巴迪熊是一个熊雕塑品，柏林的象征	21 世纪
芭拉芭拉	para para	日语	出现于 20 世纪 70 年代末日本，是一种流行于 Disco 的舞蹈	21 世纪
吧女	bar+ 女		酒吧女郎	21 世纪
白骨精	white collar-		“白领、骨干、精英”的简称	2001-2002
白领农民	white collar-		具有白领素质或表征的农民	2003-2005
白名单	white list		白名单的概念与“黑名单”相对，用于软件的安全控制如果设立了白名单，则在白名单中的用户（或 IP 地址、IP 包、邮件等）会优先通过	21 世纪
白页	white pages		电话号码簿中登录党政机关、团体电话号码的部分或者是只提供号码无其他广告信息的部分	2001-2002
扮蔻	- 蔻	日语	装扮成可爱的样子	2001-2002
扮酷	-cool		装扮个性的充分张扬	2001-2002
保障卡	保障 +card		有社会保障作用的信用卡	21 世纪
暴走	暴走	日语	沿着指定路线徒步或驾车行走，时间不限	21 世纪
暴走鞋	暴走 + 鞋	日语	一种在普通运动鞋后跟处加上一个轮子的简易娱乐鞋	21 世纪
暴走族	暴走族	日语	以大量走路来达到健身目的的人，或以飞驰摩托而激发情绪的人	2001-2002

续表

外来词	源词	来源语言	解释	来源词典
贝斯	bass		队中一般必不可少的乐器之一，它在爵士乐队中主要担任低音声部，有时也作即兴独奏	21 世纪
背包族	- 族	日语	野营一族	2003-2005
背投	rear projector		一种假借投影和反射原理，将屏幕和投影系统置于一体的电视显像系统	21 世纪
本本族	- 族	日语	有文凭、证书的人或者有笔记本电脑的人	2003-2005
蹦迪	disco dancing		指到舞厅去跳迪斯科	21 世纪
蹦极	bungee jumping		一种从高处跃下的极限运动	21 世纪
波霸	ball-		胸部特别丰满的女子	2001-2002
波波族	bobo 族	日语	布尔乔亚（Bourgeois）和波希米亚（Bohemia）的缩写组合单词	新词语
博客	webblog		将事件、意见和信息等在互联网上发布的行为和成果，以及用这种方式进行交流的人	2003-2005
不婚族	- 族	日语	已到法定结婚年龄，却不愿意结婚的单身男女	2003-2005
不夜族	- 族	日语	晚上不睡觉而从事其他活动的人们	2003-2005
布林	plum		酸梅的音译	21 世纪
步道	步道	日语	人行道	2001-2002
步行街	pedestrian street		城市道路系统中确定为专供步行者使用，禁止或限制车辆通行的街道	21 世纪
彩 e	-e		中国联通的一种新业务	2001-2002
彩吧	-bar		经营彩票的营业场所	2003-2005
彩铃	CRBT（Coloring Ring Back Tone）		个性化回铃音业务	2003-2005
彩民	lottery buyer		经常买彩票的人	21 世纪

续表

外来词	源词	来源语言	解释	来源词典
彩信	MMS（multimedia message）		集彩色图像、声音、文字为一体的多媒体短信业务	2001-2002
餐吧	-bar		餐厅	2003-2005
草莓族	- 族	日语	收入高却没有储蓄的阶层；脸上皮肤坑坑洼洼，状似草莓的人	2003-2005
蹭课族	- 族	日语	指不是学生但经常到各级各类学校去听课或是虽然是学生但常去听不属于自己的课程的人	2003-2005
超媒体	hypermedia		超文本（hypertext）和多媒体在信息浏览环境下的结合	21 世纪
超视距	over-the horizen		超出肉眼视力范围的	21 世纪
城市带	city brings，city group		又称城市群，指在特定地域范围内具有相当数量的不同性质、类型和等级规模的城市	21 世纪
城市圈	city brings，city group		指在城市群中出现的以大城市为核心的区域	21 世纪
城市热岛效应	urban heat island effect		城市区域内由于诸如汽车和空调等排出的废热增加、绿化空间减少等原因导致气温比周围地带升高的现象	2001-2002
处女秀	处女 +show		首次表演或出场	21 世纪
触摸屏	touch screen		靠触摸而显像的荧屏	2001-2002
纯生啤酒	draft beer		鲜啤酒；一种新的啤酒品牌	2003-2005
磁浮	magnetic suspension technique		利用电磁感应产生的磁斥力从而使列车等物体悬浮起来	2001-2002
磁浮线路	magnetic suspension		磁浮列车线路	2001-2002
磁条卡	-card		内置磁条的信用卡	21 世纪
醋溜一族	- 族	日语	爱漂亮、爱新潮、爱赚钱、爱真理、盼望爱情，却又害怕束缚的时尚一族	2001-2002
打波音的	-taxi		像打的一样经常坐波音飞机	2003-2005

续表

外来词	源词	来源语言	解释	来源词典
打卡	-card		刷卡	新词语
大奔	mercedes benz	德语	指奔驰汽车	21 世纪
大本钟	big ben		伦敦著名的古钟，即威斯敏斯特宫报时钟	21 世纪
大规模毁灭性武器	Weapon of Mass Destruction，WMD		对国家和社会构成重大威胁的核武器、生化武器等	2001-2002
带宽	bandwidth		频带的宽度	2001-2002
单克隆	单 +clone		来源于一个母体的克隆	21 世纪
单身族	singles		单身一族	21 世纪
淡入	fade-in		逐渐进入	2001-2002
倒萨	-sadam		推翻萨达姆政权	2003-2005
德比	Derby		同一个城市的球队之间的比赛	2003-2005
的嫂	taxi-		“的哥”的仿造词，开出租车的女性	新词语
等离子电视	plasma display panel		能进行 3 次逐行扫描，清晰度比较高的高科技彩电	2003-2005
低 V	-V		低胸 V 字领	21 世纪
迪哥	disco-		常去迪厅的年轻男性	新词语
迪妹	disco-		常去迪厅的年轻女性	新词语
点击	click		进行计算机操作时，移动鼠标，把鼠标针指向要操作的地方并用手指敲击鼠标上的键	21 世纪
点击书	digibook		一种多媒体阅读方式，里面提供了各种动漫，杂志，小说等多样化信息内容	21 世纪
电离层暴	ionospheric storm		太阳局部地区扰动引起的全球大范围的电离层内 F 区状况的剧烈变化经常伴有电离密度降低和 F 区虚高（等效反射高度）的增加	2001-2002

续表

外来词	源词	来源语言	解释	来源词典
电视卡	-card		可以通过个人计算机来看电视的装置	21 世纪
电音	electrophonic music		电子音乐，用数码信号模拟的各种乐器音色，从而制作（或演奏）出来的音乐	21 世纪
电子眼	electrophonic eyes		“智能交通违章监摄管理系统”的俗称	21 世纪
电子邮局	e-post		一种类似于虚拟主机的服务，将一台邮件服务器划分为若干区域，分别出租给不同的企业	21 世纪
定食	定食	日语	日本对便当的一种别称	21 世纪
动漫	cartoon & comic		动画和漫画的合称与缩写	21 世纪
短消息	short message		通信公司提供的一种独特的沟通方式	21 世纪
短信	SMS（short messages）		一种新兴的传播载体，网络时代的通信方式之一	2001-2002
二手房	second-hand house		指业主已经在房地产市场上购买后又欲出售的自用房	21 世纪
翻斗乐	fun dazzle		小朋友玩的游乐场，里面有滑梯、海洋球、秋千、积木等玩具	21 世纪
反倾销	Anti-Dumping		在国际贸易中为了保护本国的经济利益用比较高额的税收征收的办法来反对外国向自己的国家倾销商品	2001-2002
泛 CBD	Central Business Distriet		商务中心地区（CBD）区域强劲的发展势头不断蔓延的沿线地区	2001-2002
贩工一族	- 族	日语	专门靠介绍工人谋利的人	2003-2005
防爆门	blast-resistant doors		安装在出风井口、以防甲烷、煤尘爆炸毁坏通风机的安全设施	21 世纪
防火墙	fire wall		一项协助确保信息安全的设备，会依照特定的规则，允许或是限制传输的数据通过	21 世纪

续表

外来词	源词	来源语言	解释	来源词典
非典	SARS		非典型肺炎	2003-2005
非典文化	SARS		因为非典而产生的文化现象	2003-2005
非典型肺炎	SARS		一种传染性极强的呼吸道疾病	2003-2005
非物质文化遗产	intangible cultural heritage		来自某一文化社区的全部创作，这些创作以传统为其文化和社会特性的表达形式，其准则和价值通过模仿或其他方式口头相传	2001-2002
肥臀族	- 族	日语	以粉领为主要读者或者作者的文学	2003-2005
分屏	divide screen		分割屏幕	21 世纪
芬多精	pythoncidere		植物的一种防御系统	21 世纪
芬兰浴	sauna		指在封闭房间内用蒸气对人体进行理疗的过程	21 世纪
粉领	pink-collar		指在家上班的女性	21 世纪
粉领文学	pink collar		以粉领为主要读者或者作者的文学	2003-2005
粉领族	pink collar-	日语	指在家上班的女性	新词语
粉丝	fans		崇拜者	2003-2005
封闭贷款	Closed Loan		银行推出的一种带有封闭和专门管理制度的贷款形式	2001-2002
负回报	mimus+ 回报		指亏损	21 世纪
概念车	conception car		处在创意、试验阶段，用来展示新型车款的风格、科技与整体设计的车	21 世纪
概念店	Concept Store		一种新兴商店	2003-2005
高级灰	-gray collar		高级灰领阶层	2003-2005
高解像	high resolution		高分辨率	21 世纪
高清	High defination		高清晰度	21 世纪

续表

外来词	源词	来源语言	解释	来源词典
歌吧	歌 +bar		歌厅，唱歌的场所	21 世纪
格式化泡妞	format-		指网恋	2003-2005
个人数字助理	PDA（personal digital assistant）		一种手持式电子设备	2001-2002
工作包	work package		工作用的一系列物品	21 世纪
公益卡	公益 +card		中国联通发行的一种手机卡	21 世纪
共赢	co-win		仿双赢造的词	21 世纪
购物车	shopping car		①指超市等大型自选商场中，顾客用于暂时存放所选商品的一种手推车；②网上购物时的物品清单	21 世纪
古龙水	Eau de Cologne	法语	也译为科隆香水，一种含有2%~3% 精油含量的清淡香水	21 世纪
股吧	-bar		股票吧，股票交流社区的概称	新词语
关联方	affiliated side		相关联的双方	21 世纪
光学钟	optical clock		天文学专有名词	21 世纪
国奥	国 +olimpic		国家奥运队	21 世纪
国际 SOS 儿童村	-SOS-		收养孤儿的国际性民间社会福利组织	新词语
国际卡	-card		指发卡机构发行的国际信用卡组织品牌的信用卡	21 世纪
过劳死	Karoshi	日语	由于长期疲劳所引起的猝死	2003-2005
哈狗族	- 族	日语	喜欢狗的时尚一族	2001-2002
哈哈族	- 族	日语	酷爱“哈利·波特”的一类人	2003-2005
行为艺术	performance art		人体艺术或者用人与物质、自然相结合构成的艺术形式	2001-2002
盒饭	-FANS		在 2005 年“超级女声”选秀活动中荣获全国总决赛第四名的女选手——何洁的歌迷	2003-2005

续表

外来词	源词	来源语言	解释	来源词典
黑摩托	-Motor		城市或者乡村中无证经营的摩托	2001-2002
黑网吧	-netbar		非法经营的网吧	2001-2002
很S	-S		说话拐弯抹角	2003-2005
烘焙机	homepage		网络主页	2001-2002
红客	←hacker		网络上标榜自己正义、爱国的计算机高手	2003-2005
红魔	붉은 악마	韩语	韩国足球球迷	2001-2002
话吧	-bar		为使用公用电话的人服务的场所，又叫公话超市	2003-2005
环幕电影	circular-screen movie		一种能表现水平360度范围内全部景物的特殊形式电影	2003-2005
黄页广告	yellow page		在电话号码簿黄页上发布的广告	2001-2002
灰客	←hacker		网络上水平比较差的计算机高手	2003-2005
灰领	gray collar		具有较高知识层次、较强创新能力、掌握熟练的心智技能的新兴技能人才	2001-2002
混搭	Mix and Match		时尚界专用名词，指将不同风格，不同材质，不同身价的东西按照个人口味拼凑在一起，从而混合搭配出完全个人化的风格	21世纪
基因敲除	gene knockout		指去掉人体免疫排斥基因	2001-2002
基因树	gene+树		基于单个同源基因差异构建的系统发生树	21世纪
基因武器	genetic weapon		利用基因技术而生产的武器	2001-2002
基因芯片	gene chip		一种分子电路系统参见“生物芯片”条	2001-2002
基因银行	GenBank		基因资源库，即遗传信息库	2003-2005
基因组	Genome		细胞和生物体的一整套的基因	2001-2002

续表

外来词	源词	来源语言	解释	来源词典
记忆卡	memory stick		小型轻量电子产品的最佳外部记录媒体，存储卡	21 世纪
加菲猫	Garfield		全球著名的卡通形象	21 世纪
家庭车	family car		适合家庭使用的车	21 世纪
甲 A	-A		代指中学校中的快班	2003-2005
甲 B	-B		代指中学中的慢班	2003-2005
假 A	-A		在中国足球甲 A 联赛中出现的黑幕事件参见“假 B”条	2001-2002
假 B	-B		在中国足球甲 A 联赛中出现的黑幕事件参见“假 A”条	2001-2002
健商	Health Quotient		健康商数	2001-2002
街舞	hip-hop		由美国黑人创造的一种街头舞蹈	2001-2002
解构	deconstruction		颠覆结构和传统的	21 世纪
解码	decode		①一个计算机词汇，是用特定方法将信息从已经编码的形式恢复到编码前原状的过程②破解秘密	21 世纪
金唱片	golden disc		对灌制唱片的歌唱者里实行的一种奖励手段，也可以指销量超过百万的唱片	21 世纪
金领	golden-collar		具有良好的教育背景，在某一行业有所建树的资深人士	21 世纪
金酸梅奖	Golden Raspberry Awards		模仿奥斯卡金像奖的负面颁奖典礼	21 世纪
惊悚片	thrilling movie		以侦探、神秘事件、罪行、错综复杂的心理变态或精神分裂状态为题材的一种电影类型	21 世纪
精华油	essential oil		一种美容产品，内含植物性角鲨烷等精华	21 世纪
精子库	sperm bank		保存年轻男性精子的储存机构	21 世纪

续表

外来词	源词	来源语言	解释	来源词典
境外卡	境外 +card		可在境外使用的信用卡	21 世纪
巨无霸	Big Mac		汉堡包的一种，后用来形容超大规模的事物	2001-2002
卡巴迪	Kabaddi		起源于南亚的的一项运动	21 世纪
卡奴	card+ 奴		又称卡债族，是指一个人使用大量的现金卡、信用卡，但负担不出缴款金额或是以卡养卡、以债养帐等方式，一直在还利息钱的人	21 世纪
卡哇伊	かわいい	日语	可爱	2003-2005
抗非	-SARS		抗击非典	2003-2005
考 G 热	-G-		考 GRE 热	新词语
考 G 一族	-G-		考 GRE 一族	新词语
考托族	-TOEFL-		考托福一族	新词语
科斯普莱	cosplay		时代剧或穿上某个时代的服装在街头表演亮相	2003-2005
可吸入颗粒物	inhalable particles		飘浮在天空中的可以被人吸入呼吸器官的极微小颗粒	2001-2002
克隆	clone		无性繁殖	21 世纪
刻录机	CD Recordable		在光盘上刻录数据的设备	21 世纪
空巴	air bus		空中巴士的缩略	21 世纪
口袋书	pochet book		能装进衣服口袋的书籍，指体积较小、方便携带的书	21 世纪
哭吧	哭 +bar		一个特殊的心理疏导场所，人们可以在此流泪悔过	21 世纪
库索族	kuso	日语	数字时代爱开玩笑的群体	2003-2005
酷	cool		很好，漂亮，给劲，真行，时髦，后来泛指可赞美的一切人和物	21 世纪
酷打扮	cool-		很潇洒帅气的打扮	新词语

续表

外来词	源词	来源语言	解释	来源词典
酷哥	cool-		个性充分张扬的男子	2001-2002
酷男	Cool-		个性充分张扬的男子	21 世纪
酷评	cool-		引人注目的时尚评论	2003-2005
酷手	cool-		有很高的技巧的人	新词语
酷帅	cool+ 帅		酷而且帅	21 世纪
酷臀	cool-		富有弹性、性感十足的臀部	新词语
酷炫	Cool-		时髦令人眩目	21 世纪
快餐图书	fastfood		快餐性质的图书	2003-2005
快餐语言	fastfood-		喻指那些如快餐一样在较短时间就可大量涌现的语言	2003-2005
快闪族	flash mob		动作简短、聚散快速去完成某个专项任务的人群	2003-2005
宽带	broad band		相对于窄带而言，指传输容量大的网络	21 世纪
宽带报纸	broadband-		利用宽带传输数据的数字报纸	2003-2005
宽带电话	broadband-		使用宽带传送话音的电话	2003-2005
拉拉	lesbian		是中国女同性恋者通用的昵称	2003-2005
蓝客	←hacker		只关心技术、我行我素的计算机高手	2003-2005
蓝山	blue mountain		悉尼西面的一道长长的山脉	21 世纪
蓝牙	bluetooth		目前国际上最新的一种无线通信技术规范，用来描述各种电子产品相互之间是如何用短距离无线电系统进行连接的	2001-2002
乐吧	-bar		以欣尝音乐为目的的酒吧	2003-2005
乐透	lottery		是中国彩票的其中一种玩法，而不是彩票的统称	21 世纪
联名卡	-Card		商业银行与盈利性机构合作发行的银行卡附属产品。目前最常见的是联名借记卡	21 世纪

续表

外来词	源词	来源语言	解释	来源词典
凉粉	-FANS		2005年“超级女声”全国总决赛第三名张靓颖的歌迷	2003-2005
量贩	量贩	日语	①批发商场或者超市；②捆绑销售	21世纪
零报告	zero-		专指没有感染人数也要报告的制度	2003-2005
零补考	Zero-		没有补考的一种现象	2001-2002
零地带	Zero Zone		遭到打击的目标，特指纽约世贸大厦废墟	2001-2002
零感染	zero-		感染人数为零	2003-2005
零故障	Zero-		没有故障的一种现象	2001-2002
零就业家庭	zero-		家庭成员中无一人就业的家庭	2003-2005
零距离	zero-		距离为零米	2003-2005
零口供	zero-		没有口供	2003-2005
零农赋	zero-		不征收任何农业赋税	2003-2005
零抢跑	zero-		参赛者如出现抢跑现象，马上被取消比赛资格的规定	2003-2005
零缺陷	Zero-		没有缺陷的一种现象	2001-2002
零伤害	zero-		在各种生产过程中的人身伤害事故发生率为零	2003-2005
零伤亡	zero-		伤亡数字为零	2003-2005
零税率	Zero-		适用税率是零	2001-2002
零团费	zero-		旅行社只收取旅游者的往返交通费、景点门票费、境外旅游签证费，而旅游者在旅行目的地的吃、住、行等费用全部为零	2003-2005
零专利	zero-		没有任何专利权	2003-2005
零作弊	Zero-		没有作弊的一种现象	2001-2002

续表

外来词	源词	来源语言	解释	来源词典
溜溜球	yoyo 球		悠悠球，一种玩具	21 世纪
流氓兔	MashiMaro	日语	一个网络动漫的兔子形象	2001-2002
楼巴	楼 +bus		原指楼盘到各地的专用巴士，看楼的时候属于免费巴士	21 世纪
路演	road show		国际上广泛采用的证券发行推广方式，指证券发行商发行证券前针对机构投资者的推介活动	21 世纪
路由器	Router		连接因特网中各局域网、广域网的设备	21 世纪
露脐装	bellybuttonless dress		露出肚脐的装束	21 世纪
落地签	laning visa		落地签证	21 世纪
绿色	green		通常的 GDP 指标中，扣除自然资产损失，即扣除生态成本之后得出的真实的国民财富的总量核算指标	2003-2005
绿色包装	green-		利于回收、复用、易于降解的可持续使用的环保型包装	2003-2005
绿色材料	green-		注重环保的材料	2001-2002
绿色餐饮	green-		符合安全、健康、环保要求的餐饮	2003-2005
绿色厨师	green-		注重环保，拒绝烹饪珍稀动植物的厨师	2003-2005
绿色电池	green-		无污染的电池	2003-2005
绿色饭店	green-		运用环保健康安全理念，坚持绿色管理，倡导绿色消费，保护生态和合理使用资源的饭店	2003-2005
绿色饭盒	green-		符合环保要求的饭盒	新词语
绿色服饰	green-		环保健康的服饰	新词语
绿色股票	green-		环保概念股票	新词语
绿色核算	green-		注重环保的经济核算	2001-2002

续表

外来词	源词	来源语言	解释	来源词典
绿色建筑	green-		指最节约能源、最有效利用资源、最低环境负荷的生态建筑	2003-2005
绿色经济	green-		以市场为导向、以传统产业经济为基础、以经济与环境和谐为目的而发展起来的一种新的经济形式	2003-2005
绿色汽车	green-		少污染、低噪音、无公害汽车	2003-2005
绿色社区	green-		注重环保的社区	2003-2005
绿色生态小区	green-		重生态和环境保护的小区	2003-2005
绿色手机	green-		环保手机绿色手机辐射小，又称环保手机	2003-2005
绿色通道	green-		环保手机绿色手机辐射小，又称环保手机	2003-2005
绿色照明	green-		注重环保的照明	2003-2005
绿色装修	green-		注重环保的装修	2001-2002
买单	pay bill		结账，付款	21 世纪
卖点	Selling Points		商品所具有的能够使消费者高兴购买的特点或者地方	2001-2002
脉冲光	pulsed light		脉冲式光束	21 世纪
帽子戏法	hat-trick		在现代足球中，一个球员在一场比赛中独中三元	21 世纪
门童	door boy		为进出酒店的客人开门、叫车、开车门、扶助客人上下车以及装卸客人行李的服务员	21 世纪
咪表	meter-		电子计时停车收费系统	2003-2005
米饭	-FANS		在 2005 年的“超级女声”中，李宇春的支持者“玉米”和何洁的支持者“盒饭”合称为“米饭”	2003-2005
米粉	-FANS		在 2005 年“超级女声”比赛中，同时喜欢李宇春和张靓颖的歌迷	2003-2005

续表

外来词	源词	来源语言	解释	来源词典
苗族	- 族	日语	身材苗条的人的简称	2003-2005
拇指族	- 族	日语	频繁使用短信进行沟通的人	2003-2005
纳米	nanometer		长度单位。一纳米即一毫微米，为十亿分之一米，约为 10 个原子的尺度	2001-2002
纳米服	nanometer-		使用纳米技术生产的服装	2003-2005
纳米技术	NT（Nano technology）		与单原子、分子测控科学技术密切相关的高科技	2001-2002
奶瓶一族	- 族	日语	喜欢用奶瓶喝水的人	2003-2005
男模	男 +model		男性模特	21 世纪
内联网	intranet		又称企业内连网，是用因特网技术建立的可支持企事业内部业务处理和信息交流的综合网络信息系统	21 世纪
内衣秀	内衣 +show		内衣展示会或发布会	21 世纪
暖卡	←dacron khaki		一种新型的保暖纤维学名是“细旦超细旦聚丙烯纤维”	2003-2005
虐囚	detainee abuse		虐待被捕的囚犯	2003-2005
女模	女 +model		女性模特	21 世纪
女曲	female hockey		女子曲棍球	21 世纪
女体盛	女体盛	日语	日语意为用少女裸露的身躯作盛器，装盛大寿司的宴席	21 世纪
欧元	euro		欧洲央行发行的货币名称	21 世纪
泡 MM	-MM		追女孩	2003-2005
泡吧	泡 +bar		长时间地待在酒吧、网吧等场所（多指消磨时光）	21 世纪
泡吧族	bar 族	日语	经常泡吧一族	新词语
陪嗨妹	陪 high 妹		陪伴吸毒的女性	21 世纪
啤酒广场	beer-		以经营啤酒为主的休闲商场	2003-2005

续表

外来词	源词	来源语言	解释	来源词典
飘一族	- 族	日语	具有高学历或独有专长，没有固定职业、固定收入和住所的人或者群体	2001-2002
平板电脑	tablet PC		一种新型电脑	2003-2005
瓶颈	bottleneck		比喻事情进行中容易发生阻碍的关键环节	2003-2005
扑克牌通缉令	poker-		牌形式发布并经过排序的通令	2003-2005
旗舰	Flag ship		喻指领头	2003-2005
旗舰店	flagship store		城市中心店或地区中心店	21 世纪
气站	gas station		天然气加气站	21 世纪
弃档族	- 族	日语	放弃档案的人	2003-2005
茨粉	-FANS		2005 年“超级女声”全国总决赛第七名叶一茜的歌迷	2003-2005
禽流感	bird flu		可在家禽中迅速蔓延，造成大批死亡的流行性感冒	2003-2005
寝室物语	- 物语	日语	寝室故事或者寝室语言	2003-2005
情人梅	lover plum		又名嘉庆子情人梅，其味酸甜，如同恋爱，以此得名	21 世纪
全明星	all star		NBA（美国篮球职业联赛）每年举办一次的比赛盛宴	21 世纪
全球定位系统	global positioning system		能够对全球任何目标实施定位的一种卫星定位系统	2003-2005
热裤	hot pants		指一种非常短的短裤	21 世纪
热售	←hot selling		热卖	21 世纪
人机界面	human-computer interface		用户界面	2001-2002
人间蒸发	人间蒸发	日语	在人间消失	2001-2002
人气指数	人气 -	日语	持欢迎或支持态度的人的数量	2003-2005

续表

外来词	源词	来源语言	解释	来源词典
柔力球	soft power ball		一项新兴的，具有民族特色的体育运动项目	21 世纪
软产业	←soft-		指投入构成中非物质的投入所占比重（称为软化率）高于一定标准的产业	21 世纪
软人才	soft-		从事管理、策划等工作的人才	2003-2005
软新闻	soft-		非事件性的新闻	2003-2005
萨斯			非典	新词语
三 C 革命	-C		网络化，计算机化，自动控制化	新词语
三 D	-D		三维	新词语
三 E	-E		评价一件事情的标准或者是发展一个事物的方法	2003-2005
三网	-network		固话网、移动网和宽带互联网	2003-2005
三温暖	sauna		桑拿，桑拿浴、蒸汽浴	21 世纪
桑拿天	sauna		闷热难受的天气	2003-2005
桑拿天	Sauna-		闷热难受的天气	21 世纪
森林浴	green shower		沐浴森林里的新鲜空气	21 世纪
闪存	flash memory		移动存储	2001-2002
闪客	Flasher		动漫高手	2003-2005
商演	commercial performance		商业演出的缩略	21 世纪
上传	upload		指的是将信息从个人计算机（本地计算机）传递到中央计算机（远程计算机）系统上，让网络上的人都能看到	21 世纪
舍宾	Shaping		形体运动系统，是国际上近年新兴的健美运动，也可称之为形体雕塑、人体艺术或形体运动	2001-2002
舍宾迷	shaping-		痴迷形体运动的人	新词语

续表

外来词	源词	来源语言	解释	来源词典
申奥	-olimpic		申办奥运会	21 世纪
升级版	updated version		事物的高级形式	2003-2005
生活秀	-show		生活表演	21 世纪
生态工程	ecological engineering		运用生态学和系统工程原理建立的生产工艺体系	2001-2002
生态农业	ecological agriculture		按照生态学原理，应用现代科学技术进行集约经营管理的农业	2001-2002
生物入侵	biological invasion		国外的动植物瘟疫传入本国国内	2001-2002
生物芯片	biological chip		一种能对生物分子进行快速处理和分析的薄型固体器件	2001-2002
失能武器	Incapacitating weapons		使人和武器失去战斗能力而又不致人死亡的武器	2001-2002
手机卡	-card		SIM 卡，可对 GSM 网络客户身份进行鉴别，并对客户通话时的语音信息进行加密	21 世纪
手机银行	mobile banking		利用手机进行存取业务的银行	2001-2002
手模	-model		展示手的模特	2003-2005
首席运营官	COO		公司里负责管理每日活动的公司官员	21 世纪
熟女	熟女	日语	泛指 30 岁以后的成熟女性	21 世纪
数独	sukodu← 数独	日语	一种源自 18 世纪末拉丁方阵游戏	21 世纪
数码宝贝	digital baby		为数码产品作形象代表的漂亮女孩	2001-2002
数码冲印	digital photo printing		利用数码技术进行的胶片冲洗	2003-2005
数码婚礼	Digital wedding		利用数字技术和因特网举办的婚礼	2001-2002
数码相机	digital camera		能够将拍摄对象的影像转化为数字信息的相机	2001-2002
数字电影	digital film		利用数字技术拍摄的电影	2003-2005

续表

外来词	源词	来源语言	解释	来源词典
数字人	digital person		数字虚拟人	21 世纪
耍酷	-cool		扮酷，装作很酷	21 世纪
双 B 手段	Brain breast-		指智慧与姿色并用	2001-2002
双 B 主义	Brain breast-		智慧与姿色并用，参见“双 B 手段”	2001-2002
双刃剑	rapier		有正负两方面影响的事物	2003-2005
斯诺克	snooker		即英式桌球，台球比赛中的一种	21 世纪
苏丹红	Sudan		一种人工合成的工业染料	21 世纪
速食面	fastfood noodle		一种可在短时间之内用热水泡熟食用的面制食品	21 世纪
塑身	Body shape		对型体的一种塑造，包括很多方式：减肥，手术，运动塑身法等	21 世纪
炭疽热	anthrax		一种生化疾病	2001-2002
碳汇	carbon sink		炭排放权交易制度的简称，一般是指从空气中清除二氧化碳的过程、活动和机制	21 世纪
体适能	phisical fitness		指人体所具备的有充足的精力从事日常工作（学习）而不感疲劳，同时有余力享受康乐休闲活动的乐趣，能够适应突发状况的能力	21 世纪
天妇罗		日语	日式料理中的油炸食品	21 世纪
条形码	information bar		一种用宽窄不同、黑白相间的直线条纹的组合来表示数字或字母的特殊号码	21 世纪
跳舞机	dancing revolution		一种音乐节奏类型的游戏	21 世纪
贴士	tips		供他人参考的资料，提示给他人的信息	2003-2005
通勤族	通勤族	日语	上班族	21 世纪

续表

外来词	源词	来源语言	解释	来源词典
透视装	transparent clothes		具有透视效果的装束	21 世纪
吐司	toast		吐司是一种烤制的听型面包，经切片后呈正方形，夹入火腿或蔬菜后即为三明治	21 世纪
团队精神	team spirit		团结协作、互相支持的集体主义精神	2001-2002
完败	完敗	日语	体育比赛中一直处于明显的劣势而以大比分的差距输掉	2001-2002
网吧	internet bar		向社会公众开放的营利性上网服务提供场所	21 世纪
网德	internet-		网络道德又叫“网上道德”	2001-2002
网婚	internet-		网上举行的虚拟婚礼	2001-2002
网教	internet-		网络教学	新词语
网姐网妹	internet-		上网的年轻女性	新词语
网考	internet-		一种无须教师监考，可通过异地远程监控的计算机无纸化网络考试	2003-2005
网聊	internet-		网上聊天的简称	2001-2002
网络“泥巴”	-mud		一种纯文本的多人网络游戏	2003-2005
网络保姆	Cybersitter		全职网吧管理人员	2003-2005
网络才女	internet-		沉迷于网络的才女	2001-2002
网络成瘾症	internet-		对网络过分迷恋的症状	2003-2005
网络金领	internet-		为网站设计程序而获得较高收入的人	2003-2005
网络身份卡	internet-		一种网络身份认证系统	2003-2005
网妹	internet-		上网的年轻女性	新词语
网男	internet-		上网的男性	新词语
网女	internet-		上网的女性	新词语

续表

外来词	源词	来源语言	解释	来源词典
网上拜年	internet-		利用因特网进行拜年	2001-2002
网上道德	internet-		与国际互联网有关的文化观念和道德内容，参见"网络道德"	2001-2002
网上理财	internet-		在网络上管理资金和财产的一个综合过程	2003-2005
网上欺诈	internet-		利用因特网进行欺诈行骗	2001-2002
网上情人	internet-		在因特网上找的虚拟情人	2001-2002
网谈	internet-		网络聊天	新词语
网瘾	internet-		上网成瘾	2003-2005
网游	internet-		网络游戏的简称	2003-2005
危机管理	crisis management		对一个时期公司里最有可能发生的危机进行研究，商讨详细对策	2001-2002
维京人	viking		诺尔斯人的一支（斯堪的那维亚人）	21 世纪
伟嫂	←Viagra		一种提高女性性功能的药品	2003-2005
问题奶粉	问题 -	日语	质量有问题的奶粉	2003-2005
窝居族	- 族	日语	大假里不出行，专心致志待在家中的人群	2003-2005
卧的	-taxi		卧铺汽车	2003-2005
握力器	hand gripper		又称手力器，指力器，测力器	21 世纪
物流	Logistics		商业物质流通	2003-2005
嘻哈音乐	hip hop music		一种街头文化音乐	2001-2002
嬉哈舞	hip-hop		街舞	21 世纪
限量版	limited edition		限量销售的产品	21 世纪
相声 TV	-TV		仿 MTV 造词，相声视频	新词语
香蕉人	American Born Chinese		喻指某些外籍华人	2001-2002

续表

外来词	源词	来源语言	解释	来源词典
像素	pixeles		是由 Picture（图像）和 Element（元素）这两个单词的字母所组成的，是用来计算数码影像的一种单位，是计算机屏幕上所能显示的最小单位	21 世纪
销品贸	shopping mall		超大规模购物中心	21 世纪
校漂族	- 族	日语	毕业之后仍然居住在学校周围，既不就业也不创业的那群人	2003-2005
邪恶轴心	axis of evil		美国官方所称的某些实施邪恶计划的国家	2001-2002
辛格经济	Singh economic		辛格在印度的经济改革	2003-2005
新贫族	- 族	日语	城市中既无银行存款，又无自己物业的高消费群体，其中以单身女性居多	2001-2002
新鲜人	fresh man		大学新生	21 世纪
信心指数	confidence index		对前景所持有的乐观态度的程度的指数	2003-2005
性工作者	sex worker		俗称妓女，为尊重故称之为性工作者	21 世纪
性商	SQ（sexquotient）		性健康商数	2001-2002
休旅车	recreational vehicle		休闲旅行车	21 世纪
宿便	宿便	日语	人体未能够及时排出的粪便	2003-2005
秀逗	←short	日语	大脑“短路”	21 世纪
虚拟人	virtual human		电脑里的人体数据集成	2001-2002
学习包	learning package		由考试大纲、教材、辅导书、练习册构成的复习资料集萃	2003-2005
血拼	Shopping		从口袋里大把大把地掏钱购物	2001-2002
循环经济	recycling economy		一种按照自然生态系统物质循环流动方式为特征的经济模式	2001-2002
雅思	IELTS		国际英语水平考试	2001-2002

续表

外来词	源词	来源语言	解释	来源词典
亚元	Asia-		一种设想的亚洲共同货币	21 世纪
眼球	eyeball		喻指人的注意力	2001-2002
演歌	演歌	日语	日本明治、大正时期产生的一种音乐形式，是演歌师用独特的发声技巧演唱的歌曲	21 世纪
阳伞效应	umbrella effect		由于大气中形成一个“气溶胶”层，导致太阳辐射减少、温度降低的现象	2001-2002
氧吧	-bar		供人们吸氧的场所	21 世纪
野蛮女友	엽기적인 그녀	韩语	野蛮而偏执的女朋友	2001-2002
业态	业态	日语	业态是业务经营的形式和状态，包括百货店、专卖店和批发市场等形式	2001-2002
业特士	YETTIES（young entreprenerial tech-based）		靠技术创业的青年	2001-2002
一夜情	one-night stand		男女双方只拥有短暂如一夜的爱情	2001-2002
一站式服务	one-stop service		政府的一步到位的服务	2003-2005
伊妹儿	e-mail			21 世纪
伊战	Iraq-		美国和英国发动的伊拉克战争	2003-2005
移动存储	removable storage		能够随时移动的存储器	2001-2002
银领	←white collar		既能动脑又能动手，具有较高知识层次、较强创新能力和熟练掌握高技能的高级技工	2003-2005
银球	Silver goal		足球加时赛在 15 分钟后提前结束的入球	2003-2005
银色革命	silver-		老年人独立生活的新时尚	2001-2002
银色住宅	silver-		适合老人居住的住宅	2003-2005

续表

外来词	源词	来源语言	解释	来源词典
饮吧	-bar		提供饮料的酒吧	2003-2005
用户群	user group		用户群体	21 世纪
优盘	USB flash drive		简称U盘，另作优盘，是U盘的谐音。属于移动存储设备，用于备份数据，方便携带。U盘是闪存的一种，因此也叫闪盘	2001-2002
有氧运动	aerobic execise		指人体在氧气充分供应的情况下进行的体育锻炼	21 世纪
浴吧	-bar		洗浴的场所	新词语
援交	援助交际 割り切り	日语	通过电话、网络达成意向而进行的性交易	2001-2002
援助卡	-card		起援助作用的卡片	2003-2005
源代码	source code		指一系列人类可读的计算机语言指令	21 世纪
脏弹	dirty bomb		放射性物质散播装置	2003-2005
增值链	value-added chain		价值增加形成的链条	21 世纪
宅急便	宅急便	日语	日本的大和运输所建立的宅配服务品牌	21 世纪
长今服	长今＋服	韩语	大长今样式的服装	21 世纪
召回制度	recall system		企业针对缺陷产品实施的一种回收手段	2003-2005
蒸发	蒸发	日语	突然消失	2001-2002
蜘蛛人	spiderman		高空作业的工人	21 世纪
职场	职场	日语	职业场所或者职业社会	2003-2005
智能卡	-card		使用集成电路的电子识别卡片	2003-2005
中产	middle class		“中产阶层”的简称，特指当代的“小资”以上的富裕人群	2001-2002
中水	Reclaimed Water		生活污水经处理后可作冲洗、灌溉、喷泉等用途的非饮用水	2001-2002

续表

外来词	源词	来源语言	解释	来源词典
周 k 线	-k		指股票交易中，以周一的开盘价，周五的收盘价，全周最高价和全周最低价来画的 K 线图	21 世纪
转按揭	-Mortgage		个人住房转按贷款	2003-2005
转换器	converter		将一种信号转换成另一种信号的装置	21 世纪
转基因	transgene		从生物中提取基因并转入另外一种生物中	2001-2002
壮族	- 族	日语	身体肥壮的一类人	2003-2005
状元秀	-show		美国职业篮球联赛选秀大会上，拥有第一选秀权的球队在第一轮中所选择的第一名球员	2001-2002
走班族	- 族	日语	走路上下班的人们	2003-2005
左岸	Rivedroite	法语	代表浪漫和情调的标志	2003-2005

后 记

在本书完成之际，心中感慨万千，但最强烈的感受是“感谢”！

首先要感谢我的导师张光军教授，在我写作遇到困难时，适时给予点拨和指导；在我怠惰拖沓的时候，时时给予鼓励和鞭策；即使在他因工作积劳成疾，与病魔做斗争的这几年时间里，仍然不忘关心我的写作情况。在这里衷心地对张教授说一声：谢谢您！

感谢于再照教授、祁广谋教授、金迎喜教授、毕玉德教授、吕春燕教授、金英今教授、赵杨教授于百忙之中抽出时间参加我的本书的开题和预答辩会，并对本书的体系、内容等提出了许多中肯的意见。

感谢武斌虹老师为帮助我完成写作，主动把办公室钥匙借给我，为我创造了相对独立和安静的写作环境。

感谢我的同学赵新建、张文江在科研和本书撰写上给予的支持。

感谢教研室的其他同事对我工作和生活的支持与帮助。

系和教研室为保证我的撰写时间，尽量少给我安排授课，在此表示感谢！

帮助过我的人还有很多，限于篇幅，不再一一列举，对此我心存感念，一并感谢！

最后要感谢我的家人！在我撰写本书的这几年里，我的爱人默默支持我的学业，完全承担了做家务、照顾孩子的重任，毫无怨言；我的岳父母为减少我的后顾之忧，在生活上对我多有帮助。有了他们的付出，我才能安心写作，完成学业。